Roland Hanewald

Nordseeküste Niedersachsen

„Das ist's, was mich hier so entzückt, die unbedingte Weite,
der Horizont in Tief' und Breite verschwenderisch hinausgerückt."
Christian Morgenstern

Impressum

Roland Hanewald
Reise Know-How Nordseeküste Niedersachsen

erschienen im
Reise Know-How Verlag Peter Rump GmbH,
Bielefeld, Osnabrücker Str. 79, 33649 Bielefeld

10., neu bearbeitete
und komplett aktualisierte Auflage 2015

Gestaltung:
Umschlag: G. Pawlak, P. Rump (Layout);
M. Luck (Realisierung)
Inhalt: G. Pawlak (Layout); M. Luck (Realisierung)
Fotonachweis: der Autor (rh), Th. Köhne (tk),
W. Schwieder (ws), Wrackmuseum Cuxhaven (wc),
Otterndorf Touristik (ot), Stade Tourismus GmbH (st)
Titelfoto: R. Hanewald
Karten: der Verlag; B. Spachmüller; C. Raisin; Th. Buri

Lektorat: L. Werner
Lektorat (Aktualisierung): M. Swiergot

Druck und Bindung: Wilhelm & Adam, Heusenstamm

Anzeigenvertrieb:
KV Kommunalverlag GmbH & Co. KG,
Alte Landstraße 23, 85521 Ottobrunn,
Tel. 089-928096-0, info@kommunal-verlag.de

ISBN 978-3-8317-2620-2
Printed in Germany

Dieses Buch ist erhältlich in jeder Buchhandlung Deutschlands, der Schweiz, Österreichs, Belgiens und der Niederlande. Bitte informieren Sie Ihren Buchhändler über folgende Bezugsadressen:

Deutschland
Prolit GmbH, Postfach 9, D-35461 Fernwald (Annerod)
sowie alle Barsortimente
Schweiz
AVA Verlagsauslieferung AG
Postfach 27, CH-8910 Affoltern
Österreich
Mohr Morawa Buchvertrieb GmbH
Sulzengasse 2, A-1230 Wien
Niederlande, Belgien
Willems Adventure, www.willemsadventure.nl

Wer im Buchhandel trotzdem kein Glück hat, bekommt unsere Bücher auch über unseren
Büchershop im Internet: www.reise-know-how.de

nsk13-005 rh

Wir freuen uns über Kritik, Kommentare und Verbesserungsvorschläge, gern auch per E-Mail an info@reise-know-how.de.

Alle Informationen in diesem Buch sind vom Autor mit größter Sorgfalt gesammelt und vom Lektorat des Verlages gewissenhaft bearbeitet und überprüft worden.

Da inhaltliche und sachliche Fehler nicht ausgeschlossen werden können, erklärt der Verlag, dass alle Angaben im Sinne der Produkthaftung ohne Garantie erfolgen und dass Verlag wie Autor keinerlei Verantwortung und Haftung für inhaltliche und sachliche Fehler übernehmen.

Die Nennung von Firmen und ihren Produkten und ihre Reihenfolge sind als Beispiel ohne Wertung gegenüber anderen anzusehen. Qualitäts- und Quantitätsangaben sind rein subjektive Einschätzungen des Autors und dienen keinesfalls der Bewerbung von Firmen oder Produkten.

Roland Hanewald
NORDSEEKÜSTE
NIEDERSACHSEN

Vorwort

Es liegt mir fern, dieses Buch als einen „Nordseebadeführer" anpreisen zu wollen. Wer sich die Festlandsküste des deutschen Nordmeeres als endlosen, weißsandigen Strand vorstellt, ist einem schweren Irrtum aufgesessen. Abgesehen von einigen winzigen Geesthöckern besteht die Küste von einem Ende zum anderen nämlich aus **Marschenboden,** der, wenn er sich mit Wasser vermengt, zu Schlick, oder wie man dort oben sagt, zu „Gubbel" wird. Von ihm spricht man in den höchsten Tönen, sagt ihm Heilwirkungen nach und nennt ihn, zu Recht, außerordentlich fruchtbar. Wenn man ihn jedoch an den Schuhen hat und ihn der Pensionswirtin ins Haus schleppt, ist er wieder ganz profaner Dreck, auf Küstendeutsch „Schiet", und man bezieht Schelte.

Hier und da in den sogenannten Badeorten, die sich fast alle „staatlicher Anerkennung" erfreuen (was die Taxe erhöht), hat man bescheidene Sandflächen aufgespült – auf Drängen der Wirte vielleicht? Auf diesen dünnen Strandstreifen wickelt sich je nach Saison ein moderater bis quirliger **Badebetrieb** ab, und wenn's mal regnet, kann man sich immer ins nahe beheizte Wellenbad verziehen. Wer indes die südliche Nordsee mit kilometerlangen weißen Sandstränden – es gibt sie tatsächlich! – und stiebender Brandung kennenlernen möchte, muss zu den **vorgelagerten ostfriesischen Eilanden** weiterreisen (am besten mit den Inselreiseführern dieses Autors und Verlages in der Tasche). Für eine solche Tour ist die Kenntnis der Küstenorte, wie sie das vorliegende Büchlein vermittelt, schon mal ganz nützlich.

Das Image der Inseln mit ihren Stränden und Dünen und dem saisonalen Highlife lässt die **Festlandsküste** der Nordsee ein wenig als Aschenputtel erscheinen. Doch für ein solches Vorurteil besteht überhaupt keine Veranlassung. Das feste Land sieht großenteils ganz anders aus als das insulare – nun, der bewusste Gubbel sorgt schon dafür. Aber der kontinentale Komplex steckt nicht weniger als die Inseln voller Reize – nur dass diese überwiegend im Verborgenen blühen. Die malerischen Sielhäfen mit ihren bunten Krabbenkuttern stellen noch das auffälligste Ende der Palette dar. Subtilere Eindrücke prägen sich dem Besucher in den Dörfchen hinterm Deich auf, die oft nur aus einer Handvoll geduckter Häuser bestehen, oder in den uralten Kirchen aus vergangenen Tagen der ständigen Not und Gefahr. Stille Winkel in Städten mit über tausend Jahren auf dem Buckel. Wuchtige Bauernhöfe mit dampfenden Misthaufen vor der Tür. Die strengen Muster der Gräben und Kanäle im flachen Land. Kargheit, die das reizüberladene Auge des Zivilisationsmenschen einlädt, sich an Kleinigkeiten zu erfreuen: Löwenzahn am Wegrand, der auf einem Stück Treibholz schaukelnde Seevogel, ein rot-weiß geringelter Leuchtturm. Auch das Ohr macht mit: Möwengeschrei, Nebelhörner erwecken schwer zu beschreibende archaische Empfindungen. Und die Nase: Warmer Stallgeruch auf der Farm – da riecht's, selbst wenn der Hof mechanisiert ist, nach Kuh und nicht nach Industrie, kein Weg führt daran vorbei.

Immer neue Impressionen dieser Art bietet die sogenannte **Störtebekerstraße,** Thema dieses Buches. Gut 350 km lang ist sie, und sie zieht sich mehr oder minder parallel zum Nordseedeich **von Leer in Ostfriesland bis Stade,** kurz vor den Toren Hamburgs, dahin. Sie folgt keiner strengen Route; selbst wo genau sie beginnt und aufhört, ist ein wenig Sache der ganz persönlichen Auslegung. Streckenweise geht sie auch in die **Grüne Küstenstraße** über, und man merkt nichts davon. Inmitten all der Weite darf man das nicht so eng sehen. Man kann auch hier und dort einen Haken schlagen, ohne im Wesentlichen von ihr abzukommen. Kurz: Wenn man den ganzen unmittelbaren Küstenbereich Niedersachsens als „Störtebekerstraße" bezeichnet, liegt man schon richtig.

Wir wollen sie einmal **von West nach Ost bereisen.** Nicht weil sie dann schönere Aspekte als in der umgekehrten Richtung böte. Sondern, ganz schlicht, weil der Wind an der Küste vornehmlich aus westlichen Richtungen weht. Dieserart können sich zum Beispiel die Radfahrer ein wenig treiben lassen. Sie werden es ohnehin zu schätzen wissen, in einem Land die Pedale zu treten, das so flach ist, dass man „heute schon sieht, wer morgen zu Besuch kommt." So lautet jedenfalls der Schnack an der Küste, und da ist was Wahres dran. Denn Wald gibt es dort schon mal nicht viel, dafür haben die Friesen gesorgt. „Ik mutt mien Land seen", sagen sie seit alters her. Da darf nichts im Weg stehen außer ein paar krüppeligen Eichen und Weiden, vom immerwährenden Westwind gnadenlos nach Osten gebeugt. Auch wer den Deich per pedes angehen will, wird es mögen, wenn ihm der Regen nicht dauernd ins Gesicht peitscht. Nicht, dass es dort ständig regnen würde. Aber manchmal schon. Und meistens, wenn man am wenigsten damit rechnet. Das ist eben das „Reizklima" der Nordsee, welches das permanente Mitführen eines Regenschirms und eines „Friesennerzes" empfehlenswert macht. So nennt sich die wetterfeste Küstenkleidung unter Kennern. Und selbst der Autofahrer sollte West zu Ost wählen. Dann spart er nämlich diverse Liter Sprit und stellt ökologisch-vernetztes Einfühlungsvermögen zur Schau.

Ist das Felleisen geschnürt? Sind Feldstecher und Barometer auch dabei? (Den Höhenmesser können Sie allerdings getrost zu Hause lassen.) Dann kann's losgehen.

Eine schöne Reise wünsche ich!

Roland Hanewald

Verzeichnis der Abkürzungen

- **HS/NS** Haupt-/Neben- oder Nachsaison
- **JH** Jugendherberge
- **NSG** Naturschutzgebiet
- **Ü** Übernachtung
- **ÜF** Übernachtung mit Frühstück
- **VP/HP** Voll-/Halbpension
- **DGzRS** Deutsche Gesellschaft zur Rettung Schiffbrüchiger
- **TI** Touristeninformation

Unterkünfte

Die Preise beziehen sich auf das günstigste Angebot des Hauses, jeweils **pro Person im Doppelzimmer, Übernachtung mit Frühstück.**

① bis 25 €
② 25–35 €
③ über 35 €

Inhalt

Exkurse

Ostfriesland von Leer bis Harlesiel

Die oldenburgische Küste von Carolinensiel bis Blexen

Die nordöstliche Küste von Bremerhaven über Cuxhaven nach Stade

Die Nordsee

4 Praktische Reisetipps 177

5 Die Nordsee 199

6 Anhang 237

Karten

Nordseeküste West

Nordseeküste Ost

Stadt-/Ortspläne

Übersichtskarten

Sonstige Karten

Nicht verpassen!

Diese Tipps am Anfang eines Kapitels erkennt man an der **gelben Hinterlegung**.

060nied rh

Die Regionen im Überblick

1 Ostfriesland von Leer bis Harlesiel 13

Deutschlands nordwestlichste Ecke gehört, obwohl fast zur Gänze pfannkuchenflach, zu den faszinierendsten Regionen der Republik. Wer Echtes, Ungekünsteltes sucht, ist in diesem Land der Bauern und Seefahrer genau richtig am Platze und wird schnell zu dem Empfinden gelangen: Hier bin ich Mensch, hier darf ich's sein. Keineswegs ist der ostfriesische Küstenbereich öde und farblos, wie oft gemutmaßt wird, sondern wartet mit vielem Grün und zahllosen sehenswerten Abwechslungen auf, die einen Besuch immer wieder lohnend machen.

2 Die oldenburgische Küste von Carolinensiel bis Blexen 75

Die an Ostfriesland anschließende Region in Richtung auf die aufgehende Sonne setzt dem bislang Erschauten, wenn man so will, noch eins drauf. „Heil Dir, oh Oldenburg", sang man hier einst, denn es handelte sich (bis 1918) um ein selbstständiges Großherzogtum, und da-

für empfinden wahre Lokalpatrioten weiterhin Stolz. Zwischendurch gaben Dänen und sogar (zaristische) Russen ein Debut und trugen zur kulturellen Vielfalt des Ländles bei. Entsprechend viel gibt es zu sehen und zu bestaunen. Auch die Natur ist nicht von Pappe. Man stößt sogar auf einen richtigen Urwald – klein, aber urig.

3 Die nordöstliche Küste von Bremerhaven über Cuxhaven nach Stade 119

Wiederum unterscheidet sich dieser Küstenstrich von den eben genannten beiden. Schon insofern, als die Strecke ab Bremerhaven von Süd nach Nord ausgerichtet ist und deshalb ganz neue Aspekte bietet, mit dem quirligen Nordseebad Cuxhaven als einstweiligem Endpunkt. Und zum anderen, weil die Fortsetzung der Trasse bis Stade die Niederelbe entlangführt, die mit ihren schönen Flusslandschaften so ganz anders aussieht als die Meeresküste. Und überall ist Altes erhalten geblieben, woran sich das Auge – und nicht zuletzt die Kamera – erfreuen können.

022nied rh

1 Ost-friesland

Frische Luft, grüne Deiche, Bauernhöfe und Krabbenkutter, dazu freundliche, gar nicht muffelige (so das Klischee) Menschen – das alles, und viel dazu, ist Ostfriesland. Und nur ein Stückchen weiter seewärts liegen Deutschlands schönste Strände.

< Viel Wasser prägt die Region

Von Leer bis Harlesiel

NICHT VERPASSEN!

- **Altstadt Leer:** aufwendig saniert, eine Schönheit an der anderen | 22
- **Emden:** Hafengebiet mit altem Rathaus und mehreren Museen | 34
- **Greetsiel:** Fischereihafen mit klassischer Häuserzeile | 46
- **Norddeich:** Terminal (Bahn/Straße) für Norderney- und Juist-Fähren | 55
- **Neuharlingersiel:** das Buddelschiffmuseum am Hafen ist einen Besuch wert | 70

Diese **Tipps** sind **gelb hinterlegt.**

VON LEER BIS HARLESIEL

Mit der Stadt Leer als Startpunkt der Tour hat man schon mal eine gute Wahl getroffen. Auch die nächste Etappe Emden bietet zahlreiche urbane Attraktionen. Bis zum Ende der Reise in Harlesiel reiht sich ein pittoresker Küstenort an den nächsten. Einige von ihnen können Ausgangspunkt für die Fahrt zu den vorgelagerten Inseln sein.

Geschichte

Entstehung Ost- und Nordfrieslands

Wenn im Nordseeteil (und auch nachstehend) von „Friesen" die Rede ist, so sind damit immer die **Ostfriesen** gemeint. Sie kamen mit Sicherheit **aus dem Westen** (also den heutigen Niederlanden) und besiedelten nach und nach die Marschenküste, Land, auf dem sonst niemand leben wollte. Die **Ostgrenze** lag schon damals – und liegt immer noch – im heutigen Oldenburgischen. Dort, bis hinüber zur Elbe, hausten um die Zeitenwende die Chauken, später die Sachsen. Zwar spielten friesische Minderheiten bis an die Elbmündung in diesem Küstenbereich lange eine gewisse Rolle. Doch schon nach der **Einverleibung** der Region **in das Karolingerreich** kann man sie als kolonisiert einstufen. Viele, denen das nicht passte, – und auch zahlreiche bekehrungsunwillige Freidenker aus dem eigentlichen ostfriesischen Raum – zogen **nach Norden** weiter und ließen sich auf den dortigen Inseln häuslich nieder. So entstand Nordfriesland.

Wohlstand und Demokratie

In Ostfriesland ging es, wie erwähnt, weiter mit dem **Deichbau** und einer freiheitlichen Gesellschaftsordnung, die im restlichen Deutschland erst im 20. Jahrhundert eine Entsprechung fand. Wer den vermeintlichen Hinterwäldlern ein feudalistisches System aufzuzwingen versuchte, bezog dort immer wieder Senge. Die Eindeichung des Landes hatte nämlich ein **blühendes Gemeinwesen** von beträchtlichem Wohlstand entstehen lassen, mit dem mancher Graf und Bischof liebäugelte. Die Angriffe von außerhalb ließen das Friesenvolk aber nur fester zusammenwachsen. Anno 1233 waren Papst *Gregor IX.* die Ostfriesen noch als Leute erschienen, die sich dauernd gegenseitig bekriegten und die „mit aller Macht darauf aus sind, einander den Garaus zu machen." Das erkannten die Streithähne wohl auch selber. Im 14. Jh. begannen sie jedenfalls damit, nach starken Männern Ausschau zu halten und „Häuptlinge" zu ernennen – womit sie allerdings zunächst vom Regen in die Traufe gerieten ... Denn jetzt trat ein Häuptlingsclan gegen den anderen an. Der ständige Krach hatte erst ein Ende, als *Ulrich Cirksena* aus Greetsiel 1464 das Land unter seine Botmäßigkeit brachte. Sein Sohn *Edzard I.*, zum Grafen avanciert, setzte die Politik seines Vaters mit skrupelloser Energie fort. Dafür handelte er sich zwar zunächst die Reichsacht ein, konnte sich 1516 jedoch von diesem Handikap befreien, indem er die habsburgische Oberhoheit über sein Reich akzeptierte. Mit **kluger Weitsichtigkeit** manövrierten sich die ostfriesischen Herrscher durch die damaligen wirren Zeiten. Viele Grabmäler dieser Lokalfürsten sind heute in alten Burgen und Kirchen zu bewundern. Die eine oder andere Persönlichkeit mag man vielleicht für etwas fragwürdig halten, zumal die See- und Strandräuberei von den meisten mit großem Eifer betrieben wurde. Doch allen gemein war ihnen die unverkennbare Leistung, in Ostfriesland ein außerordentlich faires, freies Rechtssystem aufrechterhalten und das „Stammesgebiet" vor allen schädlichen Einflüssen von außen bewahrt zu haben.

Gefahren für die Friesendemokratie

Allerdings hatte man es mit der **Abkapselung** unklugerweise etwas zu weit getrieben. Trotz seines großartigen Rechtswesens hinkte Friesland hinter der allgemeinen Entwicklung immer weit hinterher. Noch 1665, die Finsternis des Mittelalters war längst vorüber, wurde (in Dornum) Deutschlands letzte Hexe verbrannt. Isolationismus gebiert auch gesellschaftliche und wirtschaftliche Inzucht. Im 18. Jh., vor allem als Folge der Weihnachtsflut von 1717, drohte Ostfriesland zu **verarmen.** Oder, genauer gesagt: Es tat sich eine tiefere Kluft denn je zwischen Reichen und Habenichtsen auf. Diese Entwicklung hatte ihre primären Ursachen darin, dass wirtschaftlich überlegene Individuen aus der Katastrophe Vorteile gezogen hatten, indem sie

Strandkörbe in Neßmersiel

eignerlos gewordenes Land billig übernahmen oder Hypotheken verelendeter Kleinbauern für verfallen erklärten und die Besitzer vertrieben. Die freie Friesendemokratie geriet damals bedenklich ins Wanken.

Friesenromantik und Realität

Einem sich anbahnenden Absolutismus kamen 1744 die **Preußen** zuvor. Sie übernahmen das Kommando in Ostfriesland und leiteten durch **infrastrukturelle Neuerungen** eine relativ segensreiche Periode ein, für die man dem *Alten Fritz* dort heute noch dankbar ist. Dennoch ging die Aufbruchsstimmung des geeinten Deutschen Reiches im 19. Jahrhundert an Ostfriesland fast spurlos vorüber, ebenso die Boomjahre der jungen Bundesrepublik. „Lever dood as Slav", besingen Heimatdichter die Romantik des freien Friesentums noch immer in heutigen Lesebüchern, verkennend oder verdrängend, dass dortzulande bis in die jüngste Vergangenheit Verhältnisse herrschten wie in Onkel Toms Hütte. Der Erbhofbesitzer war tatsächlich frei; wer für ihn arbeiten musste aber so gut wie leibeigen, ein Stück Dreck. Die dürftige Industrialisierung der Region machte in diesem Gleis eher weiter, statt neue Weichen zu stellen. Jetzt fließt durch den **Tourismus** einiges Geld ins Land und auch in kleinbürgerliche Schatullen. Die Zeiten haben sich geändert. Keiner mehr will lieber tot sein als Betten zu bauen oder Besuchern in bunten Freizeitkostümen die Früh-

023nied rh

Klaus Störtebeker – eine Legende

Wahrscheinlich kam *Klaus Störtebeker,* jedenfalls der Überlieferung nach, aus Wismar und hieß ursprünglich *Klaus von Alkum,* war also ein **mecklenburgischer Adliger** reinsten Wassers. Seinen Spitznamen „Störtebeker" erhielt er anno 1394 von trinkfreudigen Kumpanen, nachdem er sich für das Seeräubergewerbe entschieden hatte und unter Beweis stellte, welch ein Teufelskerl er war, indem er einen Bierhumpen in einem Zuge zu leeren verstand. Eine schöne Leistung übrigens, denn in die damalige „Moaß" passten vier Liter! Bei den **„Vitalienbrüdern",** so genannt, weil sie sich während des 1389 ausgebrochenen schwedisch-dänischen Krieges als Blockadebrecher betätigt und das belagerte Stockholm mit „Viktualien" versorgt hatten, fühlte der reckenhafte Geselle sich offenbar wohl. Denn die **„Likedeeler"** (Gleichteiler), wie sie später wegen ihrer Robin-Hood-Gesinnung hießen, führten ein Leben voller Abenteuer und

stoertebeker rh

Saus und Braus. Auf Gotland hatten sie 1392 einen regelrechten Seeräuberstaat gegründet, ein Jahr später das reiche Bergen hoppgenommen und jede Menge Schätze aufgehäuft. Vom gotländischen Visby zur damaligen Zeit berichtet die Chronik:

Nach Zentnern wägen Gottländer Gold
Und spielen mit Edelsteinen;
Die Schweine essen vom Silbertrog,
Und Goldspindeln spinnen die Weiber.

Als im Ostmeer nicht mehr so viel zu holen war, etablierten sich die Likedeeler **im Nordseeraum,** um die schwerbefrachteten Schiffe der Bremer und Hamburger zu plündern. In Ostfriesland, wo man nach dem Motto „Gott segne unseren Strand" immer schon Sympathien für ein wenig Seeraub gehabt hatte, hieß man die Briganten warm willkommen. Die Stadt Emden stellte ihnen ihren Hafen zur Verfügung, und der Ort Marienhafe (siehe dort) diente den Piraten als überaus nützlicher Stütz- und Fluchtpunkt.

Klaus Störtebeker, inzwischen zu einer Art maritimem Räuberhauptmann herangediehen, schloss sich sogar der einflussreichen Familie *tom Brok* an. Doch der Bogen war jetzt, man schrieb das Jahr 1400, schon längst überspannt. Der gesamte Nordseehandel lag nahezu lahm, und der mächtige Städtebund der Hanse war nicht gewillt, dem tollen Treiben weiterhin untätig zuzusehen. Im Frühling des neuen Jahres fiel eine **hanseatische Flotte** auf der Osterems über den Piratenhaufen her und machte kurzen Prozess mit den Likedeelern. Emden, stets opportunistisch, schlug sich (vorübergehend) auf die Seite der Sieger und ließ seine Scharfrichter das peinliche Halsgericht an den gefangenen Seeräubern vollziehen.

Klaus Störtebeker war noch nicht darunter; er floh zunächst nach Norwegen. Doch im Jahr darauf ereilte auch ihn das Schicksal. Zwei Hamburger Englandfahrer trafen bei der Helgoländer Düne auf den verwegenen Räuber, überwanden ihn nach hartem Kampf, töteten 40 Piraten und nahmen 70 gefangen. Im Verlauf einer **Massenexekution,** vom Rat der Stadt Hamburg mit Pauken und Trompeten sensationell inszeniert, fiel Ende Oktober 1401 der Kopf des Herrn von Alkum und seiner Getreuen auf dem Grasbrook, einer Insel im Hamburger Hafen. „Manche schöne Fraw und Jungfraw" in Hamburg, heißt es, beweinte den Tod der kühnen, jungen Burschen mit bitteren Tränen.

Nun, so „heißt es" jedenfalls. Viele Legenden ranken sich um das **Ende Störtebekers.** Selbst dass er ohne Kopf noch ein paar Schritte machte, um, wie es ihm versprochen worden war, mehrere Kameraden vor dem Richtschwert zu retten, wird ihm nachgesagt. Ein verräterischer Steuermann im Dienste der Hanseaten soll die Ruderlager seines Flaggschiffs mit flüssigem Blei ausgegossen haben, um den *Roten Teufel* manövrierunfähig zu machen. Vieles mehr noch. Vor allem aber soll der Gefangene vor seiner Hinrichtung diese Worte geäußert haben: „Klug, schlau und mit List habt Ihr Euren Reichtum zusammengescharrt und schaut so ernst und ehrbar dabei aus in Eurem Wohlleben. Das ertrug ich nicht. So gleichet Ihr einem Bild, das an der Kirchenwand in Marienhave konterfeit ist: Auf der Kanzel steht der Fuchs und predigt den Armen und Unterdrückten Moral, Gehorsam und Frömmigkeit. – Kühn und in ehrlichem Kampf nahm ich Euch wieder ab, was Ihr mit Krämergeist erraffet. Wer besser gehandelt, ob Ihr oder ich, Gott wird entscheiden, nicht Ihr!"

Es sind vielleicht diese Worte, diese Gesinnung, die den Gesetzlosen in Deutschlands scharf in Provinz und Metropole geteiltem Norden so populär machen. Heimlich scheint dort jedermann außerhalb der „Pfeffersack"-Sphäre so zu denken wie er. Oder warum sonst hat man einen ganzen Küstenstrich nach ihm benannt?

Ostfriesische „Reisedokumente“

Bevor es auf große Ostfrieslandtour geht, schaue man sich einmal an, was sich dort alles an „Patenten“ und Urkunden erwerben lässt. Hat man diese erst in seinem Besitz, fallen die „Grenzkontrollen“ später viel leichter.

Achtung: Ein vorheriger Anruf ist geboten, weil sich alle Programme nur für Gruppen eignen!

- **Emden: Feuerschiffpatent**
Wird nach feucht untermalten seemännischen Lektionen auf dem Feuerschiff „Deutsche Bucht/Amrumbank“ ausgestellt. Zusätzlich kann man eine Seeräuberprüfung ablegen.
Info: Tel. 0 49 21-2 32 85
- **Freepsum: Meertrockenlegungsurkunde**
Für Bemühungen, den tiefsten Punkt Deutschlands (2,30 m unter NN) trockenzuschöpfen.
Info: Tel. 0 49 26-91 880
- **Großefehn: Ostfriesisches Torfschifferpatent**
Lehrgang an der alten Seemannsschule Trimmel, praktische Unterweisung auf einem Torfkahn.
Info: Tel. 0 49 43-92 02 92
- **Papenburg: Papenburger Kanalpatent**
Erhält man nach einer Planwagentour durchs Moor und Torfstech-Exerzitien.
Info: Tel. 0 49 61-83 96 45
- **Wittmund: Ostfriesen-Abitur**
Not-Abi in zehn (garantiert leicht fasslichen) Lektionen.
Info: Tel. 0 44 62-9 83 150

stücksbrötchen zu servieren. Und Hexen werden Gott sei Dank auch nicht mehr verbrannt.

Leer

„Aurich ist schaurig, aber Leer noch viel mehr!“ Das sagen sie selbst, die Ostfriesen. Ein hübscher Reim, aber ohne jeglichen Wahrheitsgehalt. Leer ist ein ausgesprochen **anziehendes Städtchen,** das sich im bundesweiten Vergleich durchaus sehen lassen kann. Und damit es auch dabei bleibt, hatten die Leeraner (so ihr offizieller Name) schon in den 1970er Jahren damit begonnen, ihre Alt-

Ostfriesische Namensgebung

Man gewinnt leicht den Eindruck, in ein anderes Land zu geraten, wenn man allein manche **Vornamen** hört, die Ostfriesen und -innen zu eigen sind. Da gibt es Frauen, die auf originelle Namen wie *Cytnera, Dedda, Doda, Etta, Frouwa, Gela, Houwa, Liura, Modera, Sitia* oder *Witia* hören. Und Männer namens *Aijold, Amso, Bojo, Diko, Feijo, Fokko, Haro, Hikko, Keno, Pibo, Remet, Sikko, Sitio, Ubbo, Uko, Ulbet* und *Wiard.* Na, und? Müssen wir Deutschen alle *Kevin* heißen? Manche Eltern mögen sich erst durch dieses ostfriesische Repertoire veranlasst fühlen, dem Nachwuchs einen Namen zu geben, den nicht jeder andere hat.

024nied rh

stadt zu sanieren. Eine ganz schöne Aufgabe: Mit insgesamt 45 Hektar Fläche stellen die schmalen, verwinkelten Gassen und historischen Häuser das flächenmäßig größte **Sanierungsgebiet** in ganz Niedersachsen dar.

Dass Leer trotzdem relativ klein und überschaubar geblieben ist, „verdankt" die Stadt den Emdern. Die nämlich saßen an der Emsmündung den Leeranern vor der Nase und schöpften, bildlich gesprochen, von aller Milch, die nach Leer floss, sozusagen erst den Rahm ab. Bis auf den heutigen Tag verbindet die **Einwohner Emdens und Leers** eine herzliche gegenseitige Abneigung.

Etwa 34.000 Menschen leben heute in der Stadt, manche davon allerdings nicht ständig. Seit alten Zeiten hat die Region immer wieder **Fischer und Seefahrer** gestellt, so auch heutzutage. Der große Rest ernährt sich von der Landwirtschaft, Kleinindustrien, Handwerk und Dienstleistungen.

Geschichte

In den Jahren 787–791 wurde in Leer die **erste Kirche** (Kapelle) **Ostfrieslands** durch den Friesenapostel *Liudger* gegründet. Um 850 taucht der Name Leer (als *Lare*) erstmals schriftlich auf. Anno 1250 wird Leer **Probstei.**

1421 ließ sich Friesenhäuptling *Fokko Ukena* im Kern der heutigen Stadt eine **Zwingburg** errichten, von der aus er die Herrschaft über ganz Ostfriesland anstrebte. Schon zehn Jahre später lag die Feste in Schutt und Asche, und *Fokko* musste fliehen. Ein Aufgebot des „Bundes der Freiheit" hatte ihn entmachtet; die zuvor beschriebene Geschichte des Landes zeigt, dass die Ostfriesen mit

Rathaus und Waage-Gebäude am alten Hafen

Leer, Zentrum

Usurpatoren zu keiner Zeit etwas am Hut hatten. Da war ihnen Landesherr *Edzard Cirksena* schon lieber, als der 1508 der Stadt das **Marktrecht** gewährte und, um den Kreuz- und St. Gallus-Markt zu bauen, tief in die eigene Tasche griff. (Vielleicht deshalb nannte man ihn auch „den Großen".) In der zweiten Hälfte des 16. Jh. trugen niederländische Mennoniten viel zum Ausbau der **Leineweberei** und des Handels der Stadt bei. 1619 wurde die Haneburg und ab 1642 die Evenburg (im Ortsteil Loga nahe des Leda-Ufers) errichtet, beide bis auf den heutigen Tag markante Baudenkmäler. 1823 erhielt Leer **Stadtrecht.**

Sehenswertes

Uferpromenade

Ein Stadtrundgang durch Leer, auch das **„Tor Ostfrieslands"** genannt, beginnt normalerweise am Bahnhof. Durch die quirlige Fußgängerzone der Mühlenstraße führt die Route zunächst zur höchst reizvollen Uferpromenade entlang der alten, in die Leda mündenden Hafenbecken. Hier, auf der Stadtseite, spielte sich früher rege Verladetätigkeit ab. Heute hat sich das Geschehen auf die gegenüberliegende **Nesse-Halbinsel** verlagert, wo mit fast einer Million Tonnen

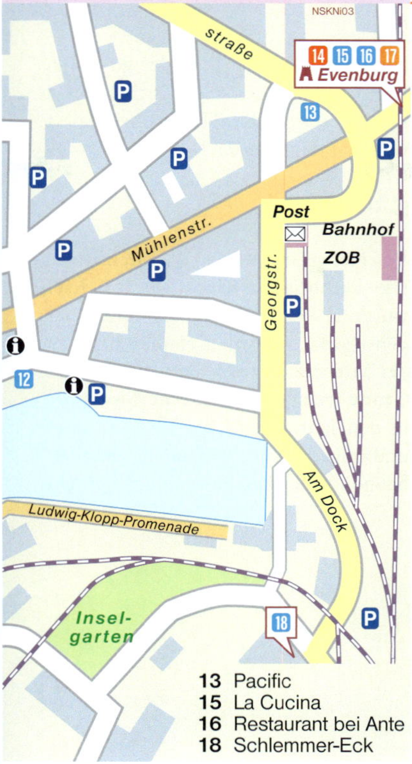

pro Jahr recht fleißig umgeschlagen wird. „Kümos“ – Küstenmotorschiffe – sind zu etwa einem Drittel an der Betriebsamkeit beteiligt, die anderen zwei nehmen Binnenkähne ein. An der Promenade liegen jetzt **Yachten** und **Sportboote,** und kleine, weiße **Fahrgastschiffe** verkehren im Bereich der Flüsse Ems, Leda und Jümme und vermitteln den Touristen gute Laune.

Waage-Gebäude

Ein wahres Juwel ist das Waage-Gebäude am Uferplatz (örtlich „An't Över") direkt vor dem wuchtigen, für Leer eigentlich viel zu großen, aber keinesfalls uneleganten **Rathaus.** Die reformierte Kirche Leers besaß von 1530 bis 1865 das Waagemonopol für alle Handelsgüter; 1714 wurde das Haus errichtet, das zu den schönsten Barockbauten Ostfrieslands zählt und heute ein renommiertes Restaurant beherbergt. Bis 1946 wurde dort tatsächlich noch gewogen. Gleich dahinter liegt das Leeraner **Heimatmuseum** (s.u.), 1791 erbaut und ein interessanter Anlaufpunkt für Besucher.

Haneburg

Einen Sprung weiter in Richtung Innenstadt befindet sich das **alte Kirchenviertel,** dicht dabei die Haneburg, die in ihren Anfängen um 1570 entstand. Heute ist das Renaissancegebäude, stilvoll renoviert, im Besitz des Landkreises. Die Volkshochschule Leer hat sich dort eingenistet, und der **Rittersaal** im Obergeschoss wird für offizielle Empfänge und Tagungen genutzt. Besichtigungen sind möglich, jedoch nur nach Voranmeldung (Tel. 8 32 64).

Marktplatz

Auf dem Weg zur Haneburg kommt man an der **„Großen Bleiche“** vorbei. Dort breiteten einst, vom 16. bis 18. Jh., die Leineweber ihre Erzeugnisse zum Bleichen aus. Bis zu Beginn des 20. Jahrhunderts durchzogen noch Kanäle das Areal. Nachdem man diese aufgefüllt hatte, entstand der heutige Marktplatz, auf dem u.a. alljährlich im Oktober der nach dem Heiligen Gallus benannte

„**Gallimarkt**“ (s.u.), ein sehr beliebtes Volksfest, gefeiert wird.

Haus Samson

Wer würde vermuten, dass sich in einer ostfriesischen Stadt, einer Hochburg der Teetrinker, **Norddeutschlands größter Weinkeller** befindet? Genaugenommen liegt dieser unter der Altstadt, und zwar schon seit Beginn des 17. Jahrhunderts. Damals stellten die findigen Kellermeister nämlich fest, dass Alt-Leer auf einer isolierenden Sandlinse erbaut worden war, die in einem unterirdischen Gemäuer Trockenheit und gleichbleibende Temperaturen gewährleistet. Deshalb lagern bis heute in ausgedehnten **Katakomben** um das barocke Haus „Samson“ aus dem Jahre 1643 herum viele gute Tropfen – einige der besten der Welt darunter. In den oberen Geschossen des Gebäudes befindet sich eine **Ausstellung ostfriesischer Wohnkultur,** offen zu normalen Geschäftszeiten. Unten im Laden, wo noch wie in alten Zeiten eine Glocke bimmelt, wenn ein Kunde eintritt, kann man sich mit den bewussten guten Tropfen eindecken.

Evenburg

Sehenswertes Kulturdenkmal im Südosten der Stadt. Die Burg wurde Mitte des 17. Jh. vom holländischen Kommandanten der Garnison Emden erbaut und in der Folgezeit wiederholt renoviert. Namensgeberin war die Gattin des Holländers, die ihre Familie dieserart verewigte. Heute ist die Evenburg, inmitten eines reizvollen Parks gelegen, eines der ansehnlichsten Gebäude der gesamten Region. Führungen und Besichtigungen können durch die TI Leer arrangiert werden (Tel. 91 96 96-17).

Kirchstraße

Von hier gelangt man in die Kirchstraße. Die **katholische Kirche St. Michael** wurde 1775 erbaut. Eine Skulptur über dem Portal stellt den Namensheiligen der Kirche dar. Nicht weit davon ist die **Große (reformierte) Kirche.** Sie wurde in den Jahren 1785 bis 1787 errichtet und trägt eine ungewöhnliche Zwiebelhaube. In der Kirche befindet sich ein

025nied rh

romanischer Taufstein aus dem Jahre 1200 und eine fast 400 Jahre alte Kanzel.

Gedenkstätte

Ganz weit in die Vergangenheit zurück geht es im Bereich der ehemaligen Kirche St. Luidger nahe des Plytenbergs. Die Kirche ist zerfallen, doch die **Krypta** existiert noch, eine Katakombe aus der Zeit um 1200. Sie dient heute als Gedenkstätte für die Gefallenen des 2. Weltkrieges (täglich geöffnet).

Plytenberg

Ein wenig außerhalb in Richtung Süden, nahe der Mündung der Leda in die Ems, liegt der Plytenberg, ein weiteres **Wahrzeichen** Leers. Der „Berg“ ist stolze neun Meter hoch, ganz schön für Ostfriesland, und, wie Probebohrungen gezeigt haben, von Menschenhand geschaffen. Zu welchem Zweck, ist bis auf Weiteres unbekannt. Vielleicht war der Plytenberg

Blick in die Altstadt

eine Begräbnisstätte; eine Quelle aus dem Jahre 1845 führt an, dass sich hier in grauer Vorzeit ein **heidnischer Tempel** befunden hatte. Der Sage nach leben am Plytenberg jedenfalls die „Erdmanntjes", zwergenhafte Erdmänner.

Praktische Hinweise

Information

- **PLZ Leer:** 26789.
- **Vorwahl Leer:** 04 91.
- **Tourist-Information:** Ledastr. 10, Tel. 91 96 96 70, Fax 91 96 96 69, www.leer.de, touristik@leer.de.

Adressen

- **Angeln:** siehe „Abstecher".
- **Fahrräder:** Ems-Marina-Bingum, Marinastraße 14–16, Ortsteil Bingum; Fa. Oltmanns, Brunnenstr. 39; Pedal-Station Leer, Fährstr. 6; Fahrrad-Oase, Bremer Str. 27b; Otten, Heisfelder Str. 33.
- **Flugplatz:** Flugfeld in Nüttermoor, Tel. 6 26 06
- **Frei- und Hallenbad:** Burfehner Weg 32a, Tel. 6 54 17.
- **Schiffsausflüge zum Emssperrwerk:** Touristik-GmbH, Tel. 91 96 96 17.
- **Schiffsmeldestelle für Sportboote:** Tel. 33 72, UKW Kanal 13.
- **Stadtführungen:** Tel. 91 96 96 70.
- **Veranstaltungen:** www.leer.de.
- **Yachtclub:** Ems-Marina Bingum, s.u..

Zimmernachweis

- **Zentrale Vermittlung:** Tel. 91 96 96-70. Schon für etwa 18 € p.P. gibt's Zimmer mit ÜF. Auch alle „Was-tun?"-Fragen werden über diese Telefonnummer beantwortet.

Unterkunft

- **Central Hotel** ③: Pferdemarktstr. 47, Tel. 9 25 95.
- **Gästehaus Sonnenwinkel** ①: Norderneyer Weg 11. Tel. 7 24 40, sonnenwinkel@gmx.net.
- **Zum gemütlichen Eck** ②: Stettiner Str. 14, Tel. 9 27 92 60, www.pension-bolland.de.
- **Oberledinger Hof** ③: Bremer Str. 33–37, Tel. 91 92 93, www.hotel-oberledinger-hof.de.
- **JH Leer** ②: Süderkreuzstr. 7, Tel. 21 26, leer@jugendherberge.de. Einst war das malerische, hufeisenförmige Gebäude ein Armenhaus; seit 1982 ist es Jugendherberge. 125 Betten. Ganzjährig offen, von Nov.–Feb. auf Anfrage.

Camping

- **Campingplatz Idasee (C–D):** Idafehn Nord 77b, Ostrhauderfehn, Tel. 0 49 52-99 42 97.
- **Campingplatz Jümmesee (C–D):** Zum See 2, Detern, Tel. 0 49 57-18 08.
- **Campingplatz Weener (C–D):** Schulstraße 6, Weener, Tel. 0 49 51-95 52 26.
- **Ems-Marina Bingum (C–D):** Marinastraße 14–16, Ortsteil Bingum (Leer am nächsten gelegen), Tel. 04 91-6 44 47.
- **Freizeitpark am Emsdeich (C–D):** Deichstr. 7a, Westoverledingen, Tel. 0 49 55-92 00 40.

Restaurants

- **Bei Ante:** Hohe Loga 10. In Leer-Loga, etwas außerhalb.
- **China-Restaurants:** In Leer gibt es vier Chinesen. **China-Town** (Mühlenstr. 28), **Pacific** (Bahnhofsring 27), **Shanghai** (Heisfelder Str. 83) und **Tai**

> Aal satt!

Shan (Ostersteg 52) haben alle vorzügliche Speisekarten, und die Preise sind, wie üblich, chinesisch-erschwinglich.

- **Hafenbar:** Am Nesseufer 22. Maritimes Ambiente, www.hafenbar-leer.de.
- **La Cucina** (Bremer Str. 47) und **Mamma Mia** (Mühlenstr. 16). Gute Sachen aus dem Pizzaland, www.lacucina-online.de.
- **Schlemmer-Eck:** Osseweg 34. Feine Küche.
- **Stadtschänke:** Brunnenstr. 11. Treff zum Klönen. Biergarten, Kaffee, Kuchen, Eis.
- **Schöne Aussichten:** Ledastr. 4. Nomen est omen, sowohl aus dem Fenster als auch auf der Speisekarte.
- **Texas River Ranch:** Marinastr. 22 (Bingum). Auf Amerikanisch getrimmtes Restaurant. Man kommt aber auch mit Deutsch klar.

Disco

- **Karussel:** Zoostr. 2, Tel. 77 876.

Feste

- Die traditionsreichste Veranstaltung in Leer ist der alljährlich stattfindende **Gallimarkt,** wegen seiner Bedeutung über den Raum Leer hinaus auch das „Oktoberfest Ostfrieslands“ genannt. Er setzt sich aus einem Vieh- und Krammarkt zusammen. Der erstere findet jeweils am 2. Mittwoch im Oktober statt, und der gleichzeitig beginnende Krammarkt dauert noch bis Sonntag.
- Alle zwei ungeraden Jahre findet Mitte August das **Stadtfest** und alle zwei geraden Jahre Anfang Oktober die **Ostfrieslandschau** statt.

Museen

- **Heimatmuseum:** Vor- und Frühgeschichte, ostfriesische Wohnkultur, Geschichte der Friesen, Schifffahrt, Ortskunde, Gemäldesammlung. Neue Str. 12–14, Tel. 20 19, www.heimatmuseum-leer.de. Offen täglich außer Mo.

026nied rh

Ostfriesisches Schulmuseum: Ausstellung zur Schulgeschichte Ostfrieslands – doch, doch, die gibt es, allen Unkenrufen zum Trotz! Leerer Straße 7, Westoverledingen, Tel. 0 49 61-714 02, www.ostfriesischesschulmuseum.de.

Mühle Mitling-Mark: Voll funktionelle, 400 Jahre alte Mühle. Ausstellung: „Omas Küche" aus vorigen Jahrhunderten. Marker Mühlenweg 2, Westoverledingen, Tel. 0 49 52-88 72. Offen Mi, Fr, So nachmittags.

Angelabstecher ins Zweistromland

Im Osten von Leer, zwischen den Flüssen Leda und Jümme, liegt das **ostfriesische Mesopotamien,** zu deutsch das Land zwischen den Strömen. Diesen Begriff prägte der Geograf Dodo Wildvang schon in den 1920er Jahren. Hier, im Bereich der Gemeinde Detern/Stickhausen, ist ein wahres **Eldorado für Petrijünger.** Aale gibt es massenweise; sie sind sozusagen das Fußvolk der Fischwelt, wenn Fachleute auch zutiefst besorgt eine europaweite Verringerung der Bestände beobachten, gar ein Aussterben befürchten. Doch selbst an sogenannten Edelfischen ist im Zweistromland kein Mangel: Forelle, Hecht (darunter kapitale Burschen), Karpfen, Schlei, Wels und Zander sind vertreten. Zudem in solchen Zahlen, dass der Feriengast in etwa 150 km Fließgewässern, vielen Altarmen, Seen und Kolken rund um die Uhr und fast ohne Auflagen angeln darf! (Nur zwei „Edelfische", drei in Fließgewässern, pro Tag dürfen allerdings erbeutet werden; dazu kann man jedoch bis zu vier Ruten einsetzen.) Erforderlich ist eine Gastangelkarte.

Information

Angelsportverein Leer: Nessestr. 2, Tel. 04 91-25 34.

Tourist-Info Detern: Alte Heerstraße 6, 26847 Detern, Tel. 0 49 57-711, www.detern.de.

Von Leer nach Emden

Mit dem **Auto** hat man's nicht weit, eine halbe Stunde höchstens, wenn man die A 31 nimmt. Aber diese ist halt eher fad und nicht die Störtebekerstraße. Sie verlässt Leer als B 70 und stößt dann bei Terborg an den Emsdeich. Man kann aber auch mit dem **Radl, zu Fuß** gar, von Leer ans (nahe) Emsufer trekken und dann „jümmers up'n Diek lang" bis Emden weitermachen. Für diese Tour muss man mit etwa 30 km rechnen. Per pedes sollte man, wenn man's gern gemütlich hat, also schon mal zwei Tage ansetzen. Für jemanden, der ein Gutteil der gesamten Störtebekerroute unter die Füße nehmen will, viel Grün, Schilf und saftige Auen entlang der Flüsse liebt, ist dies wahrhaftig ein angenehmer Auftakt. Der **„Störtebeker-Rad- und Wanderweg"** setzt sich übrigens weitgehend entlang des Deiches fort – und somit „am Rand des Pfannkuchens, da, wo er am besten ist", nämlich auf einer Gesamtlänge von 187 km bis Esens. Die Strecke ist durchgängig mit dem Buchstaben „S" gekennzeichnet.

Als schönes Etappenziel bietet sich das Städtchen **Oldersum** an (s.u.). Hier mündet der **Dortmund-Ems-Kanal,** den Frachtkähne aus dem Inland ab

Meppen seit Ende des 19. Jahrhunderts als Fahrwasser nutzen, in die Ems, die, obwohl abgesperrt, von diesem Punkt an eher den unruhigen Charakter einer Seestraße annimmt. Die See macht sich auch anderweitig bemerkbar. Immer häufiger hört man die Rufe der Möwen, und die Ems weitet sich bald hinter dem Sperrwerk Gandersum in den **Dollart** aus. Als letzte Station vor Emden erreicht man das Dörfchen **Petkum;** gegenüber liegt Ditzum. Hier ist, wie die Ostfriesen sagen, „dat Endje van de Werelt", das Ende der Welt. Wenn man an einem trüben Tag seewärts über den Dollart blickt, wird man in der Tat diesen Eindruck teilen. Man darf sich halt möglichst keine trüben Tage zum Reisen aussuchen.

Oldersum

Anno 1381 wurde Oldersum, am östlichen Ufer der Ems gelegen, erstmalig erwähnt, und zwar als **Handelsplatz der Hanse.** Heute ist die im Dreieck der Städte Emden, Aurich und Leer gelegene Gemeinde mit ihren zahllosen Wasserläufen ein **beliebtes Wohngebiet mit hohem Freizeitwert.** Wo einst die Hansekoggen anlegten, finden heute Segel- und Sportboote Liegeplätze und schöne Reviere, Fischkutter und kleine Frachtschiffe liegen am Emsufer auf Stapel. Oldersum ist Teil der **Region Moormerland,** früher eine unwirtliche Einöde, heute ein blühendes Gemeinwesen.

Information

- **PLZ:** 26802 (ganz Moormerland).
- **Vorwahl:** 0 49 54.
- **Tourist-Information:** Tel. 93 78 71, www.moormerland.conne.net.

Unterkunft

- Zahlreiche **Pensionen und Fewos.** Vermittlung über die Tourist-Information.
- **Zum Löwen** ②: Sielstr. 11, Tel. 0 49 24-20 37.

Emden

Wenn böse Zungen behaupten, erst der **ostfriesische Witzbold Otto Waalkes** habe die bis dato nicht gerade weltbekannte Hafenstadt Emden ins bundesdeutsche Rampenlicht gerückt, dann ist da bestimmt etwas Wahres dran. Dennoch kann Emden auf einen wechselvollen, gut 1200 Jahre alten Werdegang zurückblicken, der früher schon einmal viel beeindruckender war als heute. Die etwas **schwache wirtschaftliche Infrastruktur** der Küste hat Emden vor allem in den letzten zwei, drei Dekaden zugesetzt. Heute muss hingenommen werden, dass ausgerechnet das klebrige **Ölgewerbe** sich hier ein grünes Mäntelchen überzieht. „Wir leben in Eintracht mit der Natur!", lobt sich die Phillips Petroleum. Ostfriesen stehen bei VW, dem größten Arbeitgeber der Region, am Band und verrichten dort eher unostfriesische Arbeiten. „Alle 45 Sekunden wird ein Auto fertig", wirbt das Werk für sich selbst. Aber wer soll die denn alle kaufen? In Ostfriesland bestimmt keiner, deshalb geht auch alles in den Export. Draußen auf der Ems ziehen hochbordige **Kreuzfahrtschiffe** vorbei. Sie sind in Papenburg, 40 km flussaufwärts, gebaut worden. Für sie hat die ehrwürdige alte Ems schwer Federn lassen müssen. Darüber freuen sich die Emder gar nicht sehr, zumal ihre eigene **Werftindustrie** brachliegt; nicht mal nachgerüstet werden die Kreuzfahrer in Emden. Dieserart krampft es hier und da.

Trotzdem ist den Emdern, wie *Otto* beweist, nicht der Humor abhanden gekommen. (Sie heißen übrigens korrekt Emder und nicht Emdener; es gibt ja auch keine Bremener, gell?) Die vormalige Kulturblüte hat sich ebenfalls zu einem gut Teil wieder entfaltet. **Henri Nannens Kunsthalle** ist in ganz Deutschland – und weit darüber hinaus – bekannt. Das **Ostfriesische Landesmuseum** mit der Rüstkammer in der Neutorstraße ist gleichfalls immer einen Besuch wert. Und eine Rundfahrt auf den **zahllosen Wasserwegen,** die Emden – Amsterdam nicht unähnlich – malerisch durchziehen, sollte man sich auf keinen Fall entgehen lassen.

> Rathaus und Hafen mit dem Feuerschiff „Amrumbank"

Geschichte

Anfänge als Handelsplatz

Einstmals, um das Jahr 800 herum, hieß die junge Siedlung an der Ems noch Amuthon, „Mündung der A". Daraus kann man mit einiger Phantasie unschwer den heutigen Namen herauslesen. Das Wasser, die See, bestimmten von Beginn an Emdens Geschichte und machten die Stadt schon kurz nach der ersten Jahrtausendwende zu einem betriebigen und wohlhabenden Handelsplatz. Unter Nutzbarmachung der von *Karl dem Großen* gewährten **Sonderrechte für die Ostfriesen** gebärdete sich die Stadt wie ein feudalistischer Kleinstaat mit eigener Rechtsordnung, eigenem Zollwesen und höchst eigener Auslegung der Ansicht, wie Handel und Wandel zu betreiben seien.

Hanse und Störtebeker

Ein **Beitrittsangebot** der Hanse schlugen die Emder im 14. Jh. aus, knöpften den Schiffen dieser maritimen Vereinigung auf der Ems lieber Wegzölle ab. Dem erbitterten **Feind der Hanse,** *Klaus Störtebeker,* öffneten sie hingegen Tür und Tor; der berühmte Seeräuber schien eher ein Mann nach ihrem Geschmack zu sein als die hanseatischen Krämer und „Pfeffersäcke".

Wohlstand und Macht

Anno 1464 begannen die Emder unter der Herrschaft der Häuptlinge von Cirksena, den **Hafen** systematisch zu

027nied rh

Emden, Zentrum

erweitern. Die Stadt gewann fürderhin an Macht und Einfluss und wurde jetzt zur **gräflichen Residenz.** Im 16. Jh., der **Walfang** trug dazu bei, gedieh Emden zu einem der bedeutendsten Handelshäfen Europas. Auch die **Heringsfischerei,** 1552 begründet, brachte weiteren Reichtum. Diese Entwicklung sollte sich stark prägend auf das urbane und kulturelle Profil der Stadt auswirken. Aus dieser Periode stammt noch das berühmte **Pelzerhaus** (s.u.), eines der wenigen Gebäude im Stadtkern, das die späteren turbulenten Jahre unbeschadet überstand. Ein weiteres prächtiges Monument damaliger Baukunst, das 1576 nach Antwerper Vorbild errichtete Emder **Rathaus,** versank im Juni 1944 im Bombenhagel der Royal Air Force.

Selbst organisierte Verteidigung

Dass ausgerechnet auf dem Höhepunkt des urbanen Wohlbefindens, im Jahre 1595, eine Art **Revolution** losgetreten

wurde, mutet seltsam an. Doch es war nicht unterprivilegiertes Fußvolk, das hier meuterte, sondern reiche, satte Handelsherren, die bestrebt waren, sich von der **gräflichen Bevormundung** zu befreien. Man sehnte sich offenbar nach den guten, leicht anarchischen Verhältnissen der Gründerzeit zurück, wollte aber zumindest den **Status der Reichsunmittelbarkeit** erlangen. Als dieses Bemühen fehlschlug, galt es, den Schutz der Stadt auf eigene Faust zu organisieren. Die zu Anfang des 17. Jh. zu diesem Zweck errichteten **Festungsanlagen** überstanden den 2. Weltkrieg so gut wie unbeschadet. Auch die schimmernde **Wehr von 23 Bürgerkompanien,** die damals ins Leben gerufen wurde, ist heute bestens erhalten und in der Städtischen Rüstkammer (s.u.) zu besichtigen. Man sollte bei einem Besuch der Stadt nicht versäumen, hier Station zu machen. Immerhin handelt es sich um die einzige stadtgeschichtliche Waffensammlung Deutschlands, die Anspruch auf Vollständigkeit erheben kann.

Dreißigjähriger Krieg

Wie der größte Teil des nordwestdeutschen Küstenraumes blieb auch Emden **von den Schrecken** des Dreißigjährigen Krieges **verschont,** teils wegen seiner wuchtigen Befestigungen, teils dank kluger Politik. Während umgebende Länder in Schutt und Asche sanken, wurde in Emden drauflosgebaut. Aus jener Zeit stammen noch das **Alte Hafentor** von 1635 und die **Neue Kirche** von 1643, beides prachtvolle Bauwerke.

Wiederaufbau nach dem 2 .Weltkrieg

Leider blieb ansonsten nur Weniges aus alten Tagen stehen. Im 2. Weltkrieg wurde die wichtige Hafenstadt zu großen Teilen zerstört. Doch die Emder, im Wehklagen ungeübte Tatmenschen, rappelten sich bald wieder auf. Emden entstand neu. Auch das alte **Rathaus** wurde, zum Teil Originalplänen folgend, wieder erbaut und gilt heute als **Wahrzeichen der Stadt.** Und wenn auch gegenwärtig

028nied rh

manches im Argen liegen mag – solange jemand wie *Otto* den Ton angibt, kann alles eigentlich nur besser werden.

Sehenswertes

Nachdem man sich *Otto* und die Museen zu Gemüte geführt hat, sollte man sich vielleicht auf einen kleinen Stadtbummel begeben. Der **Emder Verkehrsverein** schlägt dafür das folgende atemlose **Nonstop-Programm** vor, das zwar ein paar Tage älter, aber nach wie vor aktuell und in seiner Komplettheit unübertreffbar ist:

„Beginn: Neues Rathaus – Neutorstraße. Zwischen beiden Sielen (Schaufensterbummel durch die Fußgängerzone) – rechts in die Pottgießerstraße – links in die Straße Agterum (gegenüber sehen Sie die Kunsthalle) – geradeaus in die Abdenastraße – vor dem Wasserturm (Jugendstil, um 1900 erbaut, 42 m hoch) auf Fußgängerbrücke über Stadtgraben in die Wallanlagen (Stadtwall mit ursprünglich zehn Zwingern; frühere nie bezwungene Festungsanlage der Stadt, 1606–16 vom Festungsbaumeister *Geert Evert Piloot* erbaut, Zwinger im 19. Jh. teilweise mit Mühlen bebaut, heute: die Innenstadt umgebende Grünanlagen mit herrlichen Spazierwegen, der Naherholung dienend) – Meister-Geerts-Zwinger – Boltentorstraße überqueren und links am Schützenhof (Schießstand) vorbei – Heuzwinger – (Blick auf neues Berufsschulzentrum) – Albringwehrster Zwinger – (Blick auf Freibad, Kulturzentrum; Hinter Tief kreuzt Stadtgraben) – Unterführung der Auricher Straße – Vogelsangzwinger – Marienwehrster Zwinger (Vrouw-Johanna-Mühle: 1804 erbauter Galerie-Holländer) – Bootshäfen – Wolthuser Straße überqueren – Fußgängerbrücke (Gabelung des Stadtgrabens/Alten Grabens) – Weißer Mühlenzwinger – Tennisplätze – Bootshafen am Doeletief (weiter Blick über Osterstraße durch die Innenstadt bis Neutorstraße) – Roter Mühlenzwinger – Am Roten Siel – links zur Kesselschleuse (sehenswertes Wasserbauwerk: 1885/86 als Knotenpunkt von vier Wasserstraßen – Ems-Jade-Kanal, Stadtgraben, Fehntjer Tief und Falderndelft/Binnenhafen – erbaut) – zurück und links über die Fußgängerdrehbrücke (Blick auf Park-

Es werde Licht in Emden

anlagen und Schwanenteich) – Weißer Mühlenzwinger – Friedrich-Ebert-Straße kreuzen (rechts im Hintergrund am Ende der Friedrich-Ebert-Straße die ref. Neue Kirche, 1643–48 erbaut, erste calvinistische Barock-Predigtkirche Deutschlands, und das Gödenser Haus, 1551 erbauter Profanbau; jetzt restauriert) – Lienbahnstraße (Beginn von Kleinfaldern, sehenswertes Stück Alt-Emden, 1750 in die Stadt einbezogen, Fassaden des 18. und 19. Jh.) – rechts in die Gasse „Am Rosentief" – Kreuzung mit der Kranstraße (Kleine-Leute-Häuser aus dem 18. Jh., Bürgerhäuser) – Am Rosentief, altes Pflaster – links entlang des Falderndelftes – Am Helling, Faldernbrücke – links in die Osterbutvenne – Schreyers Hoek (Blick auf alten Binnenhafen, Schiffswerft mit 72 Meter hohem Portalkran) – Westerbutvenne (Fürbringer-Denkmal: 1900 als Dank an Emdens früheren OB *Leo Fürbringer* anlässlich seines 25-jährigen Amtsjubiläums erreichtet; überragende Verdienste um Emden und seinen Hafen in der Zeit 1875–1913) – entlang des Ratsdelftes (im 16. Jh. und schon nach 800 Emdens Hafen direkt an der Ems) – Rathaus. (Dauer: 1½ Stunden, 5,4 km)."

Puh! Ist es ein Wunder, dass *Otto* aus dieser Stadt kommt …? Man kann's aber auch einfacher haben. Zur Rechten des Bahnhofs bestaunt man zunächst die in mustergültigem Zustand gehaltene **Dampflok,** geht dann hinüber zur Fußgängerzone der Großen Straße und erreicht an deren Ende den **Ratsdelft** mit den wichtigsten Sehenswürdigkeiten: Rathaus (mit Rüstkammer), altes Hafentor, Museumsschiffe im Hafen, Pelzerhaus und, nun ja, das Otto-Huus.

Dem unmittelbar gegenüber steht der **Info-Pavillon** des Verkehrsamtes. Durch den Torbogen des Rathauses gelangt man zum malerischen **Falderndelft,** den man am besten an Gödenser Haus und Neuer Kirche vorbei bis zu den weitläufigen Parkanlagen entlangschlendert, um an der **Kesselschleuse** einen Haken nach links zu schlagen. Weiter alsdann längs des schön begrünten **Stadtgrabens** und am **Alten Graben** zurück in Richtung Bahnhof. Kurz vor dem Wasserturm, einem praktischen Wegweiser, kommt man an der **Kunsthalle** vorüber, die zur Einkehr lädt. Danach kann man sich getrost von dannen begeben, denn man hat den größten und auch schönsten Teil von Emden gesehen.

Praktische Hinweise

Information

- **PLZ:** siehe PLZ-Verzeichnis.
- **Vorwahl:** 0 49 21.
- **Tourist-Information:** Bahnhofsplatz 11, Tel. 9 74 00, www.emden-touristik.com.

Adressen

- **Angeln:** Tagesangelkarten bei der Tourist-Info.
- **Bootsverleih:** Am Wasserturm, Tel. 0170-4 42 23 10.
- **Fahrräder:** Santjer, Tel. 61027, Hotel Faldernpoort, Tel. 9 75 20, Hotel Am Kleinbahnhof, Tel. 9 16 50, Voß, Tel. 91 67 40.
- **Fahrten nach Borkum und Delfzijl:** AG Ems, Außenhafen (Borkumkai), Tel. 0 18 05-18 01 82, www.ag-ems.de. (Dort ist auch Endstation der DB. Per Auto anreisende Inselurlauber können ihre Wa-

gen am Borkumkai abstellen.) Man kann mit einem superschnellen Katamaran in einer Stunde nach Borkum sausen oder sich mit einer gemütlicheren (Auto-)Fähre mehr Zeit lassen. Von März bis Ende Oktober mehrere Abfahrten am Tag. Fähre nach Petkum/Ditzum fast stündlich. Trips nach Delfzijl, Ditzum und Aurich von Mai bis September.

■ **Hafenrundfahrten:** Ab Delfttreppe tägl. von März bis Ende Oktober. Anmeldung für Gruppen: Tel. 9 74 00.

■ **Insel-Info:** Verkehrsbüro Borkum, Tel. 0 49 22-841.

■ **Kanalrundfahrten:** Mit Stadt Aurich u.a. Ostern bis Herbst. Info: Tel. 9 74 00 und AG Ems.

■ **Stadtführungen:** Sa (April–Okt.) um 11 Uhr ab Info-Pavillon am Stadtgarten. Tel. 9 74 00.

Unterkunft

■ **Ems Hotel** ③: Nesserlandstr. 129a, Tel. 9 39 00, www.ems-hotel.de.

■ **Heerens Hotel** ③: Ebertstr. 67, Tel. 2 37 40, www.heerenshotel.de.

■ **Hotel am Kleinbahnhof** ③: Am Kleinbahnhof Ost 7, Tel. 9 16 50, www.amkleinbahnhof.de.

■ **Hotel Gazelle** ②/**Faldernpoort** ③: Courbierestraße 6, Tel. 9 75 20, www.faldernpoort.de.

■ **Zum Hanseaten** ②: Th.-Storm-Str. 11, Tel. 93 67 97.

■ **JH Emden** ②**:** Kesselschleuse 5, Tel. 23 79 7, Fax 32 16 1, emden@jugendherberge.de. 142 Betten, Disco.

Camping

■ **Campingplatz Knock (A):** Am Mahlbusen (Knock, siehe weiter unten), Tel. 049 27-567. 200 Stellplätze, Bademöglichkeiten (Binnensee), Angel- und Wassersport. Kiosk und Imbiss.

■ **Trekkinghütten:** 24 Einheiten in ganz Ostfriesland. Infos über JH oder Tourist-Info.

Restaurants

■ **Alt Emder Bürgerhaus:** F. Ebert-Str. 33. Elegantes Jugendstilrestaurant, „Fisch von Schwiegervaters Kutter".

■ **Altes Packhaus:** Boltentorstr. 20. Feine regionale Küche.

■ **Café Kuhstall:** Fährstr. 35. Umgebautes ostfriesisches Bauernhaus von 1849. Nicht nur Kaffee, sondern auch Grünkohl und Gegrilltes.

■ **China-Restaurants:** Emdens Chinesen können sich in Bezug auf kulinarische Qualität und zivile Preise die Hand reichen: **China Haus** (Lilienstr. 16), **Sawatdy Thai-China** (Neutorstr. 25), **Mai Thu** (Auricher Str. 290), **Ming Ming** (Auricher Str. 153).

■ **Drei Kronen:** Am Brauersgraben 6. Gutbürgerliche Küche. Mi geschlossen.

■ **Faldernpoort:** Courbièrestr. 6. Fisch, ostfriesische Spezialitäten.

■ **Feuerschiff „Amrumbank":** Im Ratsdelft. In erster Linie Fischspezialitäten.

■ **Goldener Adler:** Neutorstr. 5. Direkt am Delft. Der Chef kocht selbst.

■ **Herrentor:** Kranstr. 75. Gutbürgerliche Küche.

■ **Museumsstube:** Kunsthalle. Deutsche Küche, Bistro.

■ **La Trattoria:** Neuer Markt 3. Italienische Küche.

■ **Zum Holzsäger:** Holzsägerstr. 5. Gutbürgerliche Gerichte.

Discos

■ **Oldschool:** Neuer Markt 9, Tel. 0170-9 68 13 99.

■ **Madison:** Neuer Markt 20, Tel. 2 22 55.

Das alte Hafentor

029nied rh

Museen

■ **„Dat Otto Huus":** Große Str. 1 (am Delft gegenüber dem Rathaus), Tel. 2 21 21, www.otto-waalkes.com. Dokumentiert *Otto Waalkes* Karriere anhand eines kleinen Schmunzelkabinetts. Geöffnet Mo–Fr (im Sommer auch So) tagsüber, Sa morgens.

■ **Kunsthalle:** Hinter dem Rahmen 13, Tel. 97 50 50, www.kunsthalle-emden.de. Eine hochkarätige Sammlung von Werken der klassischen Moderne und der zeitgenössischen Kunst, die der ehemalige Stern-Chefredakteur *Henri Nannen* seiner Vaterstadt geschenkt hat. Ständig wechselnde Ausstellungen und Programme. Offen ganzjährig täglich außer Mo. Bei Ausstellungswechsel ist die Kunsthalle jeweils eine Woche geschlossen.

030nied rh

■ **Museumsfeuerschiff „Deutsche Bucht/Amrumbank":** Im Ratsdelft, Tel. 2 32 85, www.amrumbank.de. Altes Feuerschiff (Baujahr 1914–18). Kajüträume im ursprünglichen Zustand, Schifffahrtsmuseum. Mo–Fr ganztägig, am Wochenende morgens geöffnet. Daneben liegt der imposante Heringslogger-Veteran **„AE7 Stadt Emden"** und ein kleines Stückchen weiter der Seenotrettungskreuzer **„Georg Breusing",** beide mit Öffnungszeiten wie oben. Saison für alle drei Schiffe: April –Oktober.

■ **Ostfriesisches Landesmuseum und Städtische Rüstkammer:** Neutorstraße/Rathaus am Delft, Tel. 87 20 58, www.landesmuseum-emden.de. Sammlungen zur Kunst- und Kulturgeschichte Ostfrieslands und Emdens, berühmte Rüstkammer der Stadt mit historischen Waffen, Ritterrüstungen usw., speziell des 16. u. 17. Jh. Fast ganztägig und -wöchentlich offen mit einigen jahreszeitlichen Variationen.

■ **Pelzerhaus:** Pelzerstr. 12, Tel. 87 20 58. Renaissance-Bürgerhaus im flämisch-niederländischen Stil um 1585. Ausstellungen zum bürgerlichen Leben. Offen täglich außer Mo, Eintritt frei.

Feste

■ **Delft- und Hafenfest:** 3. Juliwoche.

■ **Emder Matjes-Tage:** am letzten Mai-Wochenende.

■ **Emder Schützenfest:** in der zweiten Septemberhälfte.

■ **Erntefest:** (Anfang Okt.) in Emden-Borssum.

■ **Weitere Veranstaltungen:** Verkehrsverein.

< Feuerschiff

Nordseegold

Bernstein, das Millionen Jahre alte „versteinerte" Harz fossiler Nadelhölzer, war schon den pharaonischen Ägyptern ein Begriff. Erst recht populär war das „Gold des Nordens" bei den Phöniziern, Griechen und Römern, die manche abenteuerliche und gefährliche Fahrt in fast unbekannte Gewässer nicht scheuten, um Bernstein zu finden. An germanischen Küsten gab es damals einen schwunghaften Handel mit der begehrten Rarität.

Danach, spätestens im heutigen Zeitalter, erlosch die Begeisterung weitgehend mit der Erkenntnis, dass es sich bei den goldfarbenen Brocken um gar keine „Steine", insbesondere um keine Edelsteine handelte. Fischer an Nord- und Ostsee benutzten sie, weil sie vorzüglich brannten, als **Feuermaterial** für ihre Granatkochtöpfe – es war eben ein Harz, wenn auch ein uraltes. Nur im Bereich der damaligen deutschen Ostseeländer Pommern und Ostpreußen galt der Bernstein weiterhin als wichtiges **Schmuckgut,** aus dem man allerlei Hübsches verfertigte – mit Einschluss eines kompletten „Bernsteinzimmers", seit Kriegsende verschollen, doch als Kopie wieder vorhanden.

Wahrscheinlich deshalb hält sich in deutschen Landen hartnäckig der Glaube, Bernstein sei ein typisch ostseeisches Fundobjekt und Produkt. Gar nicht wahr. Die Eiszeiten überzogen den Nordsee- genauso wie den Ostseeraum mit den Relikten fossiler Harze – **Funde an der Nordseeküste** sind durchaus alltäglich.

Auf der Helgoländer Düne sind jedenfalls brikettgroße Stücke massenweise zu Tage gefördert worden, ohne dass die Insulaner deswegen in Ekstase gerieten. Die Nordfriesischen Inseln gelten schon seit alters her als *die* Fundgrube des Nordseegoldes. Auf Norderney fand ein Tourist vor ein paar Jahren einen gigantischen, fast pfundschweren Brocken. Im Wurster Watt zwischen Bremerhaven und Cuxhaven wird Bernstein immer wieder freigespült und treibt an der Küste an. Der Kugelbake-Leitdamm in Cuxhaven ist eine der besten Fundstellen der gesamten Nordsee. Und so weiter.

Die Fehlinformation, „richtigen" Bernstein gebe es nur an der Ostsee, hat zahlreiche Besucher der dortigen Küsten in einen zwanghaften Kaufrausch getrieben, der nur mit dem der alten Phönizier gleichzusetzen ist. Jene ließen sich jedoch nicht übers Ohr hauen; das war technisch auch gar nicht möglich. Heute schon. Es gibt vorzügliche **Bernstein-Imitate** aus Plastik, die selbst den Fachmann täuschen. Zwar kann man deren Echtheit mittels einer gesättigten Salzlösung testen, in der Bernstein aufschwimmt und Plastik sinkt – doch das „richtige" spezifische Gewicht werden auch die Fälscher, zu Haus vor allem in Polen und Russland, bald ermitteln. Vielleicht führt dieser Trend – hoffentlich – dazu, dass man Bernstein am Strand bald ganz allein lässt. Wer schon wollte sich auch einen brikettgroßen Klunker um den Hals hängen, nur weil er golden schimmert ...?

Abstecher

Zum schiefen Turm

Etwas nördlich der Stadt (in der Nähe des Flugplatzes) liegt das Örtchen **Suurhusen.** Sehenswert ist dort die evangelisch-reformierte Kirche aus dem Jahre 1262 mit dem **„schiefsten Turm der Welt“** (Guinness-Buch). Der von Pisa ist nichts dagegen. Ansehnliche 2,43 Meter, eine Folge von Fluten und Grundwasserabsenkungen, misst der Überhang derzeit.

Zum Jade-Ems-Kanal

Schön auch sind **Wanderungen** – ob zu Fuß, Rad oder per Boot – entlang des Jade-Ems-Kanals, der Emden über Aurich mit Wilhelmshaven verbindet und viele idyllische Teilstrecken aufweist.

Krummhörn

Westlich und nordwestlich von Emden dehnt sich eine **weite Halbinsel** nordseewärts: die Krummhörn. Die Ostfriesenküste ist großenteils schon **pfannkuchenplatt,** doch auf der Krummhörn scheint man noch zusätzlich Dampfwalzen und Bügeleisen eingesetzt zu haben. Im Gegensatz zum Rest der Region kann man hier wirklich bereits erkennen, wer *über*morgen zu Besuch kommt … In diesem pottebenen Gelände finden vor allem **Angler,** ähnlich wie im oben erwähnten „Mesopotamien“, ihr Paradies. Die Krummhörn ist ein riesiger Schwamm. Rund 600 km Fließgewässer und 1000 ha Seengebiet verzeichnet die Karte, und es gibt so gut wie keine Fangbegrenzungen! (Auskünfte zu Gastangelkarten über die Verkehrsämter Emden und Greetsiel.)

■ Über die **Touristen-Information Greetsiel** (www.greetsiel.de) können Touren und Besichtigungen in der gesamten Krummhörn arrangiert werden. Ebenfalls lassen sich hier Auskünfte beziehen über die zahlreichen musikalischen Veranstaltungen – von klassischen Orgelkonzerten über Musicals zu sogenannten Handglockenfestivals mit internationaler Besetzung –, für welche die Krummhörn, vielleicht unerwarteterweise, berühmt ist. Pilsum nennt sich sogar „Dorf der Musik“.

Larrelt

Auf schmaler Landstraße geht es zunächst genau westwärts – ausnahmsweise mal. Man durchfährt das Städtchen Larrelt und wird nicht glauben wollen, dass dieser mehrere Kilometer im Land gelegene Ort früher einmal dem mächtigen Emden als **Seehafen** Konkurrenz gemacht hatte. Ein Blick auf die Kirche belehrt allerdings eines Besseren. Sie wurde schon um 1200 aus importiertem Tuffstein erbaut und kann schon deshalb unmöglich zu einem obskuren Kuhdorf gehört haben …

Knock

An der Knock, wo die Ems einen scharfen Bogen nach Norden macht, sollte man eine kleine Pause einlegen, vielleicht sogar auf dem recht exklusiven Emder **Campingplatz** sein Zelt auf-

031nied rh

schlagen. Am Wasser steht, seit dem Krieg aus der Stadt verbannt, ehern der **Alte Fritz,** den die Ostfriesen so liebten, und blickt wehmütig den dicken Pötten hinterdrein, die die Ems entlanggleiten. Unfern davon überwacht sein Urgroßvater, ebenfalls in Erz gegossen, die gewaltigen Pumpen des **Schöpfwerks Knock.** Sie rotieren, damit die patschnasse Krummhörn nicht absäuft; 60 Tonnen Wasser pro Sekunde gehen bei Volllast durch die Anlage, eine der größten Europas. Die gesamte Krummhörn ist sehr niedrig gelegen und muss ständig entwässert werden.

Der Alte Fritz hält Wacht

Freepsum

In Freepsum, 5 km östlich von Campen, befindet sich **Deutschlands tiefster Punkt:** 2,30 m unter dem Meeresspiegel. Deshalb gibt es hier auch überall so urige **Warfendörfer** und wuchtige Kirchen, 25 an der Gesamtzahl, die früher bei Fluten als Zufluchtsstätten dienten. Liebhaber verschrobener Motive kommen in der Krummhörn auf ihre Kosten, finden gut Erhaltenes aus uralten Tagen.

Motive – das ist auch das Zauberwort, das viele **Kunstmaler** in diese Gegend zieht. Man trifft an den Sielen und Kanälen auf ihresgleichen, und sie blicken manchmal drein, als ob sie ausrufen wollten: „Die Farben! Die Worte!“ Und mitunter wird man sich verstohlen überzeugen wollen, ob einem von ihnen das rechte Ohr fehlt und erleichtert aufatmen, wenn das nicht der Fall ist.

Weiter nach Greetsiel

Über die Friesendörfer Rysum, Loquard, Campen, Upleward, Groothusen/Pewsum, Manslagt und Pilsum führt die Route weiter nach Greetsiel, fraglos Ostfrieslands malerischstem Hafen (dort sind auch die meisten Künstler vertreten). Auf manchen Karten setzt sich die Störtebekerstraße von Greetsiel aus die Küste entlang bis Norddeich fort. Doch dadurch würde dem Namensgeber Ungerechtigkeit zuteil. Mit Marienhafe, einen Zacken weiter östlich gelegen, verbinden ihn nämlich viel zu viele geschichtliche Vorkommnisse, als dass man diese Route einfach außer acht lassen könnte. Auf den meisten Karten wird dies auch eingesehen und der **Schwenker nach Marienhafe** gemacht. Die Distanz ist ohnehin fast die gleiche. Nur wer zu Fuß geht oder Rad fährt, sollte allerdings die Strecke entlang des Deiches vorziehen, denn die **B70** von Marienhafe nach Norden/ Norddeich ist **stark befahren.**

Jeweils eine **Buslinie** verbindet Emden mit Pewsum und Greetsiel (von dort weiter nach Norden).

Rysum

Ein **typisches Warfendorf** ist dieses Örtchen, mit Häusern, die sich um die alte Backsteinkirche (15. Jh.) wie Küken um die Henne scharen. Die Dorfstraßen bilden weite Ringe um die Kirche und sind durch radiale Gassen verbunden. An diesen liegen die Höfe, und zwar mit den

032nied rh

Wirtschaftsräumen und Ställen nach außen, also auf die Felder zu. Diese **Anordnung der Straßen und Höfe** war in Ostfriesland früher einmal sehr häufig, typisch fast, heute ist sie selten. In der Krummhörn ist sie wiederholt erhalten geblieben, und ganz besonders in Rysum. Der Ort hat in weitem Umkreis das meiste Flair; man darf ihn wohl ungestraft als **eines der hübschesten Städtchen der Region** bezeichnen. Vor allem die Kirche „hat es in sich". In ihr befindet sich die **älteste funktionierende Orgel der Welt** aus dem Jahre 1457 (Info: Touristen-Information Greetsiel, s.u.).

Loquard

Einen Kilometer nördlich von Campen liegt dieses **originelle Dorf,** das schon seit dem 14. Jh. **Häuptlingssitz** war. Aus jener Zeit stammt auch die Kirche, die in ihrem Innern ein wahres Filetstück friesischer Kunstfertigkeit aufweist: einen prächtigen **Schnitzaltar flämischer Herkunft,** etwa aus dem Jahr 1620. Loquard besitzt einen kleinen Campingplatz.

Camping

■ **Dyksterhus:** Tel. 0 49 27-489.

Campen

Dieses Dorf, über tausend Jahre alt, ist gleich Rysum auf einer **Ringwarf** gelegen, in deren Mitte sich eine **alte Friesenkirche** aus dem 13. Jh. (gotische Stilepoche) mit freistehendem Glockenturm erhebt. Sehenswert sind auch die Kanzel aus dem Jahre 1794 und die schönen Malereien im Innern der Kirche.

Ein Turm ganz anderer Art steht 2 km entfernt am Deich: ein 65 m hohes **Leitfeuer** (höchster Leuchtturm Deutschlands), von dessen Aussichtsplattform man einen herrlichen Blick über die Krummhörn und die Emsmündung hat. 1992 war der Turm 100 Jahre alt. Auskunft über Öffnungszeiten: TI Greetsiel, Tel. 0 49 62-9 18 80.

Upleward

In dem fast 900 Jahre alten **idyllischen Warfendorf** befindet sich die aus dem 15. Jh. stammende, im gotischen Stil erbaute **Dorfkirche.** Um 1420 werden hier die ersten Häuptlinge erwähnt.

Vor dem Deich befindet sich ein **Campingplatz** mit einem richtigen Sandstrand (1985 aufgespült). Und ein weiterer Strand befindet sich *hinter* dem Deich – kein Ostfriesenwitz!

Unterkunft/Camping

■ **Pension Haaskehörn** ②: Ant Oll Dobke 2, Tel. 0 49 23-75 69, www.haaskehoern.de.

■ **Campen am Deich (D):** Erbsenbindereistr. 3, Tel. 0 49 23-525, 350 Stellplätze.

◁ Rysumer Kirche

Groothusen

Auch dieser Ort besitzt eine **massive Backsteinkirche** (Mitte des 15. Jh.). Ebenfalls aus dieser Zeit stammt die **Osterburg,** früher das **Hauptquartier des Beninga-Geschlechts** und eines der ältesten Profangebäude Ostfrieslands. Es liegt unmittelbar an der Straße inmitten einer gepflegten Parkanlage. Das Gebäude kann besichtigt werden. Nachfahren der Beningas führen Besucher persönlich durch das Anwesen (Tel. 0 49 23-80 54 68, www.osterburg-groothusen.de).

Abstecher nach Pewsum

Nur 2 km von Groothusen entfernt befindet sich Pewsum mit seinem **Mühlenmuseum** (Windmühle, ostfriesisches „Gulfhaus", Sammlungen zur bäuerlichen Arbeit, Deichbau usw.). Besonders sehenswert in Pewsum ist die **Manninga-Burg** aus dem 15. Jh., ebenfalls mit angegliedertem Museum. Beide Museen werden von dem sehr engagierten Heimatverein instandgehalten.

Information

- **Fremdenverkehrsverband Pewsum:** Manninga-Burg, Tel. 0 49 23-74 32, www.greetsiel.de.

Die Manninga-Burg

Manslagt

Der Name klingt nicht unbedingt sympathisch, das Dorf, mindestens 450 Jahre alt, ist es aber. Das Gotteshaus stammt aus der Zeit der Spätgotik. Die 1714 in Amsterdam gefertigte **prachtvolle Kanzel** erregt immer wieder die Faszination von Besuchern. Manslagt liegt etwa 2 km landein.

Pilsum

Natürlich muss an erster Stelle die alte Kirche (12. Jh.) erwähnt werden. Diese ist aber auch besonders imposant: eine ragende, **wuchtige Kreuzkirche,** auf deren Vierung sich ein massiver Turm reckt. Auch sehenswert: Großkäserei Rozenburg. Sehen und fotografieren muss man unbedingt Pilsums rot-gelb geringelten **Leuchtturm!**

Fest

- **Schlickschlittenrennen:** Ende Juli

Die Leybucht

Das große Loch in der Küste, das sich vor Greetsiel dehnt, entstand überwiegend während **schwerer Sturmfluten** im 13. und 14. Jh. Die See brandete damals bis an die Geeströnder bei Norden und Marienhafe. Nach und nach wurde der Nordsee das überschwemmte Land aber wieder abgerungen, vor allem mit dem Bau des **Störtebekerdeiches** im Jahre 1950, der die Bucht dann letztlich wieder auf eine Größe von ca. 2800 ha einengte.

Man sollte mutmaßen, dass mit moderner Landgewinnungstechnik die Ley-

bucht eines Tages wieder ganz zu Ackerboden gemacht werden kann. Es handelt sich nämlich um ein typisches **Buchtenwatt,** das sogar ohne menschliches Zutun zunehmend verlandet, weil auf Grund relativ geringer Wasserbewegung in der sehr flachen Bucht eine ständige Ablagerung von Schlickpartikeln stattfindet. Durch diese Vorgänge gerät die Leybucht-Lagune, **eines der größten Salzwiesenbiotope Europas,** in dem sich zahlreiche, z.T. sehr seltene Vogelarten tummeln, in existentielle Gefahr.

Man hat deshalb unlängst durch Öffnung des alten Sommerpolders Hauener Hooge 95 Hektar vormaligen Grünlands wieder dem Einfluss der Gezeiten ausgesetzt, um **neue Salzwiesen** zu schaffen. Diese Maßnahme hat der Nationalparkverwaltung an der Küste nicht nur Freunde gemacht. Dass die Schaffung von neuen Biotopen schon wegen der Entlastung der Deiche indes nur von großem Vorteil sein kann, erkennen auch die Hinterdeichler an.

Auf gesunde Verhältnisse entlang dieses Küstenstrichs weisen u.a. die **ertragreichen Krabbenfänge** hin, die außerhalb des Naturschutzgebiets getätigt werden – bis zu 55 Tonnen der schmackhaften Krabbeltiere bringt ein Greetsieler Kutter von einer Fangreise mit!

Greetsiel

Liebhaber dieses Örtchens im Südteil der Leybucht besingen Greetsiel als den **schönsten Sielhafen der gesamten deutschen Nordseeküste.** Nun, es wird schwerfallen, ihnen etwas anderes zu beweisen.

Eine **Siedlung** (mit dem Namen Appingen) bestand an der Stelle, auf der heute Greetsiel liegt, wohl schon um das Jahr 800. Der **Hafen** wurde „erst" im 14. Jh. erbaut. Gleichzeitig errichtete die Familie *Cirksena,* die im „Groden-Siel" zu Häuptlingswürden gekommen war, eine **Burg** und um 1400 die **Marienkirche** auf der westlichen Seite des Sieltiefs. 1457 wurde die Cirksenaburg erneuert, in den nächsten 200 Jahren fiel sie im Lauf der Ortsgeschichte immer wieder in andere Hände. Als die **Preußen** 1744 die Herrschaft in Ostfriesland übernahmen, diente sie sogar eine Zeitlang als Zuchthaus.

035nied rh

> Zum Buddelschiffmuseum in Greetsiel

< Türen bieten immer wieder schöne Fotomotive

036nied rh

Die Preußen sorgten dafür, dass der Hafen verbessert wurde. Aus der Zeit *Friedrichs des Großen* stammt das eindrucksvolle **Sieltor;** dafür ließ der *Alte Fritz,* Symbole setzend, 1777 die Burg der ehemaligen Ostfriesenherrscher schleifen. Schwere Schäden richtete die **Sturmflut von 1825** in Greetsiel an, die an Höhe selbst die von 1717 übertraf; die meiste Substanz des alten Ortes blieb jedoch erhalten.

Heute ist das **Hafenbecken,** 1991 durch eine Schleuse gezeitenunabhängig geworden, Stützpunkt für mehr als zwei Dutzend **Krabbenkutter,** die größte Flotte dieser Art im Weser-Ems-Gebiet. Außerdem werden Rotbarsch, Seezunge, Scholle und Kabeljau auf den Kais angelandet und finden ihren Weg auch in die superben Restaurants des Städtchens.

Was Greetsiel so überaus attraktiv macht, sind die **alten, farbenfrohen Häuser** entlang des Hafens mit ihren geschwungenen Giebeln und ihrem puppenstubenartigen Innenleben. Auch die freundlich angelegte **Fußgängerzone,** fast ganz Greetsiel umfassend, trägt dazu bei, dem Ort ein idyllisches, ein bisschen mittelalterliches Aussehen zu verleihen, das Kenner des Städtchens immer wieder dorthin zurückzieht.

Außer dem malerischen Hafengebiet und den pittoresken Gebäuden laden die **Greetsieler Zwillingsmühlen** zur Betrachtung. Die östliche Mühle stammt aus dem Jahr 1706. Zweimal brannte sie ab, zweimal wurde sie wieder aufgebaut. Die Mühle ist noch heute, sowohl mit Wind- als auch mit Motorkraft, in Betrieb. Ihr westliches Gegenstück ist jüngeren Datums; 1856 steht über dem Eingang. In dieser Mühle befindet sich heute eine **Teestube mit Galerie.**

Praktische Hinweise

Information

- **PLZ Krummhörn:** 26736 (alle Gemeinden).
- **Vorwahl Greetsiel:** 0 49 26.
- **Touristik-GmbH Krummhörn-Greetsiel:** Zur Hauener Hooge 15, Tel. 9 18 80, Fax 20 29, www.greetsiel.de. Auch Zimmervermittlung.

Adressen

- **Angeln:** Touristik-GmbH Greetsiel (s.o.)
- **Bootsverleih:** Anlegestelle bei den Mühlen. Fast alle Krummhörner Gemeinden sind über Wasserläufe miteinander verbunden. Wasserwanderkarte im Verkehrsamt.
- **Fahrräder:** Allein sechs Verleihe in Greetsiel, je einer in Manslagt, Pewsum und Upleward.
- **Hallenbad:** Gesundheits-Oase (Hauener Hooge) mit „Tepidarium" (Sauna) und „Hydrojet". Ganzjährig offen, außer um Mitte Januar herum.
- **Kanalfahrten:** „Kanal-Taxi", Tel. 763 und 0 49 23-409.
- **Kinderbetreuung:** Das Kinderhaus „Wattwurm" (gegenüber vom Verkehrsbüro, Tel. 15 14) verfügt über einen Wickelraum und eine Spielecke, wo die Zwerge unterhalten werden. Vor dem Gebäude gibt es einen Abenteuerspielplatz und einen Teich für Schiffsmodelle.
- **Nationalpark-Haus:** Schatthauser Weg 6, Tel. 20 41. Geöffnet vom 1.4. bis 31.10. und vom 3.11. bis 30.3. (nicht Mo.). Ausstellung: Flora und Fauna des Küstenbereichs. In der Saison Naturführungen.
- **Schiffsfahrten:** Größere Einheiten fahren in der Saison nach den Inseln, „in See" und nach Holland. Auskunft gibt die Touristik-GmbH.
- **Wattwanderungen:** gemäß Veranstaltungskalender.
- **Yachtclub:** 40 Liegeplätze. Info: Hafenmeisterei, Tel. 402.

Zimmernachweis

- **Touristik-GmbH:** Adresse s.o. Es existiert eine reichhaltige Palette von Unterkunftsmöglichkeiten,

„Granat! Granat!“

Die Fischereigenossenschaft Greetsiel hat ihre Garnelen analysieren lassen und wartet mit den folgenden Ergebnissen auf:

100 g Krabbenfleisch enthalten:

Protein (Eiweiß)	18 g
Fett	1 g
Kohlenhydrate	1 g
Kalorien	84 kcal
Kalium	290 mg
Calcium	75 mg
Phosphor	210 mg
Eisen	2 mg
Vitamin A	18 mg
Niacin	2 mg
Vitamin B2 und Jod	Spuren

Eine **gesunde Magermahlzeit** also. Nur ein deftiges Stück Schwarzbrot sollte man dazu verzehren und auch mit der Butter nicht sparen, sonst kommt man mit den Kohlenhydraten und Fetten zu knapp weg und ist bald wieder hungrig. Etwa 7–9 € kostet das Kilo übrigens – „ungepuhlt“ – im Geschäft, mit ca. 30 € muss man für das reine Fleisch rechnen. Eine einzige Brotauflage kann also schon ganz schön ins Geld gehen, wenn man zu faul ist, die Schalentiere selber „auszuwickeln“. Übrigens: „Granat! Granat“ (wie in der Überschrift) wurde in Küstenorten noch in meiner Jugendzeit **von Ausrufern** öffentlich **angekündigt,** wenn Kutter im Hafen gelandet waren.

077nied rh

beginnend mit Privatzimmern ab 23 € ÜF p.P. Interessant: Fast alle Fewos gehören Nichtfriesen, insbesondere Ruhrpottlern.

Unterkunft

- **Hotel Schatthaus** ③: Schatthauser Weg 2, Tel. 17 11, www.schatthaus.com.
- **Zum alten Siel** ③: Am Markt 1, Tel. 339, www.zum-alten-siel.de.

Restaurants

- **Fischerhus:** Sielstraße 5. Fischrestaurant.
- **Captain's Dinner am Sielgatt:** Am Markt 5. Jede Menge Seafood.
- **Apollon:** Kleinbahn 12. Griechische Küche.
- **Der Rettungsschuppen:** Am alten Deich 31. Café und Bistro, Live-Musik.
- **Is Teetied:** Hohe Straße 1. Original ostfriesische Küche, nicht nur Tee.
- **Seestern:** Hohe Straße 5. Fischspezialitäten, kinderfreundlich.
- **Chung Van:** Am Markt 12. Asiatisch-deutsche Küche.
- **Kartoffelkäfer:** Ankerstr. 1. Kartoffeliges (anderes gibt es aber auch).
- **Moin Moin:** Mühlenstr. 22. Regionale Küche.
- **Zum Alten Siel:** Am Markt 1. Regionale Spezialitäten.

Museen

- **Buddelschiffmuseum:** Mühlenstr. 23, gegenüber der Touristen-Info. Dem Museum in Neuharlingersiel nachempfunden. Öffnungszeiten: Ganzjährig täglich 10–18 Uhr. Im Winter eingeschränkt.

Feste

- **Künstlertreff:** Haus der Begegnung, am Ostermontag.
- **Kunst- und Handwerksmarkt:** 3. Juliwoche.
- **Greetsieler Woche:** Maler und Kunsthandwerker stellen ihre Produkte aus. Letzte Juliwoche.
- **Weihnachtsmarkt:** am Wochenende vor Weihnachten.

Von Greetsiel nach Norden

Eilsum

In diesem hübschen Örtchen 5 km nach Greetsiel erhebt sich, vielleicht nicht ganz unerwartet, eine wuchtige **Backsteinkirche** aus dem 13. Jh. Diese weist jedoch den Vorzug gut erhaltener Wandmalereien auf und besitzt als Sahnestück ein Bronzetaufbecken aus dem Jahre 1472. Der sogenannte Lucas-Stier im Chorraum wird von Kunsthistorikern aus aller Welt bewundert.

Wirdum

Auch Wirdum, 5 km östlich von Eilsum, hat eine **prächtige alte Kirche** (14. Jh.).

Das nächste Etappenziel, Marienhafe, wird nach weiteren 8 km erreicht.

Marienhafe

Schon im Jahre 1251 wurden in diesem Örtchen, etwa mittig zwischen Norden und Aurich gelegen, überregional bekannte Jahrmärkte veranstaltet. Die See reichte damals weit ins Landesinnere hinein; Marienhafe war ein **betriebsamer Hafen.** Um einen weithin sichtbaren Ansteuerungspunkt zu haben, begann man anno 1250 mit dem Bau der mächtigen **Marienkirche,** deren 81 m (manche Quellen sagen 65 m) hoher Turm ein Seezeichen erster Güte darstellte.

Gegen Ende des 14. Jh. diente Marienhafe dem berühmten **Klaus Störtebeker** als Zufluchtsort. Die Hanseschiffe, die ihn verfolgten, konnten sich der seichten Küste nicht nähern; die flachgehenden Fahrzeuge des Freibeuters segelten jedoch bis an die Stadtmauer heran und machten an ihr fest. Dort wurde die Beute dann verladen, wie es heißt. Im unfernen Upgant-Hof, auf der anderen Seite der B 70, soll einiges davon gelandet sein. Was zu beweisen wäre.

Noch heute wird die längst verlandete Flutrinne „Störtebekertief" genannt. Der wilde Seefahrer muss in dem kleinen Ort recht beliebt gewesen sein, wahrscheinlich eine Art Figur à la *Robin Hood.* Deshalb hat man ihm in Marienhafe ein ehrendes Andenken bewahrt. Im **Kirchenmuseum** gibt es eine „Störtebekerkammer", in der einiges zum Thema ausgestellt ist, und auf dem Kirchplatz steht der Pirat in Stein gehauen und blickt kühn ins Leere. Leider ähnelt er eher einem leicht misslungenen Kohlenhauer als einem stolzen Bukanier. Das Museum ist wochentags morgens und sonntags nachmittags geöffnet; im Winter ist es geschlossen.

Die Marienkirche ist sehenswert, schön ist sie nicht. Der klobige **„Störtebeker-Turm"** ist auf 31 m geschrumpft, das eckige Hauptgebäude erinnert an einen Bunker. Nach dem tödlichen Sturz einer Turmbesucherin im Mai 2014 sind keine Einzelbesucher mehr zugelassen. **Informationen** erteilt die Touristen-Information Greetsiel.

Ein stilloser Treppenaufgang zum Museum beseitigt auch die letzte Ästhetik. Dafür kann man innen die ursprüngliche Kirche im Modell besichtigen. Früher muss sie einmal prächtig ausgesehen haben; auch die faszinierenden **Tierbildreliefs,** auf die sich *Klaus Störtebeker* vor seiner Exekution berufen hatte, gab es tatsächlich. Der ostfriesische Gelehrte *Ubbo Emmius* beschrieb sie bereits um 1600 als „infolge des Alters fast abgenutzt". Heute lassen sich allenfalls noch vage Konturen erkennen, und saurer Regen hat ihnen in jüngerer Zeit den Rest gegeben.

Und sonst? Zwei **Windmühlen** gibt's noch zu sehen. Und das war's.

Praktische Hinweise

- **Fremdenverkehrsamt Brookmerland:** Am Markt 11, Tel. 0 49 34-8 12 24, www.marienhafe.de
- **Restaurants: Störtebeker Grill,** Rosenstr. 27, Speisen vom Grill; **Marktschänke,** Am Markt 2, ostfriesische Spezialitäten; **Rhodos,** Rosenstr. 39, griechische Küche.

Norden und Norddeich

Norden

Die Stadt Norden zählt heute (zusammen mit Norddeich) etwa 25.000 Einwohner. Sie ist die **älteste Stadt Ostfrieslands** und nimmt insofern eine herausragende Stellung ein, die sie ihrer Lage auf einer **Geestinsel** verdankt. Zwar handelt es sich um nicht mehr als eine winzige Anhebung gegenüber dem umgebenden platten Land, nur einen Sandhaufen sozusagen. Aber dort oben an der Küste zählt halt jeder Zentimeter, und so wurde Norden eben zum **regionalen Zentrum.**

Seeräuber und Hanseaten

Mit *Klaus Störtebekers* Hinrichtung im Jahre 1401 war das **Seeräuberunwesen an der Nordseeküste** keineswegs vorüber. Die Geschichte vermeldet aus den nächsten anderthalb Jahrhunderten noch folgende Episoden:

1434 brachten die Hamburger **vierzig Piraten** auf. Sie wurden alle mitsamt ihrem Hauptmann *Heinrich Schinder* einen Kopf kürzer gemacht. Der **Henker** *Claus Flügge* war in seinem Beruf ein so geübter Mann, dass er jeweils sechs seiner Opfer nebeneinander auf Stühle setzte und ruckzuck die Köpfe fliegen ließ. Das Hamburger Volk zollte ihm ob seiner Geschicklichkeit große Bewunderung.

1482 mussten wieder 14 Mann daran glauben. Diesmal handelte es sich um **Knechte des Grafen Gerhard von Oldenburg,** der den Hanseschiffen ziemlich zugesetzt hatte. Da man den hohen Herrn nicht fassen konnte, hielt man sich eben an seinen Bediensteten schadlos.

1488 waren **friesische Seepiraten** gewaltig aktiv. Unter dem Vorwand, Holland zum Feind zu haben, griffen sie wahllos alles an, was Segel trug. Die Hamburger sandten eine Flotte aus, und es gelang ihnen, den ganzen Haufen gefangenzunehmen. Vor Gericht wandten die Friesen ein, man könne sie nicht als Seeräuber verurteilen, weil sie „eine Herrenbestallung besäßen". Nach hamburgischem Recht hätte das für einen Freispruch gelangt. Ein Fass mit Nägeln wurde ihnen jedoch zum Verhängnis. Ein Schiffer beeidete, dass man ihm dieses mit Gewalt genommen hatte. Darauf rollten wieder einmal Köpfe, 74 dieses Mal.

1504 pflegte sogar ein **Lizenziat** (Inhaber eines akademischen Grades) namens *Hartwig Bolte* lebhaften Umgang mit den Piraten. Dem Hamburger Senat missbehagte das – Kopf ab.

1573 fiel der **Seeräuber** *Hans von Enckhusen* mit 29 Mann und drei Jungen den Hamburgern in die Hände. Ein Gefangener entwischte, die restlichen 29 wurden geköpft. Die drei Minderjährigen kamen frei – sag da einer, es gab damals, zumindest in Hamburg, keine fairen Gesetze! Im Gedränge um die Richtstätte, berichtet die Chronik, fiel jemand vom Pferd und brach ein Bein, und eine Frau kam ums Leben …

Geschichte

Das genaue Datum einer **Ortsgründung** steht nicht fest. Auch die Geschichtsbücher drücken sich um eine Präzisierung herum. Auf jeden Fall, soviel ist belegt, trat hier schon vor über 1100 Jahren die sogenannte **Theelacht** zusammen, eine Art Eidgenossenschaft aus Erbbauern. Der Brauch wird bis heute im alten Rathaus am Markt aus dem Jahre 1542 fortgesetzt. Besucher können der „Theelkammer" beiwohnen und werden bei dem Anlass sogar, ob sie wollen oder nicht, mit einem speziellen Warmbier traktiert – so fordert es die Tradition. Schon im 13. Jh. erhielt Norden das **Stadtrecht.** „Brotfrucht" wurde hier damals angebaut, erfährt man aus einem heutigen Gästeführer, und man darf vermuten, dass damit etwas ganz anderes gemeint ist als die nützliche tropische Baumpflanze (Getreide nämlich; es ist in Nordwestdeutschland üblich, Korn als „Frucht" zu bezeichnen).

Sehenswertes

Aus dem Jahre 1445 stammt die romanisch-gotische **St.-Ludgeri-Kirche** mit reichem Interieur, darunter dem prächtigen Grabmal des Friesenhäuptlings *Unico Manninga* und der Barockorgel des berühmten Orgelbauers *Arp Schnitger* (1648–1719). Konzerte im Sommer jeweils Mi um 20 Uhr. Sehenswert ist auch das **Schöninghsche Haus** (Osterstr. 5) aus der Renaissancezeit – aber muss im Erdgeschoss dieses stattlichen historischen Gebäudes unbedingt eine Pizzeria ihr Gewerbe treiben? Von solchem Stilbruch verschont ist Gott sei Dank die **Mennonitenkirche** aus dem Jahre 1622. Neueren Datums ist **Deutschlands größte Schnapsdestille** mit dem unwiderstehlichen Motto: „Männlich. Markant. Dreifach gebrannt."

Seehafen

Um 1400 dehnte sich die **Leybucht** nach schweren Einbrüchen der See in Richtung auf den Ort aus, und Norden wurde unfreiwillig zur Seehafenstadt. Bestimmt aber nicht ungerne, denn der neue Status trug viel zu Handel und Wandel bei und machte die Stadt reich. **Reste des alten**

037nied rh

Das Schöninghsche Haus

Norden, Zentrum

Hafens sind noch heute im Südteil der Stadt zu bewundern, doch Norden liegt schon längst wieder weit landein. Die Hafenfunktion erfüllt nunmehr der Ort Norddeich an der Küste.

Norddeich

Die bedeutendste Rolle kommt dem Städtchen Norddeich als **Abfahrtsstation nach den Inseln Norderney und Juist** zu. Große **Autofähren** dampfen am Tage fast im Stundentakt nach Norderney hinüber; weniger oft nach Juist, weil das dortige Fahrwasser tidenabhängig ist. Der ganz große Vorteil, den Norddeich bietet, ist, dass man mit der **Bahn** unmittelbar vor der Inselfähre anrollen kann. **„Norddeich-Mole"**, die Schlussdestination der Züge (der Ortsbahnhof liegt etwa 500 m landein), ist ein ins Hafenbecken ragender Finger, an dem die Reise ihr Ende findet. Links (am Westkai) geht's nach Juist, rechts nach Norderney. Dazwischen liegen die Büros und Abfertigungsgebäude der Reederei.

Vor dem Anleger reihen sich auch die Autos nach Norderney auf. Wer seinen Wagen auf dem Festland lassen möchte

Geschichten aus (dem) Norden

Theo-Logik

Ein paar Jährchen ist es schon her. Da erbat die Technische Universität (TU) Braunschweig von einer Zentralstelle in Emden ein Exemplar eines Gutachtens über „Umweltprobleme der ostfriesischen Inseln", das von einigen Professoren angefertigt worden war. Die telefonische Anfrage, wo genau das Papier hingeschickt werden sollte, wurde mit „TU Braunschweig natürlich" beantwortet. Wenig später traf das Konvolut dort ein, adressiert an das „Institut für Wirtschaftswissenschaften, **z.H. Herrn Theo Braunschweig,** 3300 Braunschweig". Das Schreiben begann mit „Sehr geehrter Herr Braunschweig" ... Es ruht bis heute im Kuriositätenkabinett der Universität, wird aber ab und zu für einen Lacher wieder hervorgeholt.

Voll in Leer

6,21 Promille wurden im September 2007 bei einer auf dem Bürgersteig in der Innenstadt von Leer liegenden Frau gemessen, die nach der Einlieferung ins Krankenhaus am nächsten Tag wieder frisch und fröhlich die Klinik verließ, auf langes praktisches Training deutend. Normalerweise verlaufen mehr als vier Promille tödlich. Für Ostfriesland war's wohl der Rekord, jedoch nicht für die Republik. Den hält eine Hessin mittleren Alters mit 6,67 Promille. Aber auch die Männer sind wacker dabei: Die Weltliste führt ein italienischer Autofahrer mit 8,1 an.

Todsicherer Abnehm-Tipp

Bis vor einiger Zeit richtete das **Hotel Ostfriesland** in Norden seine Tarife nach dem Gewicht der Gäste aus: 50 Cent pro Kilo. Wer dort öfters mal nächtigte, tat also gut daran, ein wenig abzuspecken. Bulimiker/innen waren geradezu entzückt von dem System. Aber man hatte auch ein Herz für Gewichtigere. Ab 78 Kilo wurde nicht mehr gezählt. Der maximale Preis betrug mithin 39 €. Das Verfahren ist jetzt abgeschafft, kann auf freiwilliger Basis aber immer noch in Anspruch genommen werden.

Norddeich Radio ruft nicht mehr

Für jeden, der ein wenig mit der Küste und der Seefahrt vertraut ist, bedeutet der Name Norddeich nichts Geringeres als den Sitz der größten und wichtigsten deutschen **Küstenfunkstelle.** Jahrzehntelang stellte sie verlässlich die Verbindung her zwischen den Menschen auf See und denen an Land – bis in die neueste Zeit hinein.

Am 1. Juni 1907 nahm Norddeich Radio unter dem Rufzeichen KND erstmalig auf der Langwelle den Betrieb auf. Der **Knallfunkensender** war kilometerweit zu hören, bis er drei Jahre später von einer leise brutzelnden **Löschfunkenanlage** abgelöst wurde. 1932 kamen die Rufzeichen DAF und DAN auf.

Doch am 31.12.1998 hat DAN dichtgemacht, Satellitengestützte Anlagen haben die Funktion der bewährten Verfahren übernommen. Die großen Richtantennen stehen noch hinter dem Deich, weiterhin gut für viele Zwecke. Aber auch ihre Tage sind gezählt. Neue Technologien haben sie abgelöst, und die Morse-Funker, einstmals vertraute Figuren in Norddeich-Town, gehen in Pension. Seit 1999 ist in der Station ein Service-Center für Digital-TV in Betrieb.

– was allemal zu empfehlen ist –, kann ihn der aufwendig ausgeschilderten **Großgarage** dicht am Hafen anvertrauen und sich per Zubringerbus zur Fähre bringen lassen. (Juist ist autofrei; auf Norderney ist der Verkehr stark eingeschränkt.)

Freizeitaktivitäten

Der Ort Norddeich selbst gruppiert sich zum Teil entlang der ungemütlichen, viel zu breiten Bundesstraße. Am Deich stehen die üblichen **Kuranlagen.** Alles ist vom Feinsten, doch künden Investitionsruinen auch davon, dass man sich mitunter etwas verhoben hat. Trotz **„Freizeitzentrum Ocean Wave"** mit Meerwasser-Hallenwellenbad, Tiergehege und Abenteuerspielplatz bleiben im Ort nicht so viele Touristen hängen wie draußen auf den Eilanden, mit deren Flair das dröge Städtchen nicht mithalten kann. Immerhin gibt es aber ein Stück **Sand- und Grünstreifen** von 2 km Länge mit Strandkörben und allem Drum und Dran. Dort kann man schon einmal in der Nordsee testen, ob an dem stolzen Titel „Seeheilbad" (für Norden-Norddeich, seit 2010) etwas dran ist.

Praktische Hinweise

Information

- **PLZ Norden-Norddeich:** 26506.
- **Vorwahl (beide Orte):** 0 49 31.
- **Kurverwaltung Norden-Norddeich:** Dörper Weg 22, Tel. 98 62 00, Fax 98 69 290. Die Verwaltung betreibt auch die Zimmervermittlung. www.norden-norddeich.de.

Adressen

Die Abkürzungen in den folgenden Adresslisten bedeuten: N = Norden, Nd = Norddeich.

- **Busse:** Tägl. zahlreiche Verbindungen zwischen Norden (Markt) und Norddeich. Außerdem von Norden nach Harlesiel über die Küstenorte (außer Neßmersiel).
- **Fähren (Juist, Norderney):** Reederei Frisia, Tel. 98 71 24, Fax 9 87 11 31, www.reederei-frisia.de.
- **Fahrradverleih (Norddeich):** Freese, Am Großparkplatz; Hansen, Kutterstr. 4a; Kolkshop, Kolkstr.; Heinz, Nordlichtstr. 7; Petersen, Nordlichtstr. 1; Reinders Hotel, Deichstr. 16; Töff-töff, Fledderweg 12a. Weitere vier Verleihe in Norden.
- **Großgarage:** Frisia, Tel. 18 02 33.
- **Wellenbad:** Freizeitzentrum Ocean Wave, Norddeich, Tel. 98 62 00 (neben der TI).
- **Inselfahrten:** Frisia, Tel. 98 10.
- **Insel-Info:** Kurverwaltung Juist, Tel. 0 49 35-80 92 22; Infozentrum Norderney, Tel. 0 49 32-89 10.
- **Inselflüge:** Flugplatz Norddeich, Westerlooger Strohweg 5, Tel. 9 33 20.
- **Kinderspielhaus:** Freizeitzentrum Ocean Wave, Tel. 98 62 00; Betreuung: FIBS, Tel. 38 88.
- **Kirche St. Ludgeri:** Führungen (außer Mo) nach Absprache, Tel. 22 87.
- **Nationalparkzentrum mit Aufzuchtstation für Seehunde und „Waloseum":** Dörper Weg 22, Tel. 8 16 35.
- **Touren und Wattwanderungen:** Im Sommer täglich; Info: Kurverwaltung oder „Kurt", Tel. 30 96
- **Yachtclub:** Tel. 30 06 oder Hafenmeisterei, Tel. 89 38.

Zimmernachweis

- **Kurverwaltung Norden-Norddeich,** Adresse s.o. Sehr breit gefächertes Unterkunftsangebot vom Privatquartier (ab 19 € ÜF) über einige Bauernhöfe bis Fewos (550 Einheiten) und Komforthotels.

Unterkunft

■ **Alte Schmiede** ②: Norddeicher Str. 205 (Nd), Tel. 85 73, www.kfischer.de.
■ **Hotel Norden** ③: Norddeicher Str. 269 (Nd), Tel. 80 68, www.hotel-norden-norddeich.de.
■ **Hotel Simone** ③: Norddeicher Str. 220 (Nd), Tel. 80 56, www.hotelsimone.de.
■ **Ostfriesland** ③: Ginsterweg 6 (N), Tel. 9 44 00, www.hotel-ostfriesland.de; s.a. „Geschichten aus (dem) Norden".
■ **Weinhaus** ②: Golfstr. 3 (Nd), Tel. 80 65, www.weinhaus-norden.de.
■ **Zur Post** ②: Am Markt 3 (N), Tel. 27 87, www.hotel-zur-post-norden.de.
■ **JH Norddeich** ②: Strandstr. 1, Tel. 80 64, Fax 8 18 28, norddeich@jugendherberge.de. 146 Betten. Die Öffnungszeiten sind zu erfragen. Angegliederter Jugendzeltplatz.

Camping

■ **Nordsee-Camp Norddeich (D),** Deichstr. 21, Tel. 80 73. Großes Gelände mit 450 Stellplätzen. Ganzjährig offen.

Restaurants

■ **Fischerstuben:** Golfstr. 1 (Nd). Hier bekommt man Gutes aus der Nordsee.
■ **Juliska:** Norddeicher Str. 210 (Nd). Balkanküche, einheimische Fischgerichte.
■ **Haus des Gastes:** Strandstr. 2 (Nd). Alles für den kleinen und großen Hunger.
■ **Nordlicht:** Nordmeerstr. 27 (Nd). Regionale Gerichte.
■ **Nordseegrill:** Dörper Weg 12 (Nd). Fisch- und andere Gerichte, Fast Food.
■ **Zur Kombüse:** Dörper Weg 18 (Nd). Hauptsächlich einheimische Speisen.

Discos

■ **Club Norden:** Westerstr. 90 (N), Tel. 9 18 89 34.
■ **Meta's Musikschuppen:** Deichstr. 10 (Nd), Tel. 85 69.

Feste

■ **Norddeicher Frühlingsmarkt:** Ostern.
■ **Westerstraßenfest:** 1. Wochenende im Mai.
■ **Stadtfest Norden:** Alljährlich am letzten Fr und Sa im August.

Museen

■ **Heimat- und Teemuseum Norden:** Altes Rathaus, Am Markt 36, Tel. 1 21 00, www.teemuseum.de. Alles zum Thema „Tee" (2500 Exponate): Einblicke in die Teekultur Ostasiens, Anbau, Ernte, Fermentierung, Mischung und Zubereitung von Tee, Geschirre und Gerätschaften. Es gibt Kostproben!
■ **Museum für Volkskunde Norden:** s.o. (angegliedert). Regionale Vor- und Frühgeschichte, Anschauliches zu den Themen Stadt, Land, Deichbau, Wohnkultur und Handwerk. Offen täglich außer Mo.

Von Norddeich nach Harlesiel

Auf halbem Weg zwischen Norddeich und Norden biegt die **Störtebekerstraße** rechtwinklig von der B 70 in generell östliche Richtung ab und setzt sich als L 5 in geringem Abstand zur Küste relativ geradlinig fort. Der **Verkehr** ist auch in der Hauptsaison erträglich, denn die größeren Städte liegen alle weiter landein und sind über Bundesstraßen miteinander verbunden. Wer's ganz urig mag, kann **auf dem Deich entlangwandern** oder die **Radwege** am landseitigen Fuß des Deiches benutzen. Auch bei langsamster Fortbewegungsart lassen sich die nachstehend aufgezählten Tagesetappen leicht meistern. Und selbst zwischen diesen Orten liegen immer wieder einsame Häuser und Gehöfte, die preiswerte Übernachtungsmöglichkeiten bieten.

Die heutige **Deichlinie** entstand im wesentlichen im 13. Jh. Sie wurde anno 1717 (siehe „Die Nordsee – damals und heute") fast zur Gänze ausradiert, mit schwersten Schäden an der Küste und weiter im Inland, jedoch nach und nach wieder errichtet. Aus luftigen 7 bis 8 Metern Höhe schweift der Blick weit über das flache Norderland mit seinen vielen Wasserläufen und saftigen Weiden. Zur Linken erkennt man die **Ostfriesischen Inseln,** weiße und grüne Striche gegen den Horizont. Dazwischen erstreckt sich, bei Niedrigwasser endlose Flächen bildend, das **Watt.**

Vielerorts sind ihm **ausgedehnte Salzwiesen** vorgelagert. Vorsicht in diesem Bereich! Über weite Strecken hinweg handelt es sich um geschützte Gebiete, die von Privatpersonen nicht betreten werden dürfen. Auf Beschilderungen achten! Die mit grünen Köpfen gekennzeichneten Pfähle markieren Wanderwege im Deichvorland.

Für zahlreiche **Gastvögel** sind diese Areale wichtige Nahrungszonen, vor allem während der Zugzeiten im Frühjahr und Herbst. Dann gibt es hier u.a. große Schwärme von Großen Brachvögeln und Kiebitzregenpfeifern sowie verschiedene Gänsearten zu sehen. In den Salzwiesen sind viele **Brutvögel** zu Hause, vornehmlich Austernfischer, Rotschenkel und Säbelschnäbler. Weiter landwärts trifft man vor allem auf den Kiebitz und die Uferschnepfe. Detaillierte **Auskünfte zu Fauna und Flora** in den Naturschutzgebieten lassen sich im Nationalpark-Haus Dornumersiel (Tel. 0 49 33-15 65) und im Nationalpark-Zentrum Norden-Norddeich (Tel. 0 49 31-8 16 35) einholen.

Neßmersiel

An Neßmersiel kommt man nicht vorbei, wenn man nach Baltrum will. Zwar gibt es auch gelegentliche Abfahrten im unfernen Dornumersiel, doch diese sind nur sporadisch; die reguläre **Baltrum-Fähre** verkehrt – gezeitenabhängig – ab Neßmersiel. Dort muss man auch das Mobil abstellen, denn Baltrum ist eine reine Fußgängerinsel.

Autofahrer klagen, dass man an diesem Örtchen auf Grund dürftiger **Ausschilderung** derart leicht vorbeirollt, dass man unversehens im nächsten Inselabfahrtshafen landet und sich dort nolens volens zum Dableiben entschließt. Sollte etwa Methode dahinter stecken, und das auf Kosten von Neßmersiel?

Der **Ort** hat nun wirklich nichts zu bieten, was einen entfernten Anspruch auf den bewussten staatlich anerkannten Status rechtfertigen würde, wenn man von der vielen frischen Luft einmal absieht. Zwar gibt es zwei Hotels und drei Restaurants und auch eine Anzahl privater Unterkünfte. Doch schon der „Dorfkrug" enttäuscht insofern, als er keiner ist, sondern eine wenig originelle Touristenklause. Schön und echt friesisch ist dagegen das 1774 errichtete **Haykena-Haus** mitten im Ort, die einzige Sehenswürdigkeit Neßmersiels. Leider ist der altehrwürdige Baustil bei keinem anderen Gebäude im Umkreis auch nur in Anklängen nachempfunden worden.

Freizeitaktivitäten

Neßmersiel nennt sich Küstenbadeort, doch das Stückchen **Sand,** das man für diesen Titel links vom Fähranleger aufgespült hat, besitzt wohl eher symbolischen Charakter. Immerhin ist es aber mehr als in manchen anderen Badeorten an der Nordseeküste, wo es nur Gubbel gibt. Selbst ein paar Strandkörbe sind zu sehen, und einen **Yachthafen** gibt es ebenfalls. Man kann an **Wattwanderungen nach Baltrum** teilnehmen (s.u.), aber viel mehr steht auch nicht im Kurprogramm.

Manche Menschen werden es aber bestimmt zu schätzen wissen, dass dies der Fall ist. Denn das **Fehlen der üblichen Kuranlagen** (mit Ausnahme der neuen Strandoase, einer kompletten „Erlebnislandschaft" unter Glas, alles echt künstlich) verleiht dem kleinen Ort eine Atmosphäre der Unschuld und touristischen Unversehrtheit. Neßmersiel ist gemütlich, rustikal. Eine Häuserzeile säumt die Straße zum Anleger, dahinter dehnen sich bereits grün die Weiden. Wer hier privat übernachtet, ist weniger „Kurgast" als „Besuch", gehört schon fast dazu. Und wer die Herzen der Ostfriesen dadurch vollends gewonnen hat, darf vielleicht dabei helfen, abends um acht die Lichter mit auszudrehen.

Praktische Hinweise

Information

- **PLZ:** 26553.
- **Vorwahl:** 0 49 33.
- **Verkehrsbüro:** Tel. 19 02 oder 736. Die Belange Neßmersiels und die Zimmervermittlung werden von Dornumersiel wahrgenommen. Siehe dort.

Adressen

- **Fähren (Baltrum):** Reederei Baltrum-Linie, Tel. 0 49 39-9 13 00, www.baltrum-linie.de, oder DB.
- **Fahrräder:** Haus am Meer, s.u.
- **Fest:** Strandfest Neßmersiel Ende Juli.
- **Garagen für Inselfahrer:** Neßmersieler Garagenbetriebe, Tel. 721, 22 23 und 23 63.
- **Insel-Info:** Kurverwaltung Baltrum, Tel. 0 49 39 800.
- **Wattwanderungen:** Tel. 18 09 und 10 27.
- **Yachthafen:** Yachtclub Neßmersiel, Tel. 0 49 31 1 48 46.

Unterkunft

- **Gasthof zum Wikinger** ②: Dorfstr. 16, Tel. 9 11 80. Hier bekommt man auch etwas zu essen, www.hotel-wikinger.com.
- **Haus am Meer** ①: Finkenstr. 8a, Tel. 26 30, www.gw-janssen.de.

Restaurants

- **Zum alten Siel:** Dorfstraße 1. Restaurant und Pizzeria.
- **Dorfkrug:** Störtebekerstr. 36. Gutbürgerliche Küche.

> Die Tür des Haykena-Hauses

038nied rh

Dornum und Dornumersiel

Dornum

Das Städtchen Dornum, vom Deich ein paar Kilometer landein, hat seine Ursprünge im 14. Jh. Aus der Ära der ostfriesischen Häuptlinge gibt es noch einiges zu sehen: das schöne **Wasserschloss,** die alte **Beningaburg** und die **romanische Warfenkirche.** Selbige stammt aus dem 14. Jh. und hat viele alte Kunstwerke aufzuweisen, darunter die schwarzmarmorne Grabplatte des 1594 verstorbenen *Gerhard von Closter to Dornum und Petkum.* Im Grabkeller stehen die Sarkophage von elf anderen Häuptlingen. Auch die sogenannte **Bockwindmühle** am Ortsrand sollte man sich nicht entgehen lassen, wenn man schon mal in Dornum ist. Immerhin ist sie nicht nur eine Bockwindmühle, sie ist auch die einzige Ostfrieslands.

Dornumersiel

An ihr kommt der Wanderer auf dem Wege nach Dornumersiel an der Küste aber ohnehin vorbei. Dornums Hafen (zusammen mit Westaccumersiel) ist nun wirklich einen Besuch wert. Zwar ist es dort lange nicht mehr so urig wie in früheren Zeiten. Bei der großen **Sturmflut** des Jahres 1962 hatte es in Dornumersiel nämlich einiges Kleinholz gegeben. Danach, verzeichnen die Annalen stolz, wurde vom Reißbrett aus „… das **Ortsbild** der alten Sieldörfer völlig verändert und **neu gestaltet.** Neue Deiche wurden erbaut, ein großes Schöpfwerk sorgt für die Entwässerung des Marschbodens. Ein neuer Seehafen wurde ca. 2 km seeeinwärts angelegt. Es bot sich hier die Gelegenheit, die neugewonnenen Gelände und den Hafen für den Fremdenverkehr zu nutzen und zu erschließen …“. Ein neuer **Strand** mit weißem Sand und eine neue **Strandhalle** wurden „erbaut“, und am Deich entstand eine riesige **Feriensiedlung.** Und so weiter und so fort.

Trotz dieser Prospekt-Superlative hat sich Dornumersiel einiges von dem Reiz erhalten können, den man von einem Ort im Mittelpunkt der „Costa Granata“, der Krabbenfischerküste, auch erwarten sollte. Am **Hafen** herrscht reges Leben und Treiben, wenn die Granatkutter einlaufen oder wenn Ladungen von Schollen und anderen Seefischen in Kühllaster verfrachtet werden. Frisch gefangene und in Seewasser gekochte **Granat** konnte man einst direkt vom Kutter kaufen, doch das ist leider vorbei. Auch andere **Spezialitäten** Dornumersiels sind, wie sollte es anders sein, maritimer Natur. Hochsee-Angelfahrten mit Fischkuttern werden angeboten, Trips zu Seehundbänken und nach Baltrum und Langeoog, Inselkreuzfahrten und natürlich Wattwanderungen. Und weil die lieben Kleinen gerade bei solchen Aktivitäten besonders quakig reagieren, kann man sie im Dornumersieler **Kinderspielhaus „Scheune“** sozusagen abstellen. Sonst muss man sich halt ins **beheizte Meerwasserfreibad** begeben (Wasserfläche 1500 m²), in dem natürlich auch die Kinder ihr Vergnügen haben …

› Strandidylle

039nied rh

Praktische Hinweise

Information

- **PLZ:** 26553.
- **Vorwahl:** 0 49 33.
- **Tourismus GmbH:** Hafenstr. 3, Dornumersiel, Tel. 9 11 10, Fax 91 11 15, www.dornum.de. Dieses Büro ist auch für Neßmersiel zuständig. Zimmervermittlung.

Adressen

D = Dornum, Ds = Dornumersiel

- **Angeln:** Die Berechtigungsscheine gibt es bei der Tourismus GmbH.
- **Busse:** Täglich von Dornumersiel nach Norden und Harlesiel. Info: Tel. 0 18 05-1 94 49
- **Fahrräder:** IDAT, E.-Hektor-Str. 3 (D); Kur & Reisen, Up Boers 5 (Ds); Weyerts, Störterbekerstr. 143 (Ds); Wittig, Schatthauser Str. 11 (D)
- **Feste:** Strandfest: 3. Augustwoche; Ritterfest: Ende August, Riesensause (D); Herbst- und Lichterfest: Mitte Oktober (Ds).
- **Museum:** Dornumer Heimatstube, „Oma-Freese-Hus", Beningalohne (D). Im Sommer So Museumseisenbahn ab Dornum nach Norden.
- **Nationalpark-Haus:** Oll Deep (Ds), Tel. 15 65. Alles über das Wattenmeer.
- **Wattwanderungen:** Tourist-Info.
- **Yachthafen:** Yachtclub Dornumersiel, Tel. 24 40

Zimmernachweis

- **Tourismus GmbH:** Hafenstr. 3 (Ds), Tel. 9 11 10, Fax 91 11 15, www.dornum.de

Unterkunft

- **Hotel Beningaburg** ③: Beningalohne 2 (D), Tel. 87 97 47, www.beningaburg.de
- **Buten Diek** ③: Hafenstr. 4 (Ds), Tel. 9 91 20, www.buten-diek.de

Camping

- **Nordsee Caravan Camping (A):** Hafenstr. 3, Tel. 351. 325 Stellplätze. Geöffnet vom 1.4.–30.9.

Restaurants

- **Buten Diek:** Hafen 4 (Ds). Restaurant, Seafood.
- **Fischerstuben An't Utkiek:** Utkiek 12 (D). Maritimes Ambiente.
- **Santa Maria Ristaurante:** Up Börs 1 (Ds): Italiener, Pizzeria.
- **Strandhalle:** Am Kutterhafen 2 (Ds). Alles für den schnellen Hunger.

Esens und Bensersiel

Esens

Wie Norden liegt das Städtchen Esens (6000 Einwohner) auf einem flachen Geestbuckel, etwa 4 km landein, und kann deshalb auf einige flut- und schadensfreie Jährchen zurückblicken. Anno 1310 wurde Esens erstmalig urkundlich erwähnt, um 1540 gab's bereits das Stadtrecht. Das eindrucksvollste geschichtliche Zeugnis der Stadt ist der **gotische Sandsteinsarkophag** des Häuptlings *Siebet Attena* (gest. 1473) in der gewaltigen St.-Magnus-Kirche. Ein Gepräge alter Tage ist auch im Zentrum des typisch ostfriesischen Ortes in Gestalt gemütlicher Giebelhäuser erhalten geblieben. Jüngeren Datums (frühes 18. Jh.) ist das schmucke **Rathaus** am weiträumigen Marktplatz, das ab 1756 als Stift für Witwen vornehmer Herkunft leicht zweck-

Fender am Kutter

040nied rh

entfremdet wurde, bevor man sich erst 1943 wieder auf seine eigentliche Funktion besann.

Bensersiel

Bensersiel ist seit 1859 der **Fährhafen für die Insel Langeoog.** Damals war der Ort noch ein **Nest von Fischern und Seehundjägern,** über das der Dorfpastor *Meints* 1866 empört schreibt: „Ein besonders großes Hindernis der Amtswirksamkeit ist, dass ein großer Teil der Gemeinde den größten Teil des Jahres zur See abwesend, jeglicher Einwirkung durch das Wort Gottes entzogen, dagegen den rohen Einflüssen des Seelebens ausgesetzt … Zur Verbesserung des kirchlichen und sittlichen Zustandes ist es notwendig, dass auf dem Gebiet des bürgerlichen Lebens eine strenge gesetzliche Zucht gehandhabt werde!"

Zu sittlichem Wohlverhalten hat es sich seither in Bensersiel längst gefügt. Zusammen mit Esens, wo sich die Bahnanbindung befindet, bildet es einen **Nordseebadkomplex,** der 5500 Gästebetten bereithält und „Kur und Badespaß das ganze Jahr" verheißt – so die Werbung. Die Rede ist auch von einer **„subtropischen Badelandschaft",** nach der man sich, bis der Treibhauseffekt weiter zum Greifen kommt, am kahlen (wenn auch recht ausgedehnten) Strand allerdings vergebens umsehen wird. Die „Sonneninsel" mit beheiztem (30 °C) Süßwasserbad, Kurtherme, römischen Dampfbädern, Solargrotten, Spieldecks und vielen weiteren Annehmlichkeiten befindet sich nämlich unter Dach und Fach und ist ganzjährig offen.

Einen großen **Yachthafen** hat Bensersiel und gleich links davon einen riesigen **Campingplatz** von 90.000 qm Fläche. Viel Sehenswertes gibt es sonst nicht. Man kann am urigen Benser Tief ein paar Kilometerchen ins grüne Landesinnere schlendern und sich vielleicht im alten Stadtkern von Esens mit der Betrachtung der genannten Baulichkeiten vergnügen. Ein **Heimatmuseum** gibt es und, völlig unerwartet im Herzen Ostfrieslands, ein hypermodernes **Holarium**, in dem man u.a. „Transmissions- und Reflexionshologramme" (dreidimensionale Bilder) bestaunen kann.

Oder man wandert den Deich entlang, vorzugsweise in Richtung Westen, denn dort beginnt schon 1,5 km hinter dem Örtchen die geschützte **Wattruhezone** mit lebendiger Vogelwelt. Wenn die Sonne lacht, amüsiert man sich – kostenpflichtig – im **Meerwasser-Freibad,** dort allerdings nur von Mai bis September. Freibadbesucher mit Kindern können ihre Kleinen im **Kinderspielhaus** „Kunterbunt" (oder beim **Kletterschiff** „Hoppetosse") unterbringen. Immerhin wurde Esens-Bensersiel vom Familienministerium das **Ehrenprädikat „familiengerechter Urlaubsort"** verliehen.

Wer von Bensersiel zur (autofreien) Insel Langeoog reist, findet im Ort Garagenbetriebe und offene **Abstellplätze fürs Automobil.** Die Fähre legt am obersten Ende der östlichen (rechten) Hafenseite ab; dort gibt's auch Fahrkarten.

Praktische Hinweise

Information

■ **PLZ Esens-Bensersiel:** 26427.
■ **Vorwahl:** 0 49 71.
■ **Kurverwaltung:** Am Markt 15 (Esens), Tel. 91 27 00, www.bensersiel.de.

Adressen

B = Bensersiel, E = Esens

■ **Angelfahrten:** Linneberg (B, Kutter Edelweiß), Tel. 75 63.
■ **Bahn/Bus:** Bahnverbindung nach Esens. Von dort Bäderbusse nach Bensersiel. Info: DB, Tel. 0 18 05-1 94 49.
■ **Fähren nach Langeoog:** Schifffahrt Langeoog (B), Tel. 9 28 90, Fahrplan Tel. 92 89 25.
■ **Fahrräder:** Stefan's, Emder Str. 4 (E) und Am Strand 1 (B).
■ **Garagen für Inselfahrer:** Arians, Tel. 887; Graefs, Tel. 833, Inselparkplatz, Tel. 31 00.
■ **Insel-Info:** Kurverwaltung Langeoog, Tel. 0 49 72-69 30, www.langeoog.de.
■ **Meerwasser-Freibad:** Am Strand (B); Tel. 91 71 40.
■ **„Sonneninsel":** Schulstr. 2 (B); Tel. 91 61 41.
■ **Wattenhuus:** Seestr. 1 (B). Alles zum Thema Watt, ganzjährig geöffnet.
■ **Wattwandern:** Tel. 44 66.
■ **Yachtschule:** Am Hafen (B), Tel. 0 49 33-99 11 95.

Unterkunft

■ **Heerens** ③: Am Hafen 6 (B), Tel. 22 13, www.heerens-hotel.de.
■ **Hotel Drostenhof** ③: Vor dem Drostentor 9 (E), Tel. 92 54 84, www.drostenhof-esens.de.
■ **Schiffer** ③: Am Wattenmeer 8 (E), Tel. 16 31, www.hotel-schiffer.de.
■ **Hotel Nolting** ③: Bahnhofstr. 29 (E), Tel. 22 33, www.hotel-nolting.de.
■ **Lindenhof** ②: Jüchertor 25 (E), Tel. 45 24, www.lindenhof-ostfriesland.de.
■ Außerdem **diverse Pensionen und Zimmer** in Bensersiel und Esens.
■ **JH Esens-Bensersiel** ②: Grashauser Flage 2 (E), Tel. 37 17, Fax 659, esens@jugendherberge.de. 146 Betten. Geöffnet vom 1.3.–31.12.

Camping

■ **Familien-Camping Bensersiel (B):** Am Strand, Tel. 91 71 21. 550 Stellplätze. Geöffnet in der Regel von Ostern bis September.

Restaurants

■ Auf kleinem Raum findet sich in Bensersiel ein Dutzend Restaurants, in Esens die dreifache Zahl. Durchweg steht frischer Fisch auf den Speisekarten.

Museen

■ **Heimatmuseum Esens:** Peldemühle, Tel. 47 31. Siedlungsgeschichte des Harlingerlandes, Zeugnisse der Geschichte der Stadt Esens und Umgebung. Offen März–Okt., tägl. außer Mo.
■ **Holarium, Museum für Holografie** (E): Am Kirchplatz, Tel. 43 92, www.holarium.de. „Die Welt der Holografie und Faszination der Sinne." Offen April–Okt., tägl. 11–18 Uhr.
■ **Schmuck- und Edelsteinmuseum** (E): Herdertor 33, Tel. 41 37. Kunstausstellungen. Offen täglich (April–Okt.).
■ **Turmmuseum in St. Magnus** (E): Am Kirchplatz, Tel. 91 97 12. Museum zur Geschichte der St.-Magnus-Kirche, der größten Ostfrieslands. Turmbesteigung (54 m) mit Rundblick zu den Inseln. Geöffnet April–Sept., So morgens, Di/Do nachmittags. Eintritt frei.
■ **Bernsteinmuseum** (E): Herdestr. 10, offen Mo–Fr von März–Okt., im Sommer auch Sa, Tel. 22 7 8, www.bernstein-huus.de.

Discos

■ **Captain's:** Am Strand 6 (B), **Remember:** Norder Landstr. 1 (Holtgast).

Neuharlingersiel

Der Ort ist relativ jung. Erst 1693 hörte man urkundlich etwas von Neuharlingersiel, als im Zuge von Eindeichungsmaßnahmen hier ein kleiner Hafen entstand. Dann entwickelte sich das verschlafene Küstendorf nach und nach zu einem beliebten Badeort, nicht zuletzt im Gefolge der Entwicklung auf der gegenüber gelegenen Insel **Spiekeroog,** der Neuharlingersiel als **Abfahrts- und Zubringerhafen** dient. (Achtung: Der Fahrplan ist abhängig von den Gezeiten und somit sehr unregelmäßig!)

Heute ist das hübsche Städtchen, versteht sich, „staatlich anerkannter" Kurort. Kurhaus, beheiztes Meerwasserbad (30 °C), „Fitnessstudio", Saunaanlage – diese ganze immer gleiche **organisatorische Küstenklaviatur** fehlt selbstverständlich nicht. Auf großen Park- und Garagenplätzen können Spiekeroog-Fahrer ihre Automobile abstellen, denn auf der Insel rollt nichts Motorisiertes. Einen **Strand** gibt es ebenfalls, 20 Hektar groß und mit ganzjährigem Hundeverbot. Der **Campingplatz** ist gleich gegenüber hinterm Deich. Sogar Kleinkindern wird dort (wie in Bensersiel) noch eine Gebühr abgeknöpft. Dafür bietet die Kurverwaltung im „Haus des Gastes" den Service der **Kinderbetreuung** an.

Schon in den 1960er Jahren wurde der Ort „touristisch entwickelt". Klugerweise verzichtete man auf Hochhäuser und viel Beton; das **Ambiente eines Fischerdorfes** blieb trotz weiteren Ausbaus der Infrastruktur einigermaßen erhalten.

Der **Fischereihafen** allein ist einer der malerischsten an der deutschen Küste; vierzehn Kutter mit den Buchstaben „NEU" am Bug sind in ihm permanent beheimatet. Auch die Geschäfte und Restaurants entlang der Kais haben ein freundliches Flair.

Im Innern, hinter der **Sielschleuse,** die *Friedrich der Große* 1785 bauen ließ und mit dem Brandenburger Wappen verzierte, setzt es sich gleichermaßen ansprechend fort. Dort befindet sich das barocke **Schlösschen Sielhof,** nett anzuschauen und heute ein Café beherbergend. In der angeschlossenen Kapelle kann zünftig geheiratet werden. Und wenige Meter weiter beginnen die Wiesen und Weiden, die „Tiefs" und Gräben, verliert sich das Land im Grün …

Praktische Hinweise

Information

- **PLZ:** 26427.
- **Vorwahl:** 0 49 74.
- **Tourist-Information:** Edo-Edzards-Str. 1, Tel. 18 80, Fax 788. Zimmervermittlung. Tel. 1 88 12, www.neuharlingersiel.de.

Adressen

- **Bootsverleih:** Campingplatz (s.u.).
- **Busse:** Bäderbus nach Esens. Tägliche Verbindung nach Norden und Harlesiel.
- **Fähren nach Spiekeroog:** Schifffahrt Spiekeroog, Tel. 214. In der Saison fast tägl. Sonderfahrten.
- **Fahrräder:** Klattenberg, Nähe Hallenbad.
- **Garagen für Inselfahrer:** Spiekeroog-Garagen, Cliener Straat 16, Tel. 386, am östl. Ortseingang.
- **Insel-Info:** Kurverwaltung Spiekeroog, Tel. 0 49 76-91 93-0.
- **Kinder- und Jugendbetreuung:** „Leuchttürmchen-Club", Kinderanimation bei der Tourist-Info.
- **Kutterfahrten:** Jacobs (Kutter „Gorch Fock"); Tel. 279; Steffens (Kutter „Möwe"), Tel. 12 09.
- **Kutterregatta:** Jährlich im Sommer. Genaue Termine über die Tourist-Info.
- **Meerwasser-Hallenbad:** Links vom Hafen; Tel. 1 88 15 und 874. In der 48.–50. Woche dicht.
- **Strandkörbe:** Werden direkt auf dem Strand vermietet.
- **Wattwanderungen:** Tel. 12 32, 18 80 und 0 49 75-252.

Zimmernachweis

- **Tourist-Info:** Adresse s.o. Alles dabei von Pensionen ab 22 € und Hotels ab 24 €. Wer es noch billiger sucht, kann sich in die „3. Reihe" im Hinterland verweisen lassen.

Unterkunft

- **Hotel garni Meerblick** ③: Süderweg 5, Tel. 12 35, www.hotel-meerblick-neuharlingersiel.de.
- **Hotel Restaurant Peters** ③: Seriemer Weg 8, Tel. 249, www.hotel-peters.de.
- **Hotel Rodenbäck** ③: Am Hafen Ost 2, Tel. 225, www.rodenbaeck.de.
- **DJH Resort,** Club-Jugendherberge Neuharlingersiel, Bettenwarfen 2–14, Tel. 91 48 00, www.djh-resort.de. Verschiedene Möglichkeiten der Übernachtung für Einzelgäste, Familien und Gruppen. Umfassende Freizeitangebote, Familienpreise, All-inclusive-Pakete etc. Ganzjährig geöffnet.
- Mehrere **Pensionen** im Ort, weitere Hotels, Gast- und Bauernhöfe sowie Pensionen im nahen Inland.

Camping

- **Camping Neuharlingersiel (C):** über die Tourist-Info, Alt Addenhausen 4, Tel. 712 , Fax 495. Großes Areal (980 Stellplätze); ganzjährig offen.

Restaurants

- **Dattein:** Am Hafen West 13. Strandkneipe mit disco-artiger Atmosphäre. „Dattein" heißt übrigens 13 auf Platt.

Buddelschiffe und Kapitänsbilder

Was eigentlich hat es auf sich mit den Buddelschiffen? Und wie sind sie in die verflixte Flasche geraten? Die Antwort gibt **Neuharlingersiels Buddelschiffmuseum** zwar auch nicht. Aber wunderschöne Exponate kann man dort bestaunen, unter denen selbst die sinkende *Titanic* in der Flasche nicht fehlt.

Anfänge/ Geschichte

Irgendein Seemann in der Zeit der Rahsegler hatte einmal damit angefangen, vielleicht, als sein Schiff wochenlang in den Kalmen festlag. Es wird zunächst eine reine Spielerei gewesen sein, eine Geschicklichkeitsübung ohne jegliches Profitmotiv. Man hatte, sofern das Werk gelang, einfach ein nettes Mitbringsel für die Lieben daheim.

Die Idee machte Furore, und bald gab es kaum einen Jantje, der nicht an einem Buddelschiff herumwerkelte, welches das der Kameraden an Detailgenauigkeit und Eleganz möglichst in den Windschatten zu stellen suchte. **Original-Buddelschiffe** aus jener Zeit, oft wahre Kunstwerke, findet man heute in Privatsammlungen und Museen in Küstenländern von Dänemark bis Japan und den USA. Auch die Exponate in Neuharlingersiel stammen zum Teil aus alten Tagen, andere, die *Titanic* ganz gewiss, sind neueren Datums. Einiges nähert sich bedrohlich der Kitschgrenze.

Rekordjäger heute

Moderne Flaschenschiffbauer haben sich in Vereinigungen zusammengetan, um Informationen und Techniken auszutauschen und Ausstellungen zu organisieren. Wie man erwarten darf, werden innerhalb des Metiers Rekorde angestrebt. Wer legt das größte und wer das kleinste Buddelschiff auf den Helgen? Der erste Preis, wie anders, bleibt im Land. Er geht an eine Flasche mit 129 Liter Fassungsvermögen und einer kompletten Walfangflotte hinter Glas. Um die Prämie für den Kleinsten wird noch gerungen. Schon existiert das Flaschenschiff in der Taschenlampenbirne. Das gilt es zu unterbieten, eigentlich keine Hürde im Zeitalter der totalen Miniaturisierung.

Doch Mikrochips und Mikroships sind nicht das gleiche. Ein immer kleineres Buddelschiff wird notwendigerweise auch immer abstrakter – es sei denn, man konstruiert erst einmal einen winzigen Roboter, um den Job zu tätigen. Bei manchen Flaschenschiffen aus alter Zeit sollte man tatsächlich annehmen, dass solch ein praktischer Klabautermann dort am Werk gewesen war. Wie, zum Deubel, ist das möglich?

> Im Buddelschiffmuseum

Der Trick dabei

Der „Trick" bei allen Buddelschiffen ist, dass alles erst einmal außerhalb des gläsernen Behältnisses gebaut und dann, raffiniert zusammengefaltet, durch den Flaschenhals bugsiert und drinnen mit einem einzigen Zug an einem zentralen Faden segelfertig aufgerichtet wird. Da „stimmt" jede Spiere, jedes Tau. Die See – aus Kitt – schäumt um den Bug, Segel schwellen, Wimpel scheinen zu flattern. Jedes Buddelschiff, ob man sich's eingesteht oder nicht, birgt ein gut Teil alter Seefahrerromantik in sich.

Kommerz und Romantik

Ebenso wie die Blauwasser-Janmaaten die Stirne runzelten, als die ersten Dampfer auf dem Plan erschienen und den stolzen Windjammern den Wind aus den Segeln nahmen, haben echte Buddelschiffliebhaber auch nichts am Hut mit den Nachahmungen späterer Zeiten. Schon gar nichts mit denen, die nur zu Geld gemacht werden sollen. Und zu der Kategorie gehört fast alles, was heute rund um die Nordsee feilgeboten wird.

Flaschenschiffe schlichterer Machart als die musealen Exponate, doch durchaus nicht minder sorgsam konstruiert, stammen aus Fernost, wo die Finger flink und die Handarbeit billig ist. Auch sogenannte **Kapitänsbilder,** geschickt imitiert und auf alt getrimmt, kommen aus der gleichen Ecke. Unter manchem Reetdach an der Küste verbergen sich bestimmt noch Kostbarkeiten aus alter Fahrenszeit. Man wird sie nie in den teuren Shops finden. Denn ihr Zauber liegt in keinem materiellen Wert, sondern in dem Garn, das sie zu „vertellen" haben. Am Anfang jeder solchen Geschichte steht nämlich immer ein Seebär, der die Buddel erst einmal mit großem Vergnügen gelenzt hatte.

041nied rh

042nied rh

Hier könnte Asterix zu Hause sein

■ **Friesen-Kate:** Von Eucken-Weg 12. Gutbürgerlicher Mittags- und Abendtisch, Fischgerichte. Di geschlossen.
■ **Grill Center:** Cliener Straat 8. Alles vom Grill.
■ **Harlekin:** Deichringstr. 27. Teestube, Abendlokal und Pub.
■ **Kutter:** Bgm.-Dirksen-Platz 6. Bierlokal und Pizzeria.
■ **La Mer:** Cliener Straat 10. Seafood und anderes mehr.
■ **Sielhof:** Am Kurpark. Kleines und Feines. Mo geschlossen.
■ **Bauernstuben:** Dorfstr. 10. Im gleichnamigen Landhotel in Groß-Holum.

Museen

■ **Buddelschiffmuseum:** Am Hafen West 7, Tel. 224, www.buddelschiffmuseum.de. Die Geschichte der Seefahrt vom Einbaum bis zum Atom-U-Boot, alles in Flaschen. Dazu Kapitänsbilder, Schiffsporträts und Seemannsarbeiten. Während der Saison täglich ab 10 Uhr geöffnet.
■ **Museum für Seenotrettungsgeräte:** Am Hafen West, Tel. 430. Darstellung des Rettungswesens, Rettungsboote und -geräte, Bilder und Urkunden. In der Saison täglich offen.

Abstecher ins „Asterixland"

Man hat den Eindruck, südlich von Neuharlingersiel ins „Asterixland" zu geraten. Zwar gibt es dort nicht Kleinbonum, aber immerhin Kleinholum, und **Altfunnixsiel** mit seinem **„Freizeitpark"**, einer Art Legoland, klingt auch ganz schön funny. Seriöser geht's in **Fun-**

nix zu. Liebhaber prächtiger Flügelaltäre sollten nicht versäumen, bei der kleinen **Florianskirche** haltzumachen, deren Interieur fast den Charakter eines klerikalen Museums mit „Exponaten" bis zurück ins 13. Jh. hat. Die schöne Kanzel aus der Hand des Meisters *Cröpelin* wirkt mit ihrem Herstellungsjahr 1668 dagegen schon fast modern. Sehenswert ist auch die alte Kirche in **Werdum,** die imposante **Mühle** (ein sog. Erdholländer, ganzjährig zu besichtigen), der ganze gemütliche Ort überhaupt.

Wer sich von dort noch weiter ins **Innere Ostfrieslands** vorwagt, wird immer unberührtere Landschaft vorfinden. Und ungelenk gemalte Schilder mit der Aufschrift „Zimmer". Für 16 Euro einschließlich Frühstück ist man vielfach schon dabei.

Information

- **Verkehrsverein Werdum:** Raiffeisenplatz 1, Tel. 0 49 74-99 00 99, www.werdum.de.

Harlesiel

Wangerooges Festlandshafen Harlesiel bildet eine Einheit mit dem etwas im Inland gelegenen Carolinensiel, von dem gleich noch die Rede sein wird, ist jedoch wesentlich jüngeren Entstehungsdatums. Bei der Hollandflut von 1953 hatten die Deiche an dieser Stelle mit knapper Not gehalten. Danach wurden Küstenbefestigungen geschaffen, die auch den Bau eines neuen Hafens erforderlich machten. Dieserart entstand Harlesiel.

Das Örtchen als solches ist eigentlich nur als Fährterminal interessant. Die **Fähre nach Wangerooge** legt vor dem alten Bahnhof auf der östlichen (rechten) Seite des Außenhafens ab. Dort gibt's auch Fahrkarten.

Praktische Hinweise

Information/Restaurants

- Siehe Carolinensiel

Adressen

- **Fähre nach Wangerooge:** Fahrkartenausgabe Tel. 0 44 64-94 94 11 oder DB. Achtung: Wechselnder, weil gezeitenabhängiger Fahrplan!
- **Flüge nach Helgoland, Langeoog, Wangerooge:** Ab Flugplatz Harle; Luftverkehr Friesland (LFH), Tel. 0 44 64-9 48 10.
- **Wangerooge Garagen:** Am Harlesiel 1, Tel. 04464-94 20 22. Wangerooge ist autofrei.
- **Hallenbad:** Haus des Gastes, Tel. 13 13.
- **Insel-Info:** Kurverwaltung Wangerooge, Tel. 0 44 69-990, www.wangerooge.de.
- **Meerwasserfreibad:** Am Badestrand (15.5.–15.9.); Tel. 12 10.
- **Yachtclub:** Info Hafen Harlesiel, Tel. 472.

Feste

- Im Sommer finden wiederholt **Hafen-, Straßen- und „Schleusen"-Feste** statt.

2 Die oldenburgische Küste

In Ostfriesland ist man hier nicht mehr, aber „friesisch" sieht's immer noch aus. Herb wie das Bier aus Jever und landschaftlich reizvoll obendrein. Im Jadebusen ist – Folge der dramatischen Sturmfluten – ein einmaliges Naturreservat entstanden.

< Einsamer Flieger über den Wellen

Von Carolinensiel bis Blexen

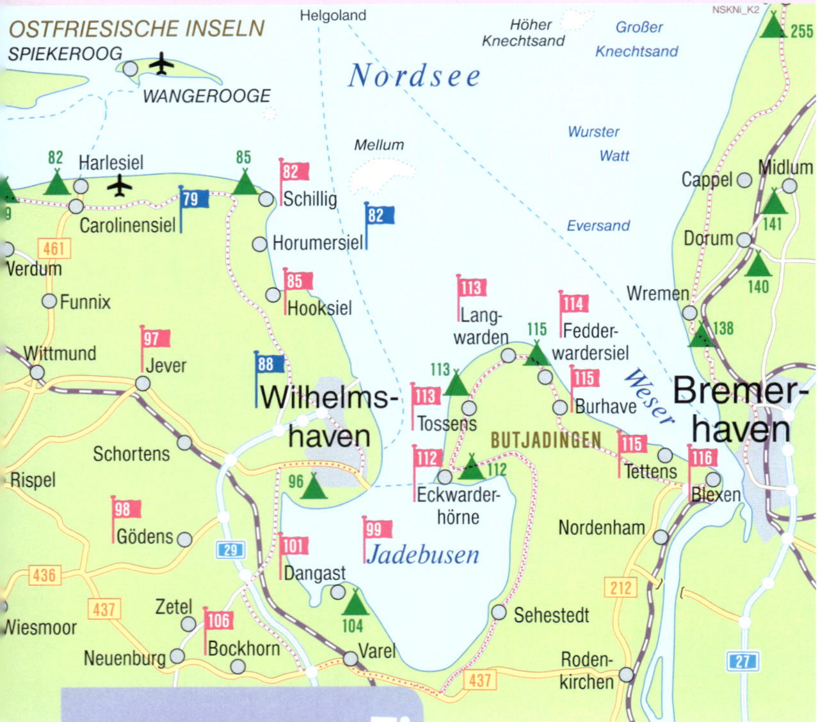

NICHT VERPASSEN!

Carolinensiel: das Sielhafenmuseum weist eine reiche Palette edler Nautiquitäten auf | 80

Wilhelmshaven: der „plastinierte Pottwal von Baltrum" im Nationalparkzentrum beeindruckt ganz schön | 94

Dangast: am phallischen Aids-Mahnmal ist kein Vorbeisehen | 102

Varel: ein Besuch des „Spijöök"-Museums am Hafen beinhaltet die Gefahr, dass man sich totlacht | 105

Fedderwardersiel: die alljährliche Kutterregatta ist ein wahrer Augenschmaus | 114

Diese **Tipps** sind **gelb hinterlegt.**

VON CAROLINENSIEL BIS BLEXEN

Am „Kap der Guten Erholung" geht's um die Ecke in Richtung Süden und das Jadeufer entlang nach Wilhelmshaven, dessen schöne Wasserfront viel Sehens- und Besuchenswertes aufweist. Im unfernen Dangast kann man einen Fuß in den Jadebusen tauchen und überhaupt das reizvolle Ambiente dieses Örtchens genießen. Die Wesermarsch schließt sich an, plattes, grünes Land, sehr „nordseeisch".

Geschichte

Sächsische Kolonisation

„Heil Dir, Großherzog Peter,
Dir zu Ehren steht er;
Hier mußt Du unterdurch –
Heil Dir, oh Oldenburg!"

(Einstiger Spruch über einem Girlandenbogen zu Ehren des Großherzogs von Oldenburg)

Im sogenannten **Oldenburger Land** beginnt die sächsische Erde. Das **Ammerland** und **Stedingen** westlich des damals weiten Weserdeltas wurden im 10. und 12. Jh. von den Sachsen kolonisiert; alles was nördlich davon lag, war friesisch. Im Jahre 1102 findet sich eine „Olde Borch" erstmals schriftlich belegt, sechs Jahre später ist „Aldenburg" dokumentiert. Graf *Egilmar I.* residierte hier an der Grenze zwischen Sachsen- und Friesenland, und die frühe Geschichte klingt schon recht turbulent. Egilmars Enkel *Christian* erregte 1167 irgendwie den Zorn *Heinrichs des Löwen* und musste in die friesischen Sümpfe fliehen. Wenig später wurde der Löwe selbst verbannt. Vielleicht deshalb war das Geschlecht der sächsischen Grafen zu Beginn des

13. Jh. bereits wohlkonsolidiert. *Burchard von Oldenburg* betätigte sich anno 1215 als gewaltiger **Kreuzfahrer** – aber nicht etwa im fernen Heiligen Land, sondern im Baltikum, wo er besonders unter den Esten fürchterlich wütete.

Kreuzzug gegen Nachbarn

Im Jahre 1233 wurde erneut zu einem Kreuzzug aufgerufen, und wieder stieg Graf *Burchard* in den Sattel. Dieses Mal ging es, päpstlich sanktioniert und auf Geheiß *Gerhards II.,* des Erzbischofs von Bremen, gegen einen ganz nahen Feind: die dickköpfigen, freiheitlich gesinnten **Bauern von Stedingen.** Doch diese Ketzer waren aus anderem Holz geschnitzt als die unvorbereiteten Balten. Sie besaßen unter anderem eine furchtbare neue Waffe: den „Morgenstern", eine stachlige Eisenkugel an kurzer Kette, die sie wirkungsvoll einzusetzen verstanden. Das **Kreuzfahrerheer** bezog schwere Dresche, Graf *Burchard* fiel bei Hemmelskamp. Sein Bruder *Heinrich,* der im nächsten Jahr seinen Tod rächen wollte, kam ebenfalls ums Leben. Doch das nützte den Bauern nichts mehr. Eine übermächtige Streitmacht metzelte sie bei Altenesch nieder; ihre Ländereien fielen an die neuen Herren. Sozusagen als Triumphbogen ließ der siegreiche Erzbischof im nahen Berne eine riesige Kirche errichten, die größte der Region.

Dreißigjähriger Krieg

1345 erhielt **Oldenburg** das **Stadtrecht,** und von diesem Zeitpunkt an geht es eher kommod zu in der Lokalgeschichte. Der Dreißigjährige Krieg brandete zwar

045nied rh

dicht an die Stadt heran. Doch in Wildeshausen, knapp 30 km weiter südlich, machte er halt – nicht allerdings ohne diesen Ort in Schutt und Asche zu legen. Oldenburg kam dank der **weisen Politik** des Grafen *Anton Günther* unbeschadet davon, der erkannt hatte, wie sehr die richtigen Geschenke – edelste Rassepferde – an die richtigen Personen den Lauf der Dinge ändern können.

Dänische Oberhoheit

Dass er bei seinem Ableben das Ländle dem dänischen Königshaus vermachte, war vielleicht weniger weise, denn in den folgenden rund anderthalb Jahrhunderten unter dem Dannebrog hatte Oldenburg **wenig Entwicklung** zu verzeichnen. In diese Periode fiel zudem die **Weihnachtsflut** von 1717, die vor allem in Butjadingen und im Wangerland enorme Schäden anrichtete. 1773 hatte Dänemark sein Stiefkind satt und übergab es dem Haus von Holstein-Gottorp.

Autonomie bis 1918

Auf Umwegen erlangte Oldenburg damit wieder die Selbstständigkeit. Das rustikale Territorium wurde weiter von der beliebten großherzoglichen Familie regiert. 1918 kam das **Ende der Monarchie,** doch das Haus derer von Oldenburg, darunter auch der oben genannte *Peter,* blieb populär – bis heute.

Das Sielhafenmuseum in Carolinensiel

Geografische Zugehörigkeit

Wenn in diesem Kapitel von einer **„oldenburgischen Küste"** die Rede ist, so wird Bezug genommen auf die Konturen des Landes, wie sie bis zum 2. Weltkrieg noch als halbautonomer Staat und danach bis in die jüngste Neuzeit als Verwaltungsbezirk Bestand hatten. Das **Jeverland** im Nordwesten gehörte nämlich mal dazu, mal wieder nicht, doch im Jahre 1818 kam es dann endgültig an Oldenburg. Der Landkreis **Friesland** fiel zwar in jüngerer Vergangenheit (1977) per Verwaltungsakt wieder an die westlichen Nachbarn zurück. Nach Protesten wurde diese Maßnahme wieder rückgängig gemacht, aber letzlich blieb es doch dabei: Die Friesländer sehen sich jedoch immer noch als Oldenburger und nicht als Ostfriesen.

Auch **Wilhelmshaven,** wie gleich nachzulesen ist, hat eine ähnlich wechselvolle, wenn auch weitaus jüngere Geschichte. Aber dieses Buch ist ja kein geopolitisches Werk, sondern bescheidet sich mit einer Mission als Reiseführer. Die praktische Begriffsbestimmung möge daher erlaubt sein.

Carolinensiel

Im Mittelalter schnitt hier eine gewaltige Bucht ins Innere. Die **Harlebucht** machte die Stadt Wittmund zum Seehafen und das Jever- und Wangerland zur Halbinsel. Nach und nach wurde das Loch gestopft und die Küstenlinie auf ihre heutigen Umfänge begradigt. Carolinensiel entstand 1729 in der Endphase dieser Arbeiten; Namensgeberin war die damalige Fürstin von Ostfriesland. Lange Zeit, weit bis in die zweite Hälfte des 19. Jahrhunderts hinein, war der Ort einer der betriebsamsten Segelschiffshäfen an diesem Küstenstrich; bis nach Südamerika fuhren die Windjammer. Dann wuchs die „Balje" zwischen Wangerooge und dem Festland zu, und Carolinensiel verlor seine Bedeutung.

Museumshafen

An die alte Zeit erinnert der sogenannte Museumshafen, umgeben von stilvollen Gebäuden und des Öfteren von schmucken Oldtimern belegt. Das Museumsschiffchen „Marie van't Siel" tuckert täglich den Kanal bis Harlesiel hinab. Von 1984 an hat man den alten Getreidespeicher „Groot Hus" und die „Alte Pastorei" in ein **Sielhafenmuseum** (www.deutsches-sielhafenmuseum.de) verwandelt, das man gesehen haben sollte. Ausgestellt sind Originalteile (sogar ein vor ein paar Jahren geborgenes historisches Kutterwrack) und Modelle alter Segelschiffe, nautische Geräte aus der Windjammerzeit, viele Gemälde, Fotos und Karten sowie Anschauliches zur Geschichte der Sielhäfen, zum Deichbau und der Fischerei. Zu dem Gesamtkomplex gehört auch das **Kapitänshaus mit historischer Seemannskneipe.** Das Museum ist von Mitte März bis Mitte Nov. und in den Weihnachtsferien täglich geöffnet. Führungen nach Absprache: Tel. 456.

Praktische Hinweise

Information

- **PLZ:** 26409 Wittmund (auch Harlesiel).
- **Vorwahl:** 0 44 64 (auch Harlesiel).
- **Kurverwaltung:** Bahnhofstr. 40, Tel. 9 49 30, Fax 94 93 23, www.harlesiel.de, info@harlesiel.de. Auch für die Zimmervermittlung zuständig.

Adressen

- **Angeln:** Erlaubnisscheine im Haus des Gastes.
- **Disco:** Atlantis, im Alten Bahnhof. Offen Mi, Fr und Sa.
- **Fahrräder:** Jütting, Wittmunder Str. 8; Doden, Schleusenstr. 11a; Heyken, Wittmunder Str. 2.
- **Fahrten in See und zu Seehundbänken:** Reederei Albrecht, Tel. 13 06.
- **Hallenbad Cliner Quelle:** Nordseestr.1, Tel. 9 49 30. Auch Kinderbetreuung.
- **Kutter- und Angelfahrten:** Tel. 271, 461, 13 06
- **Nationalparkhaus:** Pumphusen 3, Tel. 84 03. Ausstellungen, Diavorträge; im Sommer auch naturkundliche Wanderungen.
- **Spielzeugmuseum:** Wittmunder Str. 6, Tel. 12 60. Antike Puppen und altes Spielzeug. Offen tägl. außer Mi.
- **Wattwanderungen:** Kurverwaltung.

Zimmernachweis

- **Kurverwaltung**: Pensionen ab 18 €, Bauernhöfe ab 20 €, Privatzimmer ab 22 €, jeweils p.P. ÜF.

Unterkunft

Die vier genannten Hotels gehören der Nordsee-Hotel-Gruppe an. Man kann sich ggf. an weitere Hotels dieser Kategorie „durchreichen" lassen.

Carolinensiel und Harlesiel

Übernachtung
1 Campingplatz
5 Campingplatz
6 Friesenhus
7 Blischke
10 JH Carolinensiel
12 Caro
13 Deutsches Haus

Essen und Trinken
2 Pier 10
3 Am Yachthafen
4 Albrecht
8 Zum Sielkrug
9 Hafenblick
11 Gästehaus Hinrichs

■ **Blischke** ③: Mühlenblick 6, Tel. 9 49 00, www.hotel-blischke.de.
■ **Friesenhus** ③: Am Kurzentrum 12, Tel. 9 49 20, www.friesenhus.de.
■ **Deutsches Haus** ②: Am Hafen West 1, Tel. 206, www.aktive-nordsee.de.
■ **Caro** ②: Mühlenstr. 5, Tel. 500, www.hotel-cafecaro.de.
■ **JH Carolinensiel** ①: Herbergsmense 13, Tel. 252, Fax 655, jh-carolinensiel@djh-unterweser-ems.de. Schönes Haus mit 95 Gästebetten. Geöffnet vom 1.3. bis 31.10.

Camping

■ **Campingplatz Carolinensiel-Harlesiel (D):** Info: Tel. 80 46 oder über die Kurverwaltung. Offen vom 1.5. bis 15.9. 850 Stellplätze. Angeschlossen: beheiztes Meerwasserfreibad; offen 15.5.–15.9., siehe Harlesiel.

Restaurants

C = Carolinensiel, H = Harlesiel

■ **Albrecht:** Friedrichsschleuse 17 (C). Räucher- und anderer Fisch, auch zum Mitnehmen. Seebestatten lassen kann man sich hier ebenfalls.
■ **Am Yachthafen:** Am Yachthafen 32 (H). Buffet, Fisch, Café.
■ **Gästehaus Hinrichs:** Mühlenstr. 15 (C). Kleine, feine Gastronomie. Mal „Prüllkers" kennenlernen.
■ **Hafenblick:** Am Hafen West 11 (C). Vielfältige Karte, schöne Lage.
■ **Pier 10:** Am Yachthafen 30 (H). Im Hotel Harlesiel. Meeresfrüchte. Terrasse.
■ **Zum Sielkrug:** Pumphusen 4–6 (C). Erlesene Fischgerichte.

▷ Leuchtbake

Wangerland

Die **Nordostecke des einstigen Ostfriesenreiches** ist das Wangerland und wird heute auch scherzhaft das „Kap der Guten Erholung" genannt. Die **touristische Zentrale** befindet sich in Horumersiel (s.u.) und ist ebenfalls für das Seebad Schillig zuständig. **Herbergen** werden in sehr reichlicher Zahl angeboten. Privatquartiere gibt es ab 14 €, Pensionen ab 19 €, eine Übernachtung auf einem von fünf Bauernhöfen ist ab 15 € zu haben; jeweils ÜF. Typisch für das Wangerland sind auch Gasthöfe mit kombinierter Restauration und Übernachtung.

Horumersiel-Schillig

„Wer Einsamkeit sucht, der findet sie hier", heißt das Motto am Kap der Guten Erholung. Da wird man aber ganz schön lange suchen müssen. Denn der **Campingplatz** Schillig ist einer der größten Europas (zusammen mit Hooksiel 2800 Stellplätze). In der Saison, wie anders, drängt sich dort eine Menge Volk. Nur wenn der Platz über Winter dichtgemacht hat, findet man sich vielleicht mal allein am Deich. Das Terrain im Bereich der riesigen Campinganlage ist flach soweit das Auge reicht, die Küste weitgehend grün. Ein Stückchen Strand wird als „ungefährlich und besonders geeignet für Kinder" gepriesen.

Das ist auch Horumersiels starke Seite. Die Kleinen stellen keine Ansprüche an die Landschaft, fühlen sich im **beheizten Meerwasserfreibad** wohl und lassen sich im **Spielhaus „Seesternchen"**

044nied rh

(im Haus des Gastes, auf halbem Weg zwischen Horumersiel und Schillig am Ufer gelegen) weitgehend widerspruchslos unterhalten. Wegen des Engagements für die Zwerge bekam das Gemeinwesen Horumersiel-Schillig sogar schon mal einen Bundespreis.

Praktische Hinweise

Information

- **PLZ:** 26434 (ganz Wangerland).
- **Vorwahl:** 0 44 26.
- **Wangerland Touristik:** Zum Hafen 3, Tel. 98 70, Zimmervermittlung Tel. 98 71 16, Fax 98 71 87, www.wangerland.de.

Adressen

- **Fahrräder:** Blinkfüer, Schillighörn 1 (Schillig); Heinrich-Tiarks-Str. 1 (Horumersiel).
- **Nationalparkhaus Wangerland:** Kirchstraße 9, Minsen, Tel. 90 47 00. www.nationalparkhaus-wattenmeer.de/wangerland. Wiedereröffnung für Sommer 2015 geplant.
- **Frieslandtherme:** Hallenbad mit 31 Grad warmem Wasser. Zum Hafen 3a, Tel. 98 72 22.

046nied rh

Unterkunft

- **Deichrestaurant** ③: Goldstr. 2, Tel. 210, www.deichrestaurant-horumersiel.de.
- **Haus Irmgard** ③: Am Huf 24, Tel. 9 48 20, www.haus-irmgard-horumersiel.de.
- **Zum Deichgrafen** ③: Förriener Loog 13 (Minsen-Förrien), an der Störtebekerstraße, Tel. 9 90 00, www.gasthof-zum-deichgrafen.de.
- **Neptun** ②: Schillighörn 3, Tel. 218, Hotel-Pension. www.nordsee-neptun.de.
- **Alte Schule** ②: Störtebekerstr. 10, Tel. 13 11, www.landhotel-alte-schule.de.
- **JH Schillighörn:** Inselstr. 6, Tel. 371, Fax 506, jh-schillighoern@djh-unterweser-ems.de. 124 Betten. Angegliederter Jugendzeltplatz. Vom 1.11.–28.2. nur nach Voranmeldung anreisen!

Camping

- **Campingplatz Schillig (D):** Tel. 98 71 70. Etwa 1400 Stellplätze. Offen 1.4.–15.10.

^ Anker von anno dazumal

Restaurants

- **Altes Sielwärterhaus:** Goldstr. 26. Deutsche Küche.
- **Dorfkrug:** Bismarckstr. 7, Hohenkirchen. Gutbürgerliche Küche.
- **Chinabox:** Goldstr. 1. Horumersiels Chinese.
- **Jannsen's Fisch:** Deichstr. 13. Seafood.
- **„Molkerei Horum“:** Wangerland-Horum. Fisch und Lamm, kinderfreundlich.
- **Pusteblume:** Javenloch 2. Friesische Küche.
- **Waterkant:** Goldstr. 20. Friesische Küche; Fisch, Steaks.
- **Zum Deichgrafen:** (s.o.), idealer Tourstop.
- **Zur Krabbe:** Deichstr. 1. Familienrestaurant.

Hooksiel

Früher, der Ort entstand 1546, lebte man hier vom Fisch- und Muschelfang. Als anno 1856 die hektische Bautätigkeit im unfernen Wilhelmshaven begann (s.u.), blickten die Hooksieler beunruhigt zu den immer bedrohlicher anwachsenden

Silhouetten an ihrer südlichen Peripherie hinüber. Wahrscheinlich arrangierten sie sich nach und nach mit dem zunehmenden Dreck, der bei jeder Ebbe die Jade hinabschwappte. Doch gut 120 Jahre später sollte es zum **Streit mit Wilhelmshaven** kommen …

Hooksiel hatte auf Fremdenverkehr gebaut, Wilhelmshaven auf Industrie. Versprechungen wurden nicht eingehalten, man kam auf keinen gemeinsamen Nenner, ging vor Gericht. Doch alles Klagen half nichts. Dem Seebad wurde kaltschnäuzig ein **Plaste- und Elastewerk** praktisch vor die Nase gesetzt. Damit hat man sich heute abgefunden, wohl in der (nicht ganz unberechtigten) Hoffnung, dass Großchemie in Küstennähe einmal eines natürlichen Todes sterben wird.

So ist die touristische Entwicklung Hooksiels fortgeführt worden. Es gibt einen großzügig angelegten **Badestrand,** an dem man sich auch im Adams- bzw. Evakostüm tummeln kann. Lobenswert: Man hat mit dem Unfug aufgeräumt, den Zugang zum Wasser kostenträchtig mit Stacheldraht abzusperren. Recht ordentlich ist der große **Campingplatz,** an dem die Tankerriesen fast auf Steinwurfweite vorbeiziehen. Das **Städtchen** ist recht hübsch erhalten geblieben, wenn auch oft völlig zugeparkt. Weiter im Inland lockt ein ausgedehnter **Binnensee** mit Wassersport.

Angesichts all dieser Dynamik überrascht, dass der Ort einen **Fischereihafen** sein eigen nennt, der, eher untypisch für diesen Küstenstrich, mit echtem Nordseeflair aufwarten kann. Die großen Kutter fahren wieder zum Muschelfang aus, und auf ihnen lassen sich in der Saison auch **Hochseeangeltouren** unternehmen, die nicht selten sehr ertragreich sind. Denn die Fischer wissen, wo die Makrele im offenen Wasser steht und der Dorsch über alten Wracks – oder das sagen sie zumindest.

Dass man in Hooksiel längst über Plaste und Elaste hinauszudenken vermag, zeigt auch die Institution des **Künstlerhauses,** einer weithin bekannten und geschätzten Begegnungsstätte für Künstler aller Disziplinen. Dort sollte man einmal hineinschauen, denn es gibt immer etwas Interessantes zu sehen.

Praktische Hinweise

Information

- **PLZ:** 26434.
- **Vorwahl:** 0 44 25.
- **Wangerland Touristik:** Hohe Weg 1, Tel. 9 58 00, Fax 95 80 1, www.wangerland.de. Zimmervermittlung: Tel. 95 80 10.

Adressen

- **Fahrräder:** Blinkfüer, Middeldiek 4.
- **Helgoland-Fahrten:** Im Sommer sporadisch. Stilllegung möglich. Cassen Eils, Tel. 0 18 05-22 86 61.
- **Hochseeangeln:** Huntemann (Kutter „Möwe"), Tel. 17 37. In der Saison tägliche Fahrten.
- **Kinderspielhaus:** Bullermeck am Außenhafen, Tel. 99 03 99.
- **Internationales Muschelmuseum:** Lange Str. 18 (im alten Rathaus). Offen von Ostern bis Ende Okt. und während der Weihnachtsferien.
- **Yachtclub:** Hafenmeisterei, Tel. 10 36 oder 565.

> Hooksieler Fischkutter

HOO 52

Unterkunft

■ **Friesenhof** ③: Tegeler Plate 40, Tel. 9 58 90, www.hotel-friesenhof-hooksiel.de

Camping

■ Ähnlich wie Schillig. Tel. 95 80 80. Offen vom 1.4. bis 15.10.

Restaurants

■ **Am Yachthafen („Die Muschel"):** An der Jaderennbahn. Kalte und warme Speisen.

■ **Friesenhof:** Tegeler Plate 40. Bodenständiges und Küstenspezialitäten.

■ **Karsta's:** Lange Straße 32a. Kartoffel- und Pfannkuchenhaus.

■ **Packhaus:** Am alten Hafen 1. „Deutsch-französisch-badische Küche".

■ **Zum Alten Krug:** Wüppeler Altendeich 18–19. (zwischen Hook- und Horumersiel). Restaurant und Teestube.

Wilhelmshaven

„Schlicktau" wurde die Stadt in Anspielung auf die deutsche China-Kolonie Tsingtau schon zu Kaisers Zeiten genannt. Ihre Ursprünge lagen in Versteckspiel, Geldgier und blindem Militarismus. „Schlicktown" sagte man später auch. Der Name kennzeichnet die Grautöne einer Nebelküste, den dunklen Schlamm der Nordsee und die Trostlosigkeit einer kasernierten Existenz.

Und dennoch. Wilhelmshaven ist durchaus ein **attraktives Reiseziel.** Allein die lagunenartige Anordnung der Hafenbecken, aber auch das viele Grün tragen heute zu einem **ansprechenden Stadtbild** bei. Von den einst recht ordentlichen Badestränden im Norden der Stadt ist allerdings nichts übrig. Chemie-Industrie, Tankerterminal und ein riesiger Containerhafen – das verträgt sich nicht mit fröhlichem Badeleben. Dafür kann sich **„Klein Wangerooge"**, mehr in Richtung Stadtkern, schon eher sehen lassen, wenn es auch im strengen Sinn an einem „Binnensee" liegt. Der Südstrand dagegen ist, so der Euphemismus, „grün", mithin sandlos. Deshalb muss man dort, im Gegensatz zu den anderen Badearealen, Eintritt zahlen. Weshalb genau, ist nicht ergründlich.

048nied rh

Die Wilhelmshavener sind aus gegebener Veranlassung **fatalistisch;** sie haben einiges durchgemacht. Es wäre verfehlt, in ihnen etwa „Friesen" sehen zu wollen; sie kamen, die Geschichte zeigt es gleich, **aus allen deutschen Landen;** einer meiner Großväter aus dem fernen Memel. Manche der Zuwanderer fanden ihre Existenz an der Jade allerdings nicht ganz so blumenreich, wie sie es sich vielleicht erträumt hatten. Nach dem Bau der Werft- und Hafenanlagen im 19. Jahrhundert verkrümelten sich viele wieder. Auch nach dem 1. Weltkrieg wanderten viele Neu-Wilhelmshavener ab, um ihr Glück in weniger depressiven Landesteilen zu suchen. Erst nach 1945 galt es auszuharren – auch anderswo im Tausendjährigen Reich lag alles in Trümmern, es gab keinen Fluchtpunkt mehr. Man begann, sich „durchzumuddeln" – ein Vorgang, der bis heute anhält.

An der „KW"-Brücke

Wilhelmshaven

Geschichte

Wilhelmshavens Geschichtsbuch ist nicht sehr dick. 1994 feierte die Stadt ihr 125-jähriges Bestehen; darüber kann man andernorts nur müde lächeln. Jever, nur ein paar Autominuten entfernt – wir werden es anschließend noch besuchen – ist fast zehnmal so alt; Oldenburg feierte vor kurzem 900-jähriges Jubiläum seiner ersten namentlichen Erwähnung.

Friesische Piraten

Zwar war die günstige Lage des Landzipfels am Eingang zum Jadebusen auch früheren Bewohnern der Region nicht entgangen. 1383 errichtete *Edo Wiemken,* Friesenhäuptling, Seeräuber und erster dieses Namens, dort die **Edenburg** (später Sibetsburg). Doch dem wilden *Edo* war eine Ausbreitung seiner Macht nicht vergönnt. Die **Holländer,** denen seine Seeräuberei wenig schmeckte, nahmen ihn mit einer List gefangen und steckten ihn für vier Jahre ins Loch, bevor er gegen ein Lösegeld von 40.000 Gulden wieder freikam. Ein Neubeginn scheiterte schon daran, dass die Sibetsburg anno 1433 von den **Hanseaten** niedergemacht wurde. Eine Piraten-Trutzfeste vor ihrer Nase wollten die Bremer und Hamburger nun wirklich nicht unwidersprochen hinnehmen. Danach weideten an der Jade vierhundert Jahre lang wieder die Rindviecher.

Deal mit Preußen

Dann zog, in den Jahren 1848–50, der Konflikt des Deutschen Bundes mit Dänemark ins Land. Dieser ließ das **Verlangen Preußens nach einem eigenen Kriegshafen** an der Nordseeküste aufkommen. Als **optimale Lokalität** fasste Berlin die sogenannte Heppenser Fährhuk an der Jademündung ins Auge und nahm in aller Stille Verhandlungen mit dem souveränen Großherzogtum Oldenburg auf, zu welchem das Land gehörte. Die **Oldenburger** waren zwar an der Befestigung der Küste und an einem Handelshafen interessiert, aber dass sie die Preußen heiß liebten, kann man gerade nicht sagen. Für eine Ablehnung waren sie indes in einer viel zu schwachen Position. Also ließen sie sich den Deal zumindest teuer bezahlen. Auch trauten sie dem Königreich Hannover nicht so recht, das zu dem Zeitpunkt die Prinzipalität von allen Seiten umschloss. Die **Hannoveraner** reagierten erwartungsgemäß sauer, als die Preußen an der Jade erschienen, und versuchten, die Entwicklung zu hintertreiben. Doch der im August 1853 klammheimlich abgeschlossene **Vertrag über die Abtretung des Geländes** bestand schon längst, als Hannover Wind von der Sache bekam. Am 23.11.1854 übernahm Prinz *Adalbert* von Preußen feierlich die Exklave und stellte König *Georg V.* vor vollendete Tatsachen.

Der Kriegshafen

1856 begann der Bau des preußischen Kriegshafens. Man hat die **großflächigen Erdarbeiten** nachträglich mit denen chinesischer Kulis verglichen, und so waren die Verhältnisse vor Ort auch in der Tat. Der Aushub wurde von Hand bewegt und mit Körben und Schubkarren befördert. Das gesamte, einst idyllische Umland verwandelte sich in eine riesige, hässliche Baustelle, die, so eine Überlieferung, „das Leben und Arbeiten im Gebiet unerträglich machte". Sogar eine **Malaria-Epidemie** grassierte unter den Arbeitern, die aus ganz Deutschland rekrutiert worden waren.

Am 17. Juni 1869 weihte König *Wilhelm I.* den fertiggestellten Hafen ein und gab gleichzeitig der jungen Siedlung seinen Namen. England, der spätere Feind, gratulierte herzlich zu dem „imponierenden Bauwerk".

1873 wurde Wilhelmshaven **Stadt.** In den 1890er Jahren begann die neue Kaiserliche Werft, die ersten **Kriegsschiffe** zusammenzunieten. Immer weitere und größere Einheiten entstanden, bis das Kaiserreich sich für einen Großkrieg genügend gerüstet wähnte; ungünstigen Ausgangs, wie die Geschichte zeigt. Der Absturz Wilhelmshavens war total. Doch schon 1925 wurde der erste Kreuzer wieder auf den Helgen gelegt, und bald ging es im selben Törn weiter wie zuvor. Am 1. April 1939 lief die „Tirpitz" hier vom Stapel, um wenig zu den Geschicken des Krieges beizutragen.

Dickes Ende 1945

1945 kam dann das ganz dicke Ende. Die Stadt war **zu zwei Dritteln durch Luftangriffe zerstört;** die Werftanlagen wurden demontiert und als **Reparationen** in die UdSSR geschafft. Seitens der Alliierten wurde sogar erwogen, die Stadt zum Land hin mit einem neuen Deich zu umziehen und damit der Nordsee preiszugeben. Glücklicherweise wurde aus diesem finsteren Plan nichts.

Industrialisierung

Einschneidender noch als nach dem 1. Weltkrieg erwies sich nach der erneuten Niederlage, auf welch wackligen Beinen die Wirtschaft einer fast ausschließlich für militärische Zwecke gegründeten Stadt ruht. Natürlich spielte die Marine bald wieder die erste Geige. Aber viel Geld verdienen ließ sich wie üblich nicht mit ihr. Im Lauf der Zeit entstanden jedoch auch **neue zivile Hafenanlagen,** darunter Deutschlands größter Tankerlöschplatz. In den 1970er Jahren wurde, so die Journalisten *G. Handlögten* und *H. Venske* in ihrem Buch „Dreckiger Sumpf", die Industrialisierung der Stadt von Lokalpolitikern „nach Gutsherrenart durchgepeitscht".

Wirtschaft heute

Manche der Geister, die sie einst gerufen, wären die 90.000 Wilhelmshavener im Zeichen eines erweiterten **Umweltbewusstseins** heute wohl ganz gern wieder los – wenn man sich's nur leisten könnte. Bei einer eindrucksvollen **Arbeitslosenquote** von mehr als doppelter Höhe des Bundesdurchschnitts ist das aber nicht drin. Schon längst hat man die Gutsherrenart angesichts der wenig tröstlichen Realität abgelegt. Ganze Straßenzüge stehen (infolge von Abwanderung) in Wilhelmshaven leer, ein deprimierendes Bild. „Die Rhythmen der Elemente zeigen: Nichts ist beständiger als der Wandel", hieß es seinerzeit in einer Vorschau auf die Expo 2000, an der die Stadt aktiv teilnahm. Sehr wahr. Inzwischen herrscht mal wieder Aufbruchstimmung in Wilhelmshaven. Der **Jade-Weser-Port,** ein klotziger Tiefwasserhafen für Containerschiffe, der die ganze Küstenlinie (nicht unbedingt vorteilhaft) verändert hat, ist nach einigen anfänglichen Merkwürdigkeiten jetzt in zähflüssigem Betrieb. Von dem Projekt verspricht sich die Region, das elende Beispiel Bremerhaven (s.u.) konsequent ignorierend, mehr Wohlstand. Auch sollen **bis zu fünf neue Kohlekraftwerke** an diesem Küstenstrich entstehen, die zur Entlastung der Arbeitslosigkeit nur marginal beitragen werden und deren Präsenz allein zahllose Stellen im touristischen Bereich akut gefährdet, ganz zu schweigen von den Einbußen an Lebensqualität für die gesamte Region. Wenn's letztendlich keine fünf, sondern nur zwei oder drei werden, atmet natürlich alles auf: Halb so schlimm. Das ist der Psychotrick dabei: Erst mal dem Volk ein paar Knochen zum Balgen hinwerfen. Auf jeden Fall steht die Drohung im Raum, dass ohne die Anlagen „die Lichter ausgingen". Für Wilhelmshaven zumindest ist das Argument nicht stichhaltig, denn aufgrund der zahlreichen Wegzüge sind dort bereits viele Lichter aus und kein weiteres Kilowatt vonnöten. So wird der Strom mittels potthässlicher Leitungen halt in den Süden transportiert. Und die Stadt Wilhelmshaven freut sich über sprudelnde Gewerbesteuern: Hauptsache, die Kohlen stimmen.

Sehenswertes

Adalbertdenkmal

Adalbertplatz. Der in Stein gehauene Prinz war der erste Admiral der preußischen Marine und Initiator der Stadtgründung.

Botanischer Garten

Gökerstraße 125. Ein 8500 m² großes Areal mit weit mehr als 2000 Pflanzenarten, Freiland-Terrarium und Tropenhaus. Info: Tel. 30 45 43.

Christus- und Garnisonkirche

Ebertstraße. Neugotische Kreuzkirche aus den Jahren 1869–72. Eher etwas für Marine- als Kirchenliebhaber, denn es ist Diverses aus den Tagen kaiserlicher Flottenherrlichkeit ausgestellt.

Dampflok-Denkmal

Bontekai. Die liebevoll restaurierte Güterzuglokomotive 44 606 ist ein Relikt aus der „guten alten Zeit" der großen Dampfrösser, das Eisenbahnfans entzücken dürfte.

Feuerschiff „Norderney" alias „Weser"

Bontekai (nahe der Dampflok). Das 1981 ausgemusterte Weser-Feuerschiff aus der Kaiserzeit kann man täglich von 11–24 Uhr besichtigen. Verpflegen kann man sich (außer Mo) dort auch.

Kaiser-Wilhelm-Brücke

Nahe Bontekai. Die größte Drehbrücke Deutschlands hat eine Spannweite von 159 m; zu Beginn des 20. Jh. erbaut.

„Kapitän Meyer"

Bontekai 5. Ein alter dampfbetriebener Seetonnenleger, der hier als eine Art Museumsschiff seinen letzten Liegeplatz fand. Man kann an Bord übernachten. Besonderer Gag: Trauung an Bord. Info: TI, Tel. 91 30 00.

Wattenmeer Besucherzentrum

Südstrand 110b, Tel. 9 10 70. Informationszentrum für das UNESCO-Weltnaturerbe Wattenmeer. Abwechslungsreiche Programme, tägl. (außer Mo) 10–17 Uhr, im Juli/August bis 18 Uhr. www.wattenmeer-besucherzentrum.de. Im Besucherzentrum präsentiert sich z.B. der **„plastinierte Pottwal von Baltrum"** – ein Riesenviech. Und natürlich nicht nur das. Alles, was man zum Thema Wattenmeer noch nicht weiß, erfährt man hier. Informativ und spannend dargestellt.

Rathaus

Ein strenger Klinkerbau aus dem Jahre 1929. Für Liebhaber barocker und verspielter Architektur ist das schönste daran der Blick von dem 49 m hohen Turm.

Seewasseraquarium

Südstrand 123, Tel. 5 06 64 44. Täglich geöffnet.

U-Boot am Südstrand

Das **Unterseeboot U10,** 1967 in den Dienst der Bundesmarine gestellt und 1993 ausgemustert, dient heute als Museumsschiff. Offen tägl. ab 10 Uhr.

Vogelwarte

Im ehemaligen **Fort Rüstersiel,** Tel. 9 68 90. Übersicht über die Vogelwelt der Küste. Geöffnet ganzjährig Di morgens und Do nachmittags.

Windsbraut

Erklimmbare Skulptur gegenüber vom Helgolandkai. Auch sehenswert: Die alte **Nassaubrücke** gleich nebenan.

> Oldtimer im Banter See

049nied rh

Praktische Hinweise

Information

■ **PLZ:** siehe PLZ-Verzeichnis.
■ **Vorwahl:** 0 44 21.
■ **Tourist-Information:** Bahnhofstr. 10, Tel. 91 30 00, www.wilhelmshaven-touristik.de, info@wilhelmshaven-touristik.de. Zweigstelle Südstrand: Banter Deich 2, Tel. s.o.

Adressen

■ **Angeln:** Auskünfte gibt der Sportfischerverein, Tel. 7 15 93.
■ **Bäder:** Freibad Nord (Möwenstr. 30) und Freibad Klein Wangerooge, jeweils offen Mai–Sept.; Sport- und Familienbad „nautimo" (Friedenstr. 99), ganzjährig geöffnet.
■ **Fähre nach Eckwarderhörne:** Juni–Aug. ab Südstrand-Helgolandkai. Reederei Warrings, Tel. 0 44 64-9 49 50, www.reederei-warrings.de.
■ **Fahrräder:** Oeltermann, Holtermannstr. 2; Radwandern Wilhelmshaven, Info Tel. 91 30 00.
■ **Flugplatz Mariensiel:** Tel. 20 23 33. Flüge nach Helgoland, Wangerooge und anderen Inseln: LFH, Tel. 0 44 64-9 48 10.
■ **Hafenrundfahrten:** Warrings (s.o.).
■ **Helgoland-Fahrten:** Im Sommer ab Südstrand-Helgolandkai. Stilllegung geplant. Cassen Eils, Tel. 36 78 08.
■ **Insel-Info:** Kurverwaltung Helgoland, Tel. 0 47 25-8 08 62.
■ **Segeln:** WHV Maritim, Tel. 98 71 94.
■ **Shopping:** Nordseepassage mit über 2 km Läden unter einem Dach.
■ **Stadtrundfahrten:** 2½-stündige Bustouren – jeden Do (im Sommer). Fa. *Fass,* Tel. 8 43 6.

Unterkunft

■ **Beans Parc Hotel Jade** ③: Marktstr. 159, Tel. 77 33 70, www.beans-parc.com.
■ **Maris** ③: Werftstr. 52–58, Tel. 1 51 10, www.banter-hof.de.
■ **Rüstersieler Hof** ③: Rüstersieler Str. 112, Tel. 91 33 80, www.hotel-ruestersieler-hof.de.
■ **Strandhotel Lachs** ③: Südstrand 114, Tel. 4 31 17, www.hotel-lachs.de.
■ **Südstadt garni** ②: Rheinstr. 29, Tel. 4 15 47, www.suedstadthotel.de.
■ **Wilhelmshavener Heuhotel** ①: Accumersiel 6, Tel. 70 18 23, www.wilhelmshavener-heuhotel.de. Auch für ganz kleine Gäste.
■ Reizvoll auch: Übernachten im 35 m hohen **Signalturm auf der Schleuseninsel** (Fewos). Einzelheiten über die Tourist-Information. Außerdem Zimmer ab 18 € p.P. im ganzen Stadtbereich.
■ **Jugendgästehaus Piratennest** ①: Ebertstr. 88a, Gruppenbuchungen Tel. 4 28 20. ÜF im Mehrbettzimmer je nach Alter und Aufenthaltsdauer.

Camping

■ **Campingplatz Voslapp:** Posener Str. 5, Tel. 99 50 35.

Restaurants

■ **Am Kreuzelwerk:** Freiligrathstr. 432. Gutbürgerliches, Kinderteller.
■ **Bavaria:** Rheinstr. 14. Gutbürgerliches, frischer Fisch.
■ **Blühende Schifffahrt:** Werftstr. 1. Seemännische Kost aus dem Meer.
■ **Feuerschiff Weser:** Bontekai. Zünftige Bordküche. Mo geschlossen.

■ **Graf Spee:** Schellingstr. 11. Gaststätte und Restaurant.
■ **Peking:** Virchowstr. 58. China-Restaurant.
■ **Sakura:** Ebkeriege 52. Japanisches Restaurant.
■ **Thai-China-Restaurant:** Kieler Str. 5 und Posener Str. 57. Küche aus Fernost.

Unterhaltung/Discos

■ **Kling Klang:** Börsenstr. 73. Café, Kneipe, Fr Live-Musik.
■ **Pumpwerk:** An der Deichbrücke (Info: Tel. 91 36 90). Dass man aus einer Abwasserbeseitigungsanlage aus dem Jahre 1903 ein boomendes, weit über die Stadt hinaus bekanntes Kulturzentrum schaffen konnte, zeugt vom Improvisationstalent und Innovationswillen der Wilhelmshavener. Immer etwas los, das ganze Jahr lang.
■ **Casablanca:** Gökerstr. 152.
■ **Fun und Lollipop:** Bahnhofstr. 22.
■ **Palazzo:** Kirchreihe 68.
■ **Twister-Dance:** Weserstr. 20 (Sande).

Jugendtreff

■ **Freizeitzentrum Nord** (FZN): Möwenstr. 94, Tel. 5 35 92.

Fest

■ **„Wochenende an der Jade":** Alljährlich im Sommer.

Museen

■ **Deutsches Marinemuseum:** Südstrand 125, Tel. 4 10 61, www.marinemuseum.de, 150 Jahre deutsche Marine.
■ **Küstenmuseum am Bontekai:** Weserstr. 58, Tel. 40 09 40, „Das Leben am Meer im Wandel der Zeiten".
■ **Piratenamüseum:** Ebertstr. 88a, Tel. 40 97 79, www.piratenmuseum.com. Alles über das Freibeutertum. Offen täglich Oster- bis Herbstferien, ansonsten Sa/So/Feiertage.
■ **Kunsthalle:** Adalbertstr. 28, Tel. 4 14 48, www.kunsthalle-wilhelmshaven.de. Laufende Wechselausstellung von Künstlern aus Gegenwart und Vergangenheit. Tägl. offen außer Mo.

Abstecher nach Jever

Wer sich Wilhelmshaven von Nord nach Süd angesehen hat, sollte eine kleine Exkursion nach Jever einplanen – schon der Kontrastwirkung wegen. Denn Jever ist, anders als „Schlicktown", eine **sehr alte Stadt.** Bereits im 10. Jh. existierte hier ein regionales Kulturzentrum mit einer Münzprägestätte. Im 11. Jh. gehörte Jever, damals noch an der See gelegen, zu den bedeutendsten Handelsplätzen der Küste; wenig später war der Ort Sendstuhl der Bremer Kurie.

Bis zu diesem Zeitpunkt waren **sächsische Herzöge** in Jever wortbestimmend. Dann ging es mehrere Male hin und her zwischen **Ostfriesen** und **Oldenburgern,** stets aber, zu Jevers Glück und heutigem Charme, zwischen kunstsinnigen Herrschaften. Auch insofern ist der Kontrast zum benachbarten Wilhelmshaven augenfällig, wo durchweg Leute das Kommando hatten, die Ästhetisches lieber zerstörten als erbauten.

Besonders sehenswert: das **historische Stadtzentrum,** dazu der prächtige **Schlosspark** mit seinen Jahrhunderte alten Baumbestand, das **Schloss** selbst mit

seiner hervorragend geschnitzten Kassettendecke aus dem 16. Jh. und seit 1886 bestehendem Museum, das **Rathaus** mit seinem Renaissancegiebel (1609) und vor allem das **Grabmal Edo Wiemkens d. J.,** das seine Tochter *Maria,* nicht minder kunstverständig als das Mannsvolk, ihrem Vater 1561 errichten ließ. (Der *Wiemken*-Clan hatte die Seeräuberei schon nach den Misserfolgen des ersten *Edo* an den Nagel gehängt und war herrschaftlich geworden. Mit dem Tode *Marias* starb die Familie 1575 aus.)

Auch sehenswert: **Friesisches Brauereimuseum** (Tel. 1 37 11, www.jever.de). Der Eintritt ist trotz Kostprobe und „Erinnerungskrug" (Reklame) mit 7 € allerdings viel zu hoch bemessen.

Praktische Hinweise

■ **Verkehrsbüro:** Große Burgstr. 13, 26441 Jever, Tel. 0 44 61-7 10 10, Fax 8 92 99 27, www.stadt-jever.de

■ **JH Jever** ②: Dr.-Fritz-Blume-Weg 4, Tel. 0 44 61-90 92 02, Fax 90 92 09, jever@jugendherberge.de. 138 Betten. Ganzjährig geöffnet.

Abstecher nach Gödens

Wenn aus dem platten Land südwestlich von Wilhelmshaven und den Nebeln der

051nied rh

Marschen urplötzlich ein Kastell wie Camelot aufwächst, könnte die Überraschung nicht größer sein. **Schloss Gödens,** ein mächtiges Bauwerk aus der zweiten Hälfte des 17. Jh., steht der Öffentlichkeit zwar leider nicht (außer an einigen wenigen Tagen im Jahr) zur Besichtigung offen. Doch von der frei zugänglichen Innenseite des dazugehörigen Parks aus gibt es noch genügend Ausblicke auf den prächtigen Gebäudekomplex, um jedem Barockfan das Herz zu wärmen.

Schloss Gödens

Der Jadebusen

Entstehung der Bucht

Mit ca. 160 km² Ausdehnung ist der Jadebusen die **größte Bucht** im Nationalpark Niedersächsisches Wattenmeer. Das gewaltige Loch in der Küste, 4,5 km breit an der Taille zwischen Wilhelmshaven und Eckwarderhörne und 13 km ins Landesinnere reichend, entstand während schwerer **Sturmfluten,** vornehmlich den beiden Marcellusfluten der Jahre 1219 und 1362. Bis dahin hatte sich dort eine weite **Moorlandschaft** gedehnt, die ein Marschengürtel zum Meer hin abschirmte. Als die **Nordsee durchbrach,** gingen zahlreiche Siedlungen unter; Arngast, Bant, Dauens, Insmerhave, Jadeleh und Siebetsburg seien zu nennen. Tausende von Menschen ertranken. In der Antoniflut des Jahres 1511 gab es noch einmal große **Landverluste,** Weihnachten 1717 Tod und Verwüstung. Dann begann man nach und nach mit der **Eindeichung der Bucht,** und im 19. Jh. holte man sich durch Landgewinnungsmaßnahmen sogar ein paar Brocken zurück.

Doch der Blanke Hans ließ ebenfalls nicht locker. 1905 kassierte er endgültig die Insel **Arngast** ein, auf der bis etwa 1800 noch Vieh geweidet hatte. 1940 verschwanden die **Oberahnschen Felder,** eine Art Hallig. Auch weiterhin wird man im Bereich des Jadebusens die See und die Deiche schärfer im Auge behalten müssen als anderswo. Hier hat der Blanke Hans mit 3,60 Metern (bei Springflut 4,10) nämlich den **höchsten Tidenhub der gesamten Deutschen**

Bucht. Bei der Sturmflut des Jahres 1962 kletterte der Pegel auf 7,45 m über Normalnull – doch der Deich hielt.

Warum macht man dieses Teufelsloch nicht einfach dicht? Diese Frage wird des Öfteren gestellt. Könnte man die Öffnung nicht abdämmen und mit **Sielschleusen** den Jadebusen allmählich trockenlegen? Sogar ein ergiebiges **Gezeitenkraftwerk** ließe sich dort hinstellen!

Technisch machbar wäre das schon – in der Theorie. In der Praxis spricht zu viel gegen ein solches Unternehmen. Das beginnt schon mit dem – immer noch gültigen – Reichskriegshafengesetz. Die **gewaltige Wassermenge** von etwa 400 Mio. Kubikmeter, die im Takt der Gezeiten durch die Mündung strömt, hält das Jadefahrwasser vor Wilhelmshaven tief. Wenn es damit aus ist, könnte es auch das **Aus für den Hafen**, der strategisch und wirtschaftlich sehr wichtig ist, bedeuten. Er würde, so die Hochrechnungen, wahrscheinlich verlanden. Außerdem muss die halbe Milliarde Tonnen Wasser dann irgendwo anders abbleiben. Das bedeutet erhöhten **Druck auf die Nordseedeiche,** die es schon so nicht leicht haben. Und letztlich ist im Jadebusen ein einzigartiges Naturreservat entstanden.

Eldorado für Vögel

Bereits 1968 wurde das Areal vom Internationalen Rat für Vogelschutz als **Europareservat** anerkannt. Es gehört heute zu den Feuchtgebieten von weltweiter Bedeutung, die nach der Ramsar-Konvention von 1971 festgelegt wurden. Vor allem als **Rastzone für Zugvögel** ist das Watt des Jadebusens mit seinem enormen Reservoir an Kleinfutter von größter Wichtigkeit. Im Frühjahr und Herbst sieht man hier riesige Schwärme von Kiebitzregenpfeifern, Großen Brachvögeln und Säbelschnäblern. Andere Vogelarten wie Enten und Alpenstrandläufer **überwintern** auch häufig in der Bucht.

Im Süden, wo das Flüsschen Jade bei Wapelersiel ins Vareler Watt mündet und zum Priel wird, dehnen sich breite **Röhrichtsäume.** Hier **brüten** Rohr- und Wiesenweihe und der Teichrohrsänger. Weiter östlich (und auch am Westufer) bestimmen überwiegend Salzwiesen die Küstenflora, und Fluss-Seeschwalben, Lachmöwen und Säbelschnäbler treten in Erscheinung. Besonders lebhaft geht es an sogenannten **Pütten** zu, flachen Teichen, die durch Bodenentnahme für den Deichbau entstanden waren.

Versteht sich, dass alle diese Areale **streng geschützt** sind und nicht betreten werden dürfen. Hier und da führen **Wanderwege** durch sie hindurch; sie sind mit grünen Pfählen markiert. Ansonsten halte man sich bitte an entsprechende Beschilderungen.

Wer mehr über Fauna und Flora des Jadebusens wissen möchte, erfährt es im **Nationalpark-Haus in Dangast** (Tel. 0 44 51-70 58).

› Der Arngaster Leuchtturm

Dangast

Sandstrand

Nur an zwei Stellen im Bereich der Störtebekerstraße stößt die sogenannte **Hohe Geest,** ein eiszeitliches Überbleibsel aus Sanden und Kiesen, bis ans Meer vor: südlich von Cuxhaven, worüber später noch zu sprechen sein wird, und bei Dangast. Deshalb gibt es dort auch einen richtigen **Strand,** fast 2 km lang, der Dangast den Status eines staatlich anerkannten Seebades verleiht, des ältesten an der Festlandsküste der Nordsee sogar.

Sturmfluten

Vor der Entstehung des Jadebusens lag Dangast noch hoch und trocken. Dann wühlte sich um 1219 das Meer eine **Rille durch das fruchtbare Land,** gleichsam ein Riss, der letztlich das gesamte Terrain wie bei einem schweren Erdbeben aufbrechen und versinken ließ. Die gewaltige Antoniflut von 1511 machte Dangast zur Insel, und Teile des Städtchens, so die Burg und die Kirche, gingen in der See unter.

Touristischer Aufbruch

Trotzdem blieb noch genug Substanz zurück, um gegen Ende des 18. Jh. eine **Wiederbelebung** Dangasts ins Auge zu fassen, und zwar, im Zeichen des allgemeinen touristischen Aufbruchs an der Nordseeküste, **als Badeort.** In rascher Folge entstanden diverse **Kuranlagen,** und wenn auch die französische Besetzung zu Beginn des 19. Jh. und vor allem die schwere Sturmflut von 1825 einige **Rückschläge** brachten, so geriet der Badebetrieb nach und nach in Gang.

052nied rh

Familienbad mit Phallus

Heute bietet sich Dangast als „Gesundbrunnen und Familienbad“ an und als „Treffpunkt für Künstler und Aktionisten“. Selbige haben vor dem Örtchen einen mächtigen **Granitphallus,** 3,20 m hoch und 4,5 Tonnen schwer, in den Sand gepflanzt. An und für sich soll er ein Symbol gegen Aids darstellen. Vielleicht soll er dem Örtchen aber auch etwas vermitteln, wovon es nun überhaupt nichts hat: einen Hauch von Erotik und Anrüchigkeit. Oder vielleicht soll er ganz einfach ein conversation piece sein, wie es auf Englisch so schön heißt. Die meisten Besucher konversieren, peinlich berührt, aber kaum über das Objekt, sondern sehen absichtsvoll bis schaudernd daran vorbei und können auch der barbusigen „Jade“, einer weiteren Skulptur draußen im Matsch, wenig abgewinnen. Denn Dangast ist kein Szenetreff, es ist eher **bieder und hausbacken,** eben etwas für die Familie.

Sauwetter

„Das Wasser folgte unter der Tür durch in die Stube. Da war auch die Sau nicht mehr sicher, und (der Bauer) packte sie und wollte sie zu seiner Frau ins Bett legen. Dabei stieß das störrische Tier an die Laterne, dass sie herunterfiel, und nun war es stockfinster in der Stube. Zum Glück hatte er Zündhölzer in der Tasche, so daß er wieder Licht machen konnte. Und dann gelang es ihm, die Sau glücklich zu seiner Familie ins Bett zu bringen …“

(Bericht aus Reitland am Jadebusen, Sturmflut vom März 1906)

Klamauk und mehr

Damit nach Unterhaltung dürstende Urlauber trotzdem auf ihre Kosten kommen, wird im Sommer immer einiges an Klamauk in Szene gesetzt, so des Öfteren das **„Wattgolf-Tournament“** oder der **„Menschenmüll-Flugtag“,** beides Aktionen, bei denen der Dreck himmelhoch spritzt. Denn davon, in Gestalt des heilsamen Nordseegubbels, gibt es in Dangast jede Menge. Touristisches Amüsement bietet ebenfalls der Oldtimer „Etta v. Dangast“ auf **Tagesfahrten** im Bereich des Jadebusens und der vorgelagerten Watten, nach Wilhelmshaven und zum Arngaster Leuchtturm. Und letztlich werden auch **Watt- und Deichwanderungen** veranstaltet, manche unter dem verheißungsvollen Motto: „Das direkte Erleben von Schlickwatt“. Erholen kann man sich von diesem Erlebnis im **„Meerwasserquellbad“** (offen von Mitte Mai bis Mitte September) direkt am Strand, in dem warmes Wasser aus dem Schelfmeer des Eozäns aus über 500 m Tiefe zutagegefördert wird. Alle diese Schmankerln haben Dangast bemüßigt, sich mit einem Weltnaturerbeportal zu schmücken, allerdings mit einem kleinen Haken: Die dafür zuständige UNESCO hat (bei Drucklegung dieses Buches) dem Portal ihren Namen versagt, vielleicht wegen der endlosen lokalpolitischen Querelen, die den Ort beschäftigt halten.

[>] Der Dangaster Phallus

Praktische Hinweise

Information

PLZ Dangast/Varel: 26316.
Vorwahl Dangast/Varel: 0 44 51.
Kurverwaltung: Edo-Wiemken-Str. 61, Tel. 91 14-0, Fax 91 14-35. Zimmernachweis Tel. 91 14-13. www.dangast.de.

Adressen

Angeln: Tückmantel, Obernstr. 22 (Varel)
Busse: Ab Varel Bahnhof.
Fahrräder: Angelas, Auf der Gast 34; Brüning, Edo-Wiemken-Str. 38; Timmis, Störtebekerstr. 10.
Kinderspielräume: DanGasthaus, Am Alten Deich, Tel. 91 14 13.
Nationalpark-Haus: Zum Jadebusen 179, Tel. 70 58. Anschauliches zur Fauna und Flora des Jadebusens.
Rundfahrten mit „Etta v. Dangast": Tapken, Tel. 79 63.
Wattwanderungen: Auskunft über Tel. 9 11 40.
Yachtclub: Jade-Jacht-Club, Tel. 0441-7 11 33.

Zimmernachweis

Kurverwaltung (s.o.): Der Zimmernachweis erfolgt auch für Varel (s.u.), mit dem Dangast einen Komplex bildet. Privatquartiere ab 20 € (ÜF), Pensionen ab 25 €, jeweils p.P. Vorsicht: Nebenkosten bei Ferienwohnungen.

Unterkunft

Dangaster Reethaus ③: Edo-Wiemken-Str. 4, Tel. 30 82, www.dangaster-reethaus.de.
Haus Friederike ③: Edo-Wiemken-Str. 36, Tel. 36 56, www.hausfriederike.de.
Pension Schrader ③: Oldeoogstr. 8, Tel. 35 15, www.pension-nordsee.eu.
Up'n Diek ③: Edo-Wiemken-Str. 58, Tel. 95 94 94, www.hotel-upn-diek.de.
Altes Posthaus ②: An der Rennweide 38, Tel. 8 33 53, www.altes-posthaus.de.
Dorfkrug Dangast ②: Deichstr. 1, Tel. 04451-30 26, www.dorfkrug-dangast.de.
Lohse ②: Haferkampstr. 50 (Varel), Tel. 58 76
Heuhotel Eyting ①: Kahlinger Str. 40 (Jeringhave), Tel. 56 60, www.hof-eyting.de.

Camping

Campingplatz Dangast (C): Am Alten Deich 4–6, Tel. 91 14 22. 550 Stellplätze. Offen vom 15.4. bis 15.10.
Campingplatz Dangaster Weide (C): Zum Jadebusen 177, Tel. 65 20, Bauernhof.
Campingplatz Rennweide (C): kleinerer Betrieb, Tel. 31 61.

Restaurants

Aal und Krabbe: Am Varelerhafen (Varel). Jede Menge Fischiges.
Asia (Teichgartenstr. 8) und **Peking-Garden** (B.-Heidenreichstr. 11). Varels Chinesen.
Burg Hohenzollern: Neumühlenstr. 25 (Varel). Fisch- und Fleischspezialitäten.
Gröningshof: Oldeoogstr. 12. Kaffee, Tee und Kuchen.
Kurhausklause: Im Kurhotel. Café-Betrieb.
Mamma Mia: Edo-Wiemken-Str. 58. Jede Menge Pizzen.
Störtebeker: An der Rennweide 2. Auswahl an Fischgerichten.
Vareler Hafen: Am Hafen 7 (Varel). Gaststätte und Fischrestaurant.

Feste

Frühlingsfest: Mitte April.
Stadtfest: Mitte Juni.
Kramermarkt: Anfang September.
Schleusenfest: Vareler Hafen, Ende Juni.

Museen

Heimatmuseum im Schienfatt: Neumarktplatz 3 (Varel).

Am Jadebusen entlang

Der am Dangaster Phallus vorbei nach Norden schweifende Blick stößt zunächst auf ein markantes, in der Mitte des Jadebusens gelegenes Bauwerk: den **Leuchtturm von Arngast.** Dieses markige Seezeichen wurde 1910 auf den Resten der Insel Arngast errichtet und war bis 1967 ständig mit einer Seewache besetzt. Heute ist der Turm, dessen Licht kleineren Seefahrzeugen den Weg nach Dangast, Varel und Schweiburg weist, unbemannt, seine Funktionen ferngesteuert. Man kann ihn **übers Watt fast erreichen,** sollte jedoch keinen Versuch auf eigene Faust starten. Erstens ist das Deichvorland Schutzgebiet, und nur ein Weg (am Norderender Groden) führt hinaus aufs Watt. Zweitens ist die Tour schon wegen des hohen Tidenhubs des Jadebusens mit den üblichen Gefahren verbunden, von denen bereits an früherer Stelle die Rede gewesen ist. Also sich lieber einer **Wattführung** anschließen!

Links vom Arngaster Leuchtturm zeichnen sich schwach die Konturen von Wilhelmshaven ab, rechts erkennt man eine dünne, **helle Linie am Horizont,** die sommers in der Hitze flimmert und wie eine Fatamorgana mitunter doppelt erscheint. Weißer Sand! Wir werden der Sache nachgehen. Doch vorerst führt uns die Störtebekerroute an ein weiteres sehenswertes Ziel.

Varel

Wenn bereits im Jahre 1124 – laut päpstlicher Urkunde – Menschen gern in Varel leben wollten, so hatten sie bestimmt alle Veranlassung dazu. Ein Vierteljahrhundert später waren sie jedenfalls fest etabliert, denn sie erbauten schon 1150 die **Schlosskirche** mit Fundamenten aus „Findlingen". Das sind Felsbrocken, die die Eiszeiten im fast gesteinslosen Küstenbereich liegen ließen. Im 15. Jh. wurde das Hauptschiff der gewaltigen Kirche angelegt.

An Varel erweist sich wieder einmal der Vorzug einer – wenn auch nur wenige Dezimeter – **hoch gelegenen Warte:** Kaum etwas wurde hier im Verlauf der schrecklichen Nordseefluten zerstört. Im Gegenteil. Die **Oldenburger Grafen** erkoren sich Varel im 16. Jh. zum Sommer-, später zum Witwensitz aus, als gemütliche, grüne **Residenz.** Und das ist Varel noch heute. Sehen muss man natürlich die Kirche. Auch die **Windmühle** aus dem Jahre 1847, welche, man hört's immer wieder, 11.000 Goldtaler gekostet hatte, also schon ein kleiner Trump Tower jener Zeit gewesen war. Das **Schloss Suhren** sollte ebenfalls auf dem Programm stehen, weil Graf *Wilhelm Gustav Friedrich von Bentinck* es halt 1807 als herrschaftlichen Wohnsitz errichten ließ.

Viel schöner ist's jedoch, zum Vareler **Hafen** hinauszuschlendern, der auf das Jahr 1733 zurückgeht und allen anderen Attraktionen die Butter vom Brot nimmt. Genau genommen ist der Hafen eigentlich das Schönste an ganz Varel. Er riecht – leider – nicht mehr nach den Nordseemuscheln, die bis zu Beginn der 1980er Jahre hier noch angelandet wurden. Doch behäbige Tjalken, jetzt als „Lustfahrzeuge", fahren weiterhin durch die 1977 angelegte **Seeschleuse,** und vermitteln dem Vareler Binnenhafen einen Hauch alter Zeit. Urkomisch ist das **„Museum für Kuriositäten und See-**

mannslegenden Spijöök" (Am Hafen 5c). Sogar einen „Schnöselkäfer" gibt es dort. Offen jedoch nur im Sommer Sa/So 15–17 Uhr.

- **Informationen** und weitere Angaben s.o. unter Dangast.

Abstecher nach Bockhorn

Schon im Mittelalter war dieser Ort ein vielbesuchtes Reiseziel. Um 1200 wurde die mächtige **Friesenkirche** gebaut, die den Marktplatz überragt. Sehenswert ist auch die prachtvolle Tür des Handelshauses aus dem Spätbarock. Im Umfeld des Ortes findet sich **viel heile Natur;** besonders schön ist es im Frühjahr und Herbst. Lokale Spezialität: **Oldtimer-Treff** (alte Autos) jeweils in der zweiten Juniwoche.

054nied rh

Information

- **PLZ:** 26345.
- **Vorwahl:** 0 44 53.
- **Verkehrsverein:** Am Markt 1, Tel. 7 08 30, www.friesische-wehde.de

Unterkunft

- **Friesische Wehde** ③: Steinhauser Str. 6, Tel. 9 81 00, www.hotel-friesische-wehde.de.
- **Hornbüssel** ③: Grabsteder Str. 7, Tel. 75 24, www.hotel-hornbuessel-bockhorn.de.

Abstecher nach Neuenburg

Dieses **urgemütliche Örtchen** in der „Friesischen Wehde" hat mit einigem Interessanten aufzuwarten. Erstens einem schönen alten **Schloss** aus dem Jahre 1462. Und zweitens einem richtigen, weitgehend im Originalzustand belassenen **Urwald** (48 ha) mit knorrigen Baumriesen und wildem Ambiente. Man befände sich nicht in Deutschland, wenn der Zugang zum Dschungel nicht sorgfältig ausgeschildert wäre: „Zum Urwald". Auch hat man es sich nicht verkneifen können, hier einen „Lehrpfad" anzulegen. Immerhin konnte aber der Forstkommerz dem Wald weitgehend ferngehalten werden, sodass viel Originäres erhalten geblieben ist. Hübsch auch der alte **Bahnhof;** leider hat das Auto seiner Funktion den Garaus gemacht. Sehenswert das **Heimatmuseum Rauchkate** und die Produkte der Glaskunstindustrie sowie auch die **Rutteler Mühle** (etwas außerhalb).

> Neuenburger Schloss

< Im Neuenburger Urwald

Information

- **PLZ:** 26340.
- **Vorwahl:** 0 44 52.
- **Fremdenverkehrsbüro:** Gemeinde Zetel, Bürgerhaus, Tel. 0 44 53-93 52 10.

Unterkunft

- **Neuenburger Hof** ③: Am Markt 12, Tel. 266, www.neuenburger-hof.de.

Abstecher nach Jaderberg

Im **zweitgrößten Privatzoo Deutschlands** sind hautnahe Kontakte mit diversem exotischem Getier möglich; das begeistert vor allem Kinder. 600 Tiere aus allen fünf Kontinenten leben hier auf einer 8 ha großen Anlage. Natürlich kann man nicht alle handfest liebhaben, aber betrachten und bestaunen schon.

- **Zoo Jaderberg:** Tel. 0 44 54-91 13-0. Offen Mitte März bis Anfang Nov. tägl. 8–18 Uhr.

Sehestedt

Dem Ostufer des Jadebusens folgend, erreicht man alsbald Sehestedt, ein Örtchen, mit einer Handvoll Häuser kaum als solches erkennbar und im 19. Jahrhundert nach einem dänischen Admiral benannt. Hier befindet sich ein in Deutschland einmaliges Naturgebilde, nämlich das **Schwimmende Moor,** das man, so die touristischen Broschüren, unbedingt gesehen haben muss. Nun, ein schwimmendes Moor sieht man wirklich nicht alle Tage, aber viel, Gott sei's geklagt, ist da nicht zu sehen. Das Areal, knapp 10 ha groß, ist ein winziger Überrest des riesigen Hochmoores, das einst das ganze Gebiet des heutigen Jadebusens bedeckte. Außerdem schwimmt dieses urige Torffloß keineswegs ständig, sondern nur bei außergewöhnlich hohen Sturmfluten, wenn das Deichvorland mindestens einen Meter hoch unter Wasser steht. Und überdies sieht das Se-

nsk13-007 rh

056nied rh

hestedter Moor genauso aus wie die zahlreichen anderen Moore Norddeutschlands, nur dass es kleiner ist. Auch betreten darf man es nicht, schon seit 1938.

Auf dem Deich steht eine **Gedenktafel** und schildert die Geschichte des Schwimmenden Moores von 1720 bis heute. 1962 wäre es fast über den Deich geschwommen, so hoch stand das Wasser da. Seeseitig vom Moor gibt es einen **Campingplatz** inmitten einer geradezu schmerzhaften Öde. Sogar ein Strandbad verzeichnen die Karten, allerdings ohne Strand.

⌃ Betrieb am Sehestedter Deich

Butjadingen

Oldenburg, eine Autostunde landein, ist eine Stadt, die wahrhaftig nicht durch alpine Eigenarten auffällt (obwohl es die unfernen Osenberge auf mehrere Meter Höhe bringen). Bereits in dieser schönen Residenz, und nicht erst am Alpenrand, gibt es indes Leute, denen ein Besuch der Ebenen Butjadingens Beklemmung bereitet. *Christian Morgenstern* hatte zu Beginn dieses Buches die Beobachtung gemacht, wie „entzückend" Flachheit sein kann. In Butjadingen hätte er sein Paradies gefunden. Denn der Blick verliert sich dort in **waagerechter Unendlichkeit,** mündet in keinen Punkt zum Ausruhen. Pünktchen allenfalls: Rindviecher. Sie sind überall. Ostfrieslands Krummhörn, nur ein bisschen platter. Wenn man über den Deich „kuckt", und da wird es dann noch ebener und vollends vegetationslos, dann kann nicht nur Südländer schon mal die große Trostlosigkeit packen …

Butjadingen – („buten“ = außerhalb) – so nennt sich die **Halbinsel zwischen Jade und Weser,** ein Land so eben, als wäre ein riesiger Hobel darüber gefahren. Er ist's. Im Lauf der belegten Küstengeschichte fegten die Naturgewalten diesen Landstrich immer wieder platt.

Friesen und fremde Herren

Lange war Butjadingen eine Insel, auf der Friesen in totaler Unabhängigkeit lebten, bis das von ihnen der Nordsee abgetrotzte Land solide genug war, um die Begehrlichkeit anderer Herren zu erregen. Bremer, Oldenburger, Holsteiner, Dänen und sogar Russen waren im Lauf der Geschichte alle an diesem Kuchen beteiligt.

Überflutung und Landverluste

Auf dem Höhepunkt der entsetzlichen **Weihnachtsflut von 1717** gab es, so die Chronik, keine Stelle in Butjadingen, „auf der die größten Schiffe nicht hätten aus- und einfahren können“ – über dem festen Lande, wohlgemerkt. Bis zu fünf Meter hoch stand das Wasser dort. Deshalb sieht die Halbinsel auch heute noch aus wie der Meeresboden, nur dass einiges auf ihm wächst – wenn auch nicht viel Substanzielles außer Gras, ein paar Weiden, Holunder, Erlen, Ulmen und Eschen.

Im Norden griff der Blanke Hans besonders heftig an. Im 16. und 17. Jh. allein gingen **mehrere Dörfer und viel Land verloren,** ganz zu schweigen von den Folgen der genannten Weihnachtsflut, die von vielen Küstenbewohnern als Strafe Gottes für so viele begangene Schandtaten betrachtet wurde. „Es ist diese Fluth nach Gottes Wort als ein groß Strafgericht und gleichsam Particular Sündfluth anzusehen“, ist auf einer Gedenktafel der Kirche in Langwarden nachzulesen.

Erst seit Beginn des 19. Jh. sind die **Deiche** einigermaßen unter Kontrolle. Die Arbeiten werden aber gerade in Butjadingen, das trotz des vorgelagerten ausgedehnten Hoheweg-Watts stark exponiert ist, intensiv fortgesetzt.

Herber Charme

Bei aller Kargheit hat das peninsulare Butjadingen seinen Charme, subtil – herbe zwar und auf Anhieb kaum erkennbar. **Weiter Himmel und weites Land** – für jemanden, der ständig auf Computerschirme, Bürowände und Hausmauern starren muss, ist dies eine erlösende Erfahrung ganz eigener Art. Außerdem scheinen die Uhren der „Butjenter“ auf angenehme Weise langsamer zu ticken – genau das Richtige für den gehetzten Industriemenschen.

Ideal für Radler

Ideal auch ist Butjadingen für Radler. Das ganze platte Land ist von Straßen und Sträßchen durchzogen, auf denen **kaum mal ein Auto** möffelt. Überall stehen kleine Wegweiser, speziell für den Radfahrer errichtet. Das Wegenetz gilt bundesweit als vorbildlich. Gut auch: E-Radler können müde Akkus bei den TIs gegen volle austauschen, ohne dass nennenswerte Kosten entstehen.

Praktische Hinweise

Information

- Die Küstenorte Butjadingens haben sich zu einem **Dachverband mit Zentrale in Burhave** zusammengeschlossen: Strandallee 61, 26969 Butjadingen. (Die PLZ gilt für alle Orte.) Unter der Vorwahl 0 47 33 werden folgende Stellen erreicht: 9 29 30 Zentrale in Burhave, 92 93 13 Info, 92 93 12-18 Zimmervermittlung, 92 93 16 Camping; Fax 92 93 99, www.butjadingen.de.
- **Angeln:** Für Binnengewässer ist eine Gastkarte erforderlich; Info: Zentrale (s.o.). In der offenen Nordsee ist das Angeln frei.

Unterkunft

Das Angebot in Butjadingen ist **reichhaltig und preiswert.** Hotelzimmer gibt es ab 25 €, in Pensionen und Privatquartieren beginnen die Preise bei 18 €, jeweils ÜF. Bauernhöfe ab 30 €, Fewos ab 30 €.

Vorsicht jedoch: Der Posten „Endreinigung" ist in den Butjadinger Gastgeberlisten besonders reichlich vetreten und z.T. grotesk überteuert!

Das Hoheweg-Watt

Schon um die Zeitenwende dürfte dieser schlickige und sandige **Keil zwischen den Mündungen von Jade und Weser** nicht unähnlich von seiner heutigen Form existiert haben. Bestimmt gab es mehrere Inseln. Anno 1511 verzeichnet eine alte Karte noch die Eilande **Hochdünkirchen und Mellum** im Norden des Dreiecks. Die letztere flache Insel ist bis heute erhalten geblieben und ist jetzt eines der wichtigsten Vogelschutzgebiete der Nordsee. Betreten verboten – selbst für Neigungsornithologen und neugierige Hobbyschiffer!

Auch das Watt als solches gehört zu großen Teilen (außerhalb der Fahrwasser) zur **Schutzzone des Nationalparks** und ist deshalb ganzjährig unbetretbar. Für lustige Exkursionen wäre es ohnehin wenig geeignet. Der Hohe Weg wird nämlich von weit verzweigten Prielen und tiefen Rinnen durchzogen, die den Wattwanderer bald zu einem Halt zwingen würden. Außerdem macht sich die offene Nordsee bemerkbar. Anders als im Bereich der Ostfriesischen Inseln, starken Bollwerken gegen die See, in deren Schutz die küstenseitigen Watten relativ unbehelligt bleiben, erfüllt die Mellum, kaum mehr als eine große Sandbank, eine solche Funktion nur sehr unvollkommen. Bei auflaufendem Wasser brandet die See sehr schnell bis an die Küste heran.

Doch eine Tour ins Watt ist hier auch keineswegs vonnöten, um etwas zu erleben. Ein Blick vom Deich durch den „Kieker" genügt, um zahllose Einzelheiten erkennen zu lassen. Es ist schon paradox, links, auf der Jade, Tankergiganten vorbeiziehen zu sehen, rechts,

▷ Flutmarker bei Reitland

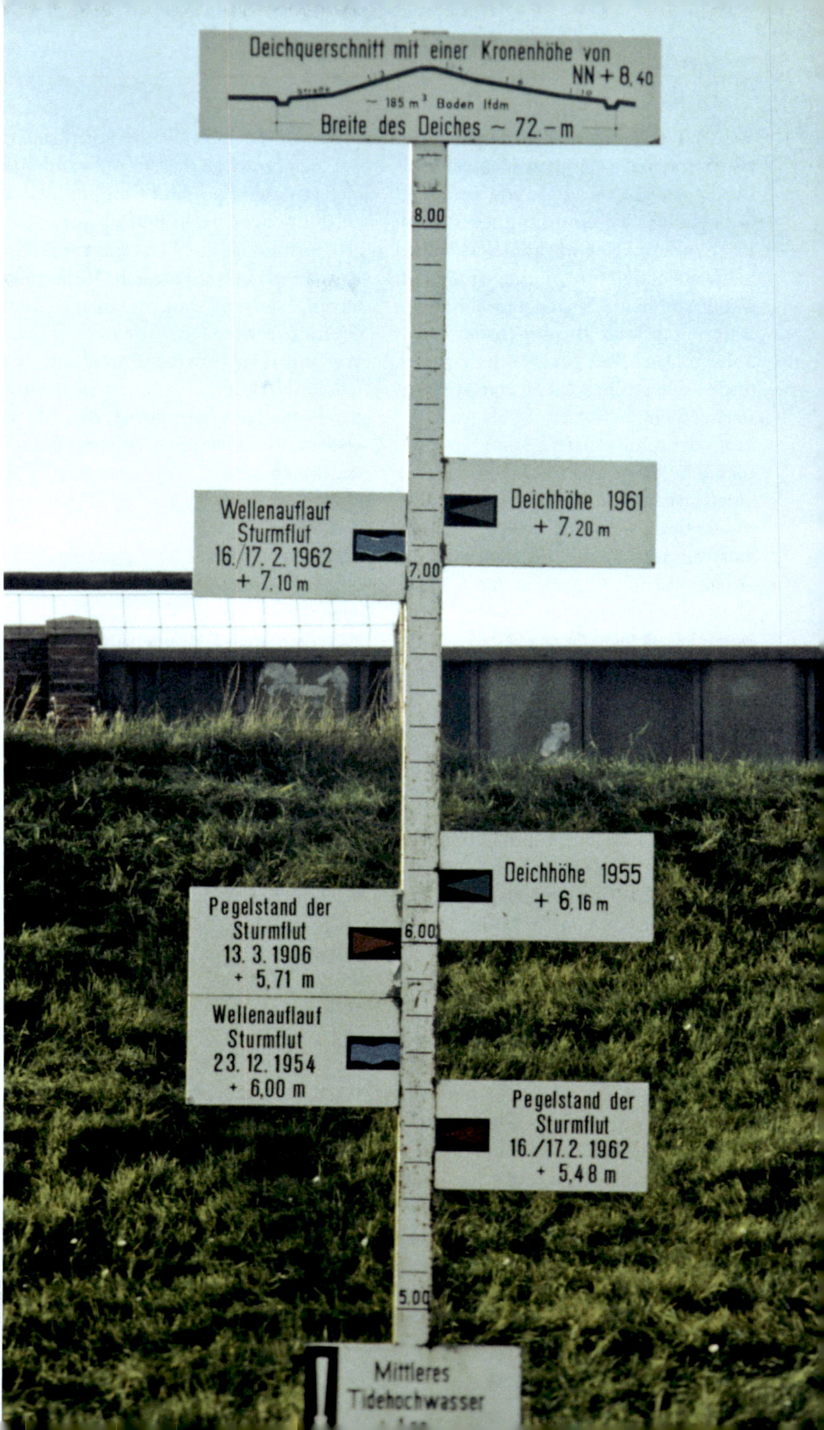
Deichquerschnitt mit einer Kronenhöhe von NN + 8,40
~ 185 m³ Boden lfdm
Breite des Deiches ~ 72.– m
8,00
Wellenauflauf Sturmflut 16./17. 2. 1962 + 7,10 m
Deichhöhe 1961 + 7,20 m
7,00
Deichhöhe 1955 + 6,16 m
Pegelstand der Sturmflut 13. 3. 1906 + 5,71 m
6,00
Wellenauflauf Sturmflut 23. 12. 1954 + 6,00 m
Pegelstand der Sturmflut 16./17. 2. 1962 + 5,48 m
5,00
Mittleres Tidehochwasser

057nied rh

auf der Weser, turmhoch beladene Containerriesen. Dazwischen spielt sich das Leben ab, als sei es gerade in seiner Entstehung. **Seehunde** sonnen sich an Prielrändern, **Kormorane** hocken auf Seezeichen, und im Sommer ist die Luft erfüllt von den Schreien Tausender von **Eiderenten** und **Brandgänsen.** Dicht unterm Deich, am Langwarder Groden, finden sich große Scharen von **Austernfischern** ein, fehlbenamt übrigens allesamt, denn mit Austern kann der langschnäblige Vogel nicht das Geringste anfangen. Federwild überall. Der erste Eindruck an dieser Küste mag, wie gesagt, einer der totalen Trostlosigkeit sein; der zweite ist schon ein ganz anderer.

■ Mehr über die Butjadingen vorgelagerten Watten erfährt man im **Nationalparkhaus-Museum** in Fedderwardersiel (s.u.).

Eckwarderhörne

Dort, wo die Halbinsel Butjadingen zu ihrem großen Rundbogen nach Norden ansetzt, zieht sich die vorerwähnte und vielversprechende **helle Linie** an der Küste entlang. Beim Näherkommen entpuppt sich diese leider nicht als wunderschöner Sandstrand, sondern als urhässliche Betonmauer. Die muss wohl sein. Denn an dieser rechtwinkligen Ecke nagen die Jadeströmungen mit besonderer Gewalt. Auch das gesamte Vorland ist mit mächtigen Buhnen und anderen **Uferbefestigungen** durchsetzt. Ein Fleckchen Strand gibt es allerdings, direkt an der Ecke und kaum mehr, als einen Sandkasten füllen würde. Das ist dann das Strandbad und nennt sich „Kap der guten Laune" oder „Kap Hörne".

Das Dörfchen Eckwarderhörne kauert verloren hinter all diesem Aufwand und bietet mutig sogar **zwei Campingplätze** an (binnendeichs, in Betrieb vom 15.4. bis 15.10.). Von Juni bis August verkehrt eine **Personenfähre nach Wilhelmshaven,** dessen Industrieanlagen am gegenüberliegenden Jadeufer dräuen. Wer mit dem Fahrrad einmal um den Jadebusen kurven möchte, kann sich dann die Rücktour gegen den Wind sparen. Rundfahrten werden ebenfalls angeboten.

Praktische Hinweise

Information

■ **Geschäftsstelle Eckwarderhörne:** 15.3.–15.11., Tel. 0 47 36-13 00.

Adressen

■ **Restaurant:** Strandhalle.

Unterkunft

■ **Eckwarder Hof** ②: Butjadinger Str. 34, Tel. 0 47 36-16 54.

■ **Zahlreiche Fewos.**

Camping

■ **Camping (C):** Knaus, Butj. Str. 116, Tel. 0 47 39-13 00.

Fest

■ **Kramermarkt Eckwarden** (1. Wochenende im August).

Tossens

In Tossens muss man sich mit Fremdsprachen auskennen. Da gibt's die Beach Bar, Sam's Snacks, den Parc Shop, den Crazy River und das Medical Center, alles vielleicht ein wenig unvermutet an der rustikalen Küste Butjadingens. Der auf der Suche nach alter Friesenkultur Anreisende wird sich im **„Sunparks Nordseeküste"**, einer glitzernden Anlage mit einer 4000 m^2 großen, **künstlichen Urlaubswelt,** deshalb auch fehl am Platze fühlen.

Das Unternehmen wurde nach der Pleite 1996 vom Holiday-Inn-Konzern übernommen und gibt in Tossens seitdem wieder den Ton an. Warum auch nicht? Es bietet Spaß und Spiel und verzeichnet stattliche Umsätze, die der wirtschaftlich von jeher schwachen Region zugute kommen.

Der Gast würde womöglich lieber die alte Kirche besuchen, einen spätromanischen Backsteinbau, ursprünglich aus dem 13. Jh., mit schöner Ausstattung, darunter dem „Münstermann-Barockaltar" von 1632. Die **Bartholomäus-Kirche** ist in den poppig-bunten Prospekten aber nur noch nebensächlich erwähnt.

Praktische Hinweise

Information

- **Vorwahl:** 0 47 36.
- **Kurverwaltung:** Tel. 9 29 30.

Adressen

- **Disco:** Im „Sunparks".
- **Fahrräder:** Briesenick, Strandallee 420; Tossi, Strandallee 31.
- **Kinderbetreuung:** Ganzjährig im Haus des Gastes (neben dem Hallenbad), Tel. 357.
- **Sunparks** (auch Center Parcs Park Nordseeküste): Strandallee 36, Tel. 92 80. Riesiger Komplex. Gleich daneben: **Nordsee Tropen Parc,** Tel. 92 89 28.
- **Wattwanderungen:** c/o Kurverwaltung.

Unterkunft

- Mehrere preiswerte **Pensionen und Zimmer** (Infos bei der Kurverwaltung, s.o.)

Camping

- **Campingplatz Tossens (C),** Strandallee 61, Tel. 92 93 16, außendeichs: 15.4.–15.10.

Restaurants

- **Huus an'n Siel:** Hauptstr. 34. Siel- und Seafood
- **Il Giordano:** Hauptstr. 5. Tossens Italiener.
- **Zur Kogge:** Hauptstr. 5. Bürgerliches, Fisch.
- **In den Parcs.**

Feste

- **Kramermarkt:** 2. Wochenende im Juli.
- **Küstenwochenende:** Letzter Sa/So im Juli.

Langwarden

Man sollte kaum glauben, dass sich dieses Örtchen – die Verkleinerungsform ist angesichts von ein paar Häusern sehr berechtigt – am nördlichsten Punkt Butjadingens gegen soviel Unbill behaupten konnte, und das seit fast eintausend Jahren. Die wuchtige **Tuffsteinkirche** jedenfalls stammt aus dem 12. Jh., und man freut sich, dass keine stilfremden Ferienwohnungen um sie geschart sind.

1514 wurde hier der Schlussstrich unter friesische Freiheitsbestrebungen gezogen; ein Welfenheer schlug blutig einen **Bauernaufstand** nieder. Die **Sturm-**

flut von 1717 richtete in Langwarden, „der langen Wurt", noch einmal gewaltige Schäden an. Seither ist es hier sehr, sehr ruhig, viel typischer „butjentisch" als im benachbarten Tossens.

Fedderwardersiel

Ein kleiner **Sielhafen** an der Küste, ein paar Gebäude aus vergangenen Tagen, liebevoll erhalten und restauriert. Eigentlich sollte Fedderwardersiel schon längst als „Museumshafen" in Pension gegangen sein … Dass dies nicht der Fall ist, verdankt das Örtchen den mehr als zwei Dutzend Kuttern, die in dem malerischen Hafenbecken beheimatet sind. Dort bleiben sie nicht etwa liegen, um den anreisenden Touristen als Kamerafutter zu dienen. Einen großen Teil des Jahres sind die Fahrzeuge auf **Fangfahrt,** und an der Schleuse zum Siel wird fast täglich lebhaft Granat und Fisch umgeschlagen. Außer wenn die alljährlich gegen Ende Juli angesetzte **Kutterregatta** stattfindet. Dann ist in Fedderwardersiel nämlich ein wenig der Bär los. Die genauen Termine dieses Spektakels erfährt man bei der Butjadinger Fischereigenossenschaft: Tel. 351 und 12 40.

Von besonderem Reiz auch sind Ausflugsfahrten ab Fedderwardersiel mit der „Wega II". Denn dieses hübsche **Fahrgastschiff** kann sich bei Niedrigwasser – mit besonderer Genehmigung der Nationalparkbehörde – „auf Schiet packen" (zu hochdeutsch: sich bei Ebbe trockenfallen lassen) und ermöglicht damit weit draußen in der Wesermündung **Wattwanderungen,** praktisch **„auf hoher See".** Außerdem Trips nach Bremerhaven, Wremen und den Seehundbänken sowie den Leuchttürmen der Außenweser. Programme fast täglich von Anfang März bis Ende November. Weitere Auskünfte: Niessen, Tel. 0 44 25-12 59 oder Handy 01 72-4 11 79 02.

058nied rh

Praktische Hinweise

Information

- **Vorwahl:** 0 47 33.
- **Dachverband:** s. Butjadingen.

Adressen

- **Camping (C):** s. Burhave.
- **Fahrräder:** Nordseeferienpark, Tel. 771.
- **Hochseeangeln:** FK Christine, Thaden, Tel. 10 20.
- **Museum: Nationalparkhaus Museum Butjadingen,** am Hafen, Tel. 85 17. Hier gibt es einen

< Hauswappen

weit gefächerten Einblick in das Leben an der Küste und deren Geschichte; Meerwasseraquarien, Diorama, anschauliches Gezeitenmodell u.v.m. Ganzjährig tagsüber (außer Mo) geöffnet.

■ **Yachtclub:** Butjadinger Yacht-Club (BYC), 130 Liegeplätze, 30 für Gäste. Info Burhave, Tel. 18 94.

Burhave

„Bessre Dich in Zeiten, damit dein Untergang mag werden abgewant", steht auf der Gedenktafel der Burhaver Kirche im Rückblick auf die **Geschehnisse im Dezember 1717.** Gleich neunmal brach der Deich damals im Kirchspiel Burhave, und die Nordsee schoss alles zerstörend ins Land. Offenbar hat man sich im Hauptort Butjadingens die Mahnung zu Herzen genommen, denn seit der Tourismus Einzug gehalten hat, treibt Burhave mit seinem **grünen Umland** – der Ort als solcher bietet keine Höhepunkte – auf einer Welle relativen Wohlstands.

Praktische Hinweise

Information

■ **Vorwahl:** 0 47 33.

■ **Dachverband:** s. Butjadingen, Tel. 9 29 30.

Adressen

■ **Disco:** Strandhallenrondell (Mi, Sa), Tel. 12 26.

■ **Fahrräder:** Blinkfüer, Strandallee 59; Altes Zollhaus, Seekweg 3; Weserbikes, Ostlandstr. 48; Wulff, Mellumring 10.

■ **Hallenbad:** „Deichgraf", Butjadinger Straße 47. Teil einer Ferienwohnungsanlage.

■ **Kinderbetreuung:** Haus des Gastes (am Deich), Spielscheune, März–Okt., Tel. 16 16

■ **Seewasserbadesee:** beim Strandbad.

■ **Wattwanderungen:** Buchung über Tel. 16 33.

Unterkunft

■ **Ferienpark „Am Meer"** ③: Langlütjenring 1a, Tel. 10 38, www.ferienpark-am-meer.de.

■ **Feriendorf Robbenplate und Seepark Burhave** ② (neben dem Kurhaus) mit Ferienhauskomplex. Info: Tel. 02 28-91 90 00.

■ Außerdem gibt es zahlreiche **preiswerte Pensionen** in allen Orten.

Camping

■ **Campingplatz Burhave (C):** 3 Einheiten, außendeichs: 15.4.–15.10., Tel. 16 83.

Restaurants

■ **Altdeutscher Hof:** Kirchplatz 3. Gutbürgerliche Küche. Mo dicht.

■ **Kachelstübchen:** Strandallee 46. Feine Küche und gemütliches Ambiente. Mi dicht.

■ **Käptn Hook:** Strandallee 55 (Seepark). Meeresfrüchte und auch etwas für die Kiddies.

■ **Korfu:** Butjadinger Str. 43. Burhaves Grieche mit feinen mediterranen Rezepten.

■ **Nordseestube:** Weserstr. 1. Fischspezialitäten. Di dicht.

■ **Pizzeria da Moro:** Butjadinger Str. 69. Burhaves Italiener, deutsch gemanagt.

■ **Wattwurm:** Butjadinger Str. 60a. Keine Angst, hier gibt's keine Wattwürmer, sondern solide Atzung. Jugendtreff.

Feste

■ **Frühlingsfest:** 2. Wochenende im Mai.

■ **Kramermarkt:** Letzter Sa/So/Mo im Juli.

Tettens

Es gibt auch ein Tettens im Wangerland (nahe Carolinensiel), das schon wegen einer prächtigen alten Kirche einiges mehr vorzuweisen hat als sein winziger Namensvetter in Butjadingen mit einer **Handvoll Häuschen hinterm Deich.**

Festungen im Meer

Anno 1865 zogen wieder einmal Gewitterwolken über Deutschland auf. Der Krieg, der fünf Jahre später gegen Frankreich losbrechen sollte, zeichnete sich bereits ab. Preußen strebte eine Sicherung der wichtigen Weserhäfen an. 1867 begann man mit dem Bau von Befestigungsanlagen im Watt beiderseits der Wesermündung. Auf der Oldenburger Seite entstanden dicht am Fahrwasser die beiden **Forts Langlütjen I und II,** das erste 1,7 km vom Deich entfernt, das zweite fast 3 km. Es handelte sich um künstlich angelegte Inseln auf Pfahlfundamenten, sogenannte Halbredouten, je etwa zwei Hektar groß und mit klotzigen Panzertürmen versehen: gewaltige, bewegungsunfähige Schlachtschiffe auf Grund. Zum Einsatz kamen sie nicht. Nach dem 1. Weltkrieg wurden sie demontiert, später, wenig überraschend, neu hochgerüstet. 1946 jagten die Amerikaner Langlütjen I in die Luft und füllten die Reste mit Sand auf. Das zweite Fort blieb trotz starker Sturmflutschäden als Ruine erhalten. Grün bewachsen, vermittelt es heute den wunderlichen Eindruck einer Robinsoninsel im Wattenmeer und steht damit in auffälligem Kontrast zur ansonsten konturlosen Umgebung – sehenswert!

Langlütjen I und II sind seit 2006 in privatem Besitz. Da beide Inseln unter Denkmalschutz stehen und im Nationalpark Wattenmeer liegen, ist nicht mit wesentlichen strukturellen Änderungen zu rechnen. **Wattwanderungen** im Sommer gibt es weiterhin. Info-Tel. 0 47 31-93 640.

Doch *vor* dem Deich bietet dieses Tettens etwas Interessantes, nämlich zwei höchst kuriose Eilande (s. Exkurs).

Blexen

Hier ist Butjadingen in Richtung Osten zu Ende. Im gemütlichen Fährhäuschen am Anleger kann man noch einmal kurz einkehren, bevor die Reise nach Bremerhaven weitergeht. Autofahrer stehen hier

040wa tk

Festungsinsel Langlütjen II

vor der Entscheidung, per ständig pendelnder Fähre nach Bremerhaven überzusetzen, wofür sie löhnen müssen, oder per Umweg über Nordenham den Wesertunnel zu benutzen. Fußgänger und Radfahrer nehmen natürlich die Fähre.

Der Ort Blexen, obwohl sehr alt, verheißt außer der Kirche mit dem **Grabmal des heiligen Willehad** wenig. In geringer Entfernung nach Süden stößt der Blick auf das berühmt-berüchtigte **Kronos-Titan-Werk,** das dem Nordseewasser lange Jahre Saures geben konnte, bevor Greenpeace den Anstoß für das Ende der „Einträge" gab. Dahinter reihen sich die **Pier- und Industrieanlagen** von Nordenham, anschließend folgt das **AKW Unterweser,** das als Reaktion auf Fukushima 2011 vom Netz genommen wurde und nun abgebaut werden soll. Doch wir wollen ja nicht nach Süden weiterreisen, sondern nach „guntsiet" übersetzen – so nennt man an der Weser die jeweils andere Seite des Flusses.

Wasser Ost
Einbahnstraße

084nied st

3 Die nordöstliche Küste

Dicke Containerschiffe in Bremerhaven, die „Alte Liebe" in Cuxhaven und eine Stader Altstadt, die die Japaner am liebsten gekauft hätten – diese Teilstrecke geizt nicht mit sehenswerten Höhepunkten.

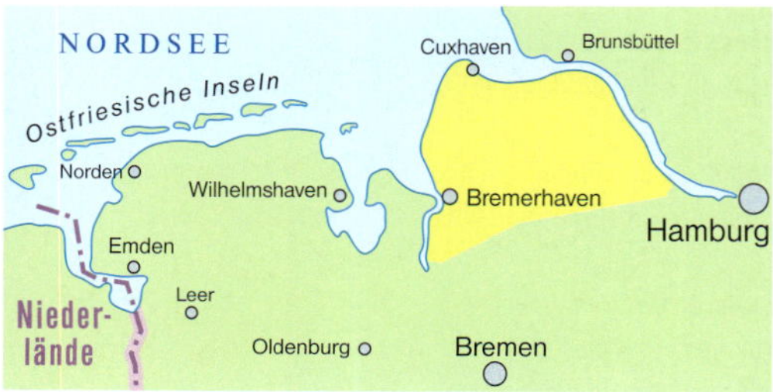

< Ein Juwel: die Altstadt von Stade

Von Bremerhaven nach Stade

NICHT VERPASSEN!

- **Bremerhaven:** Windjammerparade (alle paar Jahre) – höchst pittoresk | 129
- **Bremerhaven:** Schifffahrtsmuseum mit alter Hansekogge | 132
- **Cappel:** die berühmte Arp-Schnitger-Orgel von 1680 | 141
- **Cuxhaven:** Wrackmuseum – hier kommt heftige Nostalgie nach der Seefahrt auf | 160
- **Stade:** nach Besichtigung der Altstadt mal aufs Rad schwingen – 1500 km Rad- und Wanderwege bieten sich dafür an | 170, 172

Diese **Tipps** sind **gelb hinterlegt.**

VON BREMERHAVEN ÜBER CUXHAVEN NACH STADE

In Bremerhaven treffen sich Weser und Nordsee, und entsprechend rührig geht es an den Kais zu. Schön auch der Zoo, direkt am Wasser. Bei den „Wurstfriesen“ nördlich der Stadt wird sich jeder Deutsche heimisch fühlen. Bald schon kommt dann die berühmte Kugelbake Cuxhavens in Sicht. Von dem quirligen Badeort lassen sich u.a. Wattentouren unternehmen, bevor die Reise elbaufwärts mit Endpunkt Stade geht, dessen prächtige Altstadt nicht nur den Japanern gefallen dürfte.

Geschichte

„Zur Rechten sah man wie zur Linken …“ – wer kennt ihn nicht, den schlimmen Vers mit dem glücklosen halbierten Türken. Was waren das damals nur für Recken, und wie höllisch scharf müssen ihre Schwerter gewesen sein! Im Lande Wursten, rechtsseitig der Außenweser gelegen und nicht nach Fleischprodukten, sondern Wurten oder Warften benannt, geschah im Jahre 1517 etwas ganz ähnliches …

Freie Bauern

Um das 3. Jh. n. Chr. hatten sich **Sachsen** von Osten her in den Landstrichen zwischen Elbe und Weser angesiedelt. Die bisher dort ansässigen **Chauken** wurden vertrieben oder gingen in den Neuankömmlingen auf. Zu Beginn des Mittelalters lebte hier jedenfalls eine stolze und **unabhängige Völkerschaft** aus überwiegend freien Bauern. Sie standen auf keiner besonders hohen Kulturstufe, pflegten jedoch ihre eigenen Bräuche und glaubten an ihre Hausgötter, ohne sich von jemandem dreinreden zu lassen.

Karl der Große

So viel Autonomie war *Karl dem Großen* ein Dorn im Auge, als er im 8. Jh. damit begann, sein Reich auszudehnen und zu konsolidieren. Mit den Ostfriesen war er auf einen friedlichen Nenner gekommen, den Widerstand der Sachsen brach er nach langen Mühen **mit Gewalt.** Im Jahre 797 rückte der Frankenkönig in den Gau Wigmodi ein und verwüstete das gesamte Territorium. „Selbst bis an den äußersten Winkel des Landes, wo es zwischen Elbe und Weser vom Meere bespült wird, drang er vor", berichten die berühmten Einhard-Annalen. Die alten Namen des Königsweges bringt man noch heute mit dem von Süden nach Norden führenden Zug des fränkischen Heeres in Verbindung, so den Karlssand, eine Stelle im Watt bei Duhnen. Sicher auf *Karl den Großen* geht auch die Anlage einer **Frankenburg** und der Bau der ersten, dem heiligen *Willehad* (gest. 789) geweihten **Kirche** in Altenwalde südlich von Cuxhaven zurück.

Die Normannen

Durch ein System von **Heerstraßen und Zwingburgen** sicherte der Frankenkönig seine Eroberungen, ließ die Küstenbewohner jedoch mit dem Normannenproblem allein, das als nächstes ins Blickfeld der Ereignisse rückte. Viel ist aus der Periode vor der Jahrtausendwende nicht bekannt, wenn man von der Nachricht absieht, dass die Normannen anno 845 mit 600 Schiffen die Elbe hinaufsegelten und das junge Hamburg nach bewährter Wikingermanier dem Erdboden gleichmachten.

Mühevolle Eindeichung

Zum Küstenvolk hatten sich inzwischen **Friesen** aus dem Westen gesellt. Gemeinsam, man trug jetzt den schönen Namen „Wurstfriesen", machte man sich an die Aufgabe, den etwa 30 km langen und maximal 9 km breiten **Marschstreifen** entlang der Küste zwischen dem heutigen Bremerhaven und Cuxhaven einzudeichen und zu kultivieren. Nach und nach und von immer neuen Rückschlägen unterbrochen, gelang das aberwitzige Vorhaben. Ist es ein Wunder, dass die wackeren **Wurstfriesen** sich als Herren des mit eigenen Händen erarbeiteten Landes fühlten, dass hier wiederum ein **selbstbewusstes Geschlecht** entstanden war, das den Kopf himmelhoch trug?

Bremer Besitzgier

Mit den **Hamburgern** hatten sich die freien Bauern seit 1238 arrangiert; man trieb ersprießlich Handel miteinander. Den nahen **Bremer Erzbischöfen** stach die neue Costa Dorada jedoch ins Auge. Lange ließen sie nichts unversucht, dieses **reiche Neuland** in ihren Besitz zu bringen. Westlich der Weser hatten sie mit den dortigen Marschmännern schon viele Erfahrungen gesammelt, zwar nicht immer sehr angenehme, doch im Endef-

> Bremerhaven: Columbus hält Wache

fekt erfolgreiche. Nachdem die Butjadinger anno 1514 eine endgültige Schlappe wegstecken mussten, sahen sich die Bremer drei Jahre später Manns genug, gegen ein **Heer von Wurster Bauern** anzutreten. Dieses wurde geführt von **Tjede Pekes,** einer Art friesischer *Jeanne d'Arc,* und derselbigen armen Deern geschah es dann auch, dass ein Bremer Landsknecht sie mit einem mächtigen Hieb in **zwei Teile zerlegte.** Kaiser *Maximilian* muss trocken geschluckt haben, als er davon hörte. Zwar waren die Zeiten des klassischen Rittertums im frühen 16. Jh. längst vorbei. Es galt indes immer noch nicht als sehr nobel, eine Frau zu hauen, und schon gar nicht in zwei Hälften.

500 Männer und 300 Frauen waren von der **Bremer Übermacht** erschlagen worden. Doch bereits im August 1518 fühlten sich die **Wurstfriesen** wieder **genügend erstarkt,** um eine 19-köpfige Delegation des Erzbischofs niederzumachen. Die **Strafe** erfolgte zwar erst sechs Jahre später, aber sie war gründlich. Danach gab es keine Aufstände mehr.

Land unter

Allerdings: Auch wenn es fürderhin an der Außenweser ruhiger wurde – die Natur ließ sich in keinen Friedensvertrag einbinden. Die **Weihnachtsflut** von 1717 schlug in dem nach Westen schwer exponierten Land Wursten fürchterlich zu. Bis an den Geestrand stand die Marsch unter Wasser; die **Verluste** an Menschen, Vieh und Besitz waren bedrückend.

063nied rh

Landverkauf

Erst im Jahre 1826 gab es für die Wurster, ein gänzlich unerwartetes Erlebnis, wieder etwas Bares in die Kasse, und zwar ausgerechnet aus Bremen. Der dortige Bürgermeister *Johann Smidt* erwarb an der Wesermündung, gegenüber von Blexen, ein außendeichs gelegenes Areal von 89 ha Ausdehnung. Was hatte das wohl zu bedeuten?

Bremerhaven

Links, zum Wasser hin, lauter Pieranlagen, eine eckige Küste aus Beton von einem Stadtende zum anderen. Rechts die Bundesautobahn A 27, auch Beton. Dazwischen liegt die Stadt, ein langer Schlauch aus lauter Zweckbauten. Schön ist sie eigentlich nicht; das sagen sogar die Bremerhavener selber.

Geschichte

„Hütet Euch vor denen von der Commerz, auf daß Ihr nicht beschissen werdet!"– (Randnotiz eines hannoverschen Staatsbeamten vor Abschluss des Bremerhavener Kaufvertrages)

Landkauf und neuer Hafen

Der **Bremer Bürgermeister Smidt** war es, der mit weitem Blick Bremerhaven hier in die Marschenlandschaft setzte, so wie man heutzutage ein Einkaufszentrum auf die grüne Wiese klatscht. 73.000 blanke Taler ließ er dafür springen. Genau besehen waren jedoch nicht die Wurster die Nutznießer dieser Transaktion, sondern König *Georg V. von Hannover,* der den Kaufpreis in Empfang nahm, denn zu seinem Reich gehörte die Wiese. Hoffen sollte man, dass er seinen Wurstfriesen etwas davon abgegeben, ihnen zumindest einen ausgegeben hat. Belegt ist das nicht.

Für Bremen indessen bedeutete dies gut angelegtes Geld. Ausschlaggebend für die Maßnahme war die zunehmende **Versandung der Weser.** Aus Schifffahrt und Handel hatte die 60 km flussaufwärts gelegene Stadt schon seit der zweiten Hälfte des ersten Jahrtausends ihren **Reichtum** bezogen und war zu Beginn des Mittelalters zu einem der wohlhabendsten Gemeinwesen Nordeuropas herangediehen. Die mächtigen **Bremer Erzbischöfe** machten sich, wie wir eben lasen, zudem große Teile der Friesenküste untertan; das brachte weiteres Geld in die Kasse. Doch die Probleme mit dem Weserfahrwasser erzwangen bereits zu Anfang des 17. Jh. die Gründung des vorgezogenen **Hafens Vegesack,** des ersten künstlichen in deutschen Gauen. Als die Schiffe größer wurden und damit auch ihr Tiefgang, musste wiederum für einen **neuen Hafen** ein großer Schritt in Richtung Nordsee gemacht werden. Eben diesen unternahm der bewusste Bürgermeister *Smidt* mit seiner Investition.

Großsegler und Dampfer

Anno 1830 lief der amerikanische Segler Draper als erstes Schiff den neuen Hafen an. Bald stand hier „der Schiffe mastenreicher Wald", wie es in der Ballade

Bremerhaven, Überblick

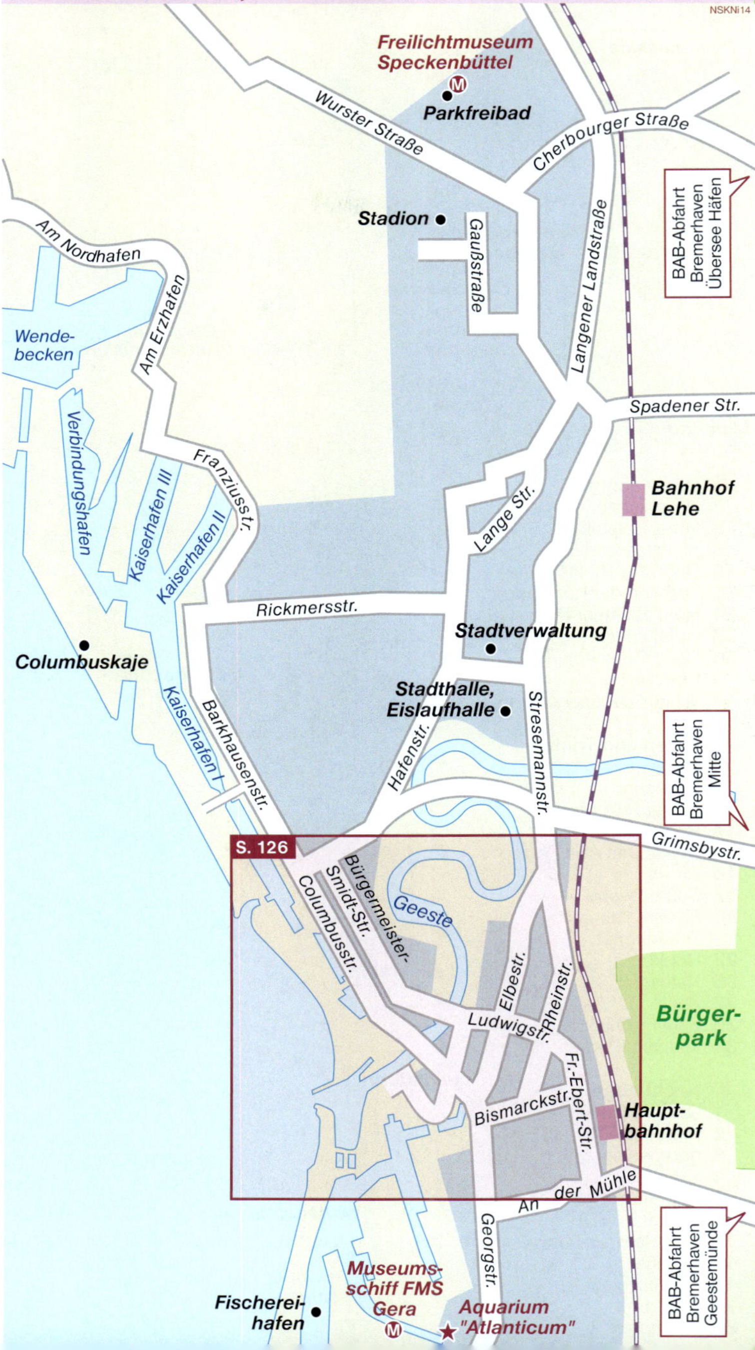

Bremerhaven, Zentrum

Übernachtung
- 7 Havenhostel
- 8 Hotel Columbus
- 16 Atlantic Hotel Sail City
- 19 Hotel am Theaterplatz
- 22 Hotel an der Karlstadt
- 24 Hotel Elbinger Platz
- 28 Hotel Lehe
- 30 Hotel Geestemünde, Primula, JH und Jugendgästehaus

Essen und Trinken
- 9 Mandarin
- 10 Shanghai
- 11 Kaiser Palast
- 14 Restaurant China
- 15 Restaurant Asia Pacific
- 16 Strom
- 17 Seute Deern
- 20 Fischrestaurant am Theaterplatz
- 23 Höpker
- 25 Natusch
- 27 Zhou
- 29 Zum Fischbäcker
- 31 Vietnam China

Nachtleben
- 1 Café de Fiets
- 2 Pferdestall
- 3 georges bar
- 4 Yesterday
- 5 Das Rüssel
- 6 Blattlaus
- 12 Irish Harbour Pub
- 13 Lebenslust
- 18 Nachtschicht
- 21 Platz 1
- 26 Kühlhouse

0 — 100 m

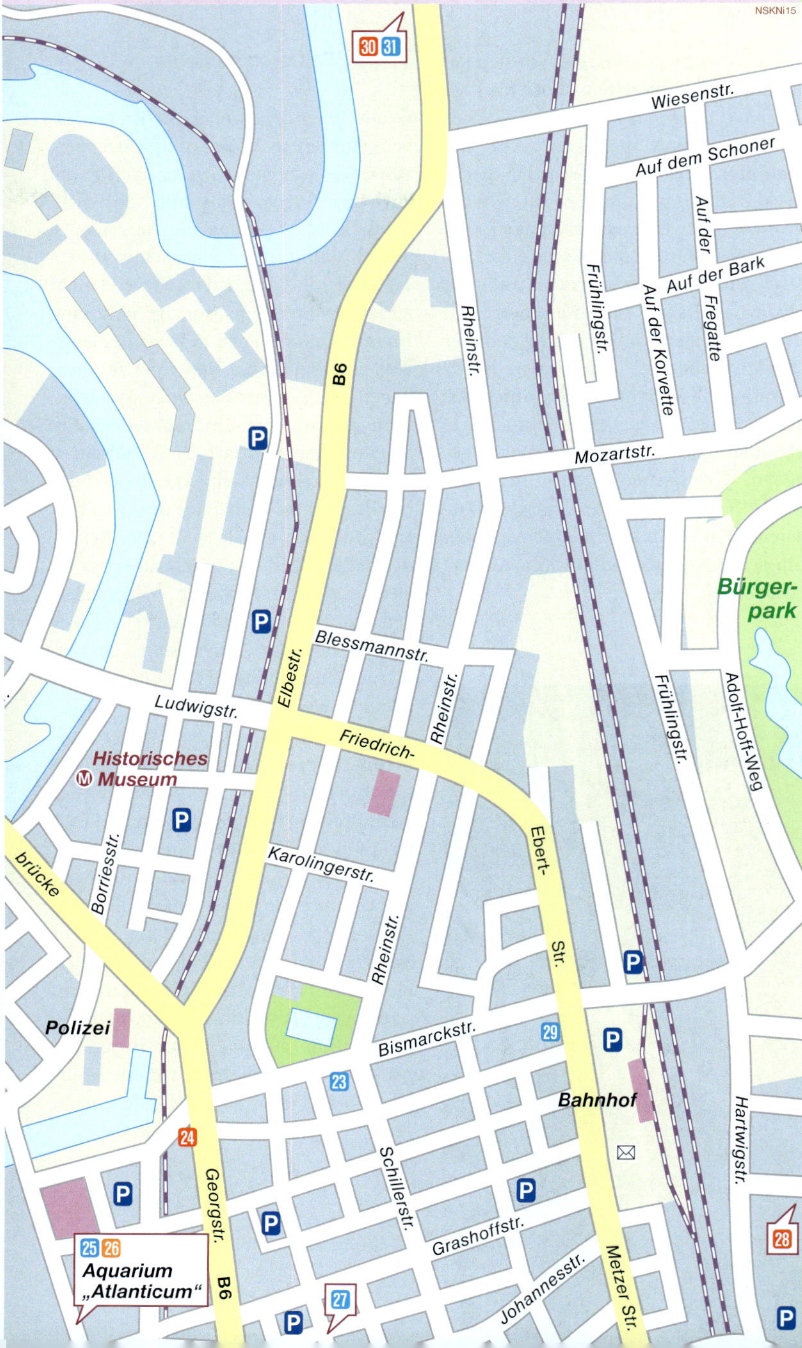
NSKNi15
30 31
Wiesenstr.
Auf dem Schoner
Auf der
Auf der Bark
Frühlingstr.
Auf der Korvette
Fregatte
Rheinstr.
B6
P
Mozartstr.
Bürger-
park
Blessmannstr.
Elbestr.
Rheinstr.
Frühlingstr.
Adolf-Hoff-Weg
Ludwigstr.
Friedrich-
Historisches
Museum
Ebert-
Str.
Borriesstr.
brücke
Karolingerstr.
Rheinstr.
Polizei
Bismarckstr.
29
23
Bahnhof
Hartwigstr.
24
Schillerstr.
Georgstr.
Grashoffstr.
28
25 26
Aquarium
„Atlanticum“
B6
27
Johannesstr.
Metzer Str.

heißt. Über 250 Großsegler wurden auf Bremerhavener **Werften** – noch bis 1925 – gebaut. Doch das Zeitalter der **Windjammer** musste bald der **Ära der Dampfer** weichen. Die zweite Hälfte des 19. Jh. sah immer dickere Pötte an den großzügig erweiterten Kaianlagen, und nach 1890 wurden sogar schon die ersten **Kreuzfahrten** modernen Zuschnitts ab Bremerhaven unternommen. Mit dem prächtigen weißen Schnelldampfer „Kaiser Wilhelm II." ging es zum Nordkap und ins Mittelmeer. 1900 hielt der Namensgeber hier seine berüchtigte „Hunnenrede" – „Pardon wird nicht gegeben, Gefangene werden nicht gemacht!" –, als sich das deutsche **Ostasienkorps** in Bremerhaven einschiffte, um den Boxeraufstand in China niederzuschlagen.

064nied rh

Vom 2. Weltkrieg bis heute

Große Teile vornehmlich Alt-Bremerhavens wurden im 2. Weltkrieg schwer zerstört, was sich stellenweise noch heute auf das Erscheinungsbild auswirkt. Schon bald begannen die Amerikaner jedoch damit, ihren Nachschub in das eroberte Land über Bremerhaven laufen zu lassen. Einstmals war die Stadt eine Bremer Kolonie, nach 1945 war sie lange eine amerikanische. Heute gilt Bremerhaven als „Armenhaus des Westens" (Spiegel). Mit einer eindrucksvollen Arbeitslosigkeit von fast 20 %, Schulden von knapp einer Milliarde Euro und der bundesweit größten Zahl minderjähriger Mütter schlägt die Stadt triste Rekorde. Die **Abwanderung** ist noch extremer als, wie zuvor erwähnt, in Wilhelmshaven, ganze Straßenblöcke stehen leer und verslummen. „Nicht einmal der türkische Gemüsehändler hat es hier ausgehalten" – wiederum der „Spiegel". Positive Rekorde liefert andererseits der **boomende Überseehafen.** Doch der gehört seit Bürgermeister *Smidts* Zeiten der Stadt Bremen, mit der Bremerhaven weiterhin liiert ist (Autos führen die Kennzeichnung HB = Hansestadt Bremen) und die auch die Steuern dafür einsackt. Jobs kreiert der Hafen fast keine – ein elendes Dilemma. In einer desperaten Flucht nach vorn versucht Bremerhaven, sein Image als verlockende touristische Destination aufzupeppen. Sogar ein neues Hotel im Stil des berühmten Burj al-Arab in Dubai ist entstanden, jetzt,

< Sie gibt den Kurs vor

wenn auch kleiner, das **neue Wahrzeichen** der Stadt. In der Tat hat Bremerhaven, wie nachstehend zu lesen, viel Sehenswertes zu bieten. Aber ob die enorm teure Brachialkur die am Boden liegende Ökonomie beflügeln wird? Da kann man nach Küstenart nur sagen: „Wenn dat man goot geiht!" – doch alles Gute wünschen darf man schon.

Containerhafen

Bremerhaven ist zusammen mit Bremen der **elfgrößte Containerhafen der Welt.** Über eine Million der kantigen Boxen werden hier pro Jahr umgeschlagen. Seefahrer-Romantik kommt hier nicht auf. Eine Ladung Container wird binnen weniger Stunden mit Donnergetöse von Bord gezerrt und neue nachgefüllt. In dieser kurzen Zeit ist ein Landgang für die Janmaaten nicht drin, viele von ihnen dürfen „aus Sicherheitsgründen" nicht einmal die Pier betreten. Danach geht's wieder seewärts, mitunter wochenlang.

Sehenswertes

Windjammertreffen

Genannt sei als erste eine ambulante Sehenswürdigkeit, denn sie ist mit Abstand die größte. Alle paar Jahre findet in Bremerhaven, der maritimen Tradition der Stadt entsprechend, ein großes Windjammertreffen statt, zuletzt im Sommer 2010. Bei herrlichem Wetter defilierte eine **Großseglerflotte aus 25 Nationen** die Außenweser entlang, dass es eine Pracht war. Diese spezifische Parade wechselt ihren Standort zwar jährlich, doch immer wieder mal ist Bremerhaven Austragungsort der Tall Ships Races – alle paar Jahre kann man sich auf eine Riesenshow gefasst machen, das nächste Mal am 12. August 2015. Von jener des EXPO-Jahres 2000 sind diverse Ableger zurückgeblieben. Die seinerzeit in den Bereichen Polar- und Meeresforschung verdoppelte Ausstellungskapazität des **Deutschen Schifffahrtsmuseums** (s.u.) ist weiterhin von einem eindrucksvollen Volumen, und auch ansonsten hat Bremerhaven erheblich an Flair gewonnen.

„Bahnhof am Meer"

Vom Containerhafen in Richtung Süden blickt man auf Bremerhavens Filetstück, die **Columbuskaje.** Bis in die 1960er Jahre machte diese Pier mit ihrem „Bahnhof am Meer" den Ruf Bremerhavens aus. Hier schifften sich, beginnend im 19. Jahrhundert, Tausende von deutschen Familien als **Auswanderer in die Neue Welt ein.** Sie fuhren vor allem in die USA, aber auch nach Kanada, Brasilien, Argentinien und Australien, gleich nach dem 2. Weltkrieg noch einmal in hellen Scharen. (Insgesamt kehrten im 19. und 20. Jh. über 50 Millionen Menschen Europa den Rücken.)

Deutsches Auswandererhaus

Diesen Vorgängen widmet sich das im August 2005 eröffnete Deutsche Auswandererhaus (Columbusstr. 65, www.dah-bremerhaven.de), das größte seiner Art in Europa, mit einer viel gelobten **Dauerausstellung,** sogar mit einer Kinderabteilung. Geboten wird u.a. die Möglichkeit, in Datenbanken nach emigrierter Verwandschaft zu forschen (Tel. 90 22 00, www.dah-bremerhaven.de).

Heute hat das Flugzeug die Rolle der großen Liner weitgehend übernommen, und ausgewandert wird nur noch wenig, seit Deutschland eher als Einwanderungsland gilt. Regelmäßig legen aber noch **Kreuzfahrer** an der Columbuskaje an und vermitteln dem Bahnhof am Meer weiterhin ein gewisses „Traumschiff"-Gepräge, das romantisch veranlagte Gemüter entzücken wird. Die Helgoländer Fährschiffe legen nicht mehr hier, sondern an der Seebäderkaje (vor der Strandhalle) an und ab.

Klimahaus

Alle reden vom Wetter. Im 2009 eröffneten Klimahaus (Von-Ronzelen-Str. 18, Tel. 9 02 03 00, www. klimahaus-bremerhaven.de) kann man sich zu diesem wahrhaft brandaktuellen Thema detailliert informieren lassen, indem man eine komprimierte **Reise durch die Klima-**

zonen der Erde unternimmt. Keineswegs werden dort nur virtuelle Bilder gezeigt, sondern man schwitzt, friert, staunt und lacht mit auf dieser Tour und kommt um vieles Wissenswertes bereichert wieder aus ihr hervor. www.klimahaus-bremerhaven.de.

Fischereihafen mit Kultur

Nüchterner sieht es am Fischereihafen am südlichen Ende der Stadt aus. Auch hier wird mit einem Superlativ aufgewartet, denn es handelt sich um das **größte Fischereizentrum des Kontinents.** Am Hafenbecken I hat man die ehemalige Packhalle IV im Rahmen eines ehrgeizigen touristischen Projekts, betitelt „Schaufenster Fischereihafen“, in eine Art **maritime Begegnungsstätte** umgewandelt, mit dem musealen Heckfänger Gera, Einblicken in die Fischverarbeitung, feiner Gastronomie, Markt, Musik und Theater. Und authentischem Fischgeruch über dem Gelände. Urig!

Zoo am Meer

Jetzt ein Stückchen zurück nach Norden, und zwar zu den **Tiergrotten,** die, am Weserdeich bei der Strandhalle gelegen, den Bremerhavenern und ihren Gästen gleichermaßen das Herz erfreuen. So hießen sie übrigens früher, vor einer Generation; heute ist es der Zoo am Meer. Vor ein paar Jahren bekam der Zoo sehr schlechte Noten, heute wird er in den höchsten Tönen gepriesen. Polarfuchs, Leopard-Drückerfisch und andere Exoten, darunter auch Humboldt-Pinguine, tummeln sich in der Anlage, und eine ganze Anzahl kuscheliger, weißer Eisbärchen hat dort das Licht der Welt erblickt, auch der zwischenzeitlich verstorbene „Knut“. „Ach, wenn wir doch sicher wären, wie die Bären sich vermehren“, klagte der große Tierforscher *Brehm*. Im Zoo am Meer weiß man's offenbar. Die Anlage ist ganzjährig geöffnet. H.-H.-Meier-Str. 7, Tel. 3 08 41 41, zoo-am-meer-bremerhaven.de.

086nied rh

Spektakel Windjammerparade

062nled rh

Im Zoo am Meer erblickte Eisbär „Knut“ das Licht der Welt

Aktionszentrum

Hier, auf der Landzunge, die die Mündung der Geeste nach Norden hin bildet, ist überhaupt das Aktionszentrum Bremerhavens. Außer dem **Zoo** befinden sich dort das Verkehrsamt, das **Schifffahrtsmuseum** mit Oldtimer-Hafen und U-Boot, das Alfred-Wegener-Institut für Polar- und Meeresforschung, das **Stadttheater** und die **Kunsthalle** (wechselnde Ausstellungen, Tel. 4 68 38). Zu verfehlen ist der Komplex keinesfalls, denn über ihm erhebt sich ein mächtiger Radarturm mit Aussichtsrondell (offen Mi, So und Feiertage, von Anfang Oktober bis Ende März nur So) und landseitig davon das Columbus-Center in Gestalt zweier nicht besonders ansprechender Hochhäuser.

Die der Störtebeker-Route folgende **Fähre aus Blexen** legt direkt neben all dieser Action an. Man braucht sich also gar nicht in die Innenstadt zu begeben, um Bremerhaven zu „erleben“. Außerhalb ihrer „Waterfront“ ist die Stadt ohnehin ziemlich reizlos, und man kann sich weitere Erkundungen sparen.

Schifffahrtsmuseum

Wohl *das* Museum der deutschen Nordseeküste, ein **wahres Juwel!** Unglaublich, was hier auf relativ kleinem Raum alles zusammengetragen ist! Und nicht minder unglaublich, wie es dazu kam …

1962 stießen Arbeiter bei **Ausschachtungsarbeiten** im Bremer Neustädter Hafen auf eine Anzahl gut erhaltener alter Eichenbohlen. Wie alt sie waren, sollte sich bald zeigen. Archäologen setzten die Grabungen fort – und eine komplette, wahrscheinlich **aus dem Jahre 1380 stammende Hansekogge** trat zutage. Natürlich nicht „im Stück“, sondern aus mindestens zweitausend Einzelteilen bestehend. Die Mühlen der Alterskunde mahlen langsam. Bis 1979, siebzehn lange Jahre, ließen sich hochbezahlte Spezialisten Zeit, um die Puzzlesteine aneinanderzulegen und zu einem Gesamtbild zu gelangen. Was dabei herauskam, wurde nach den jeweiligen Erkenntnissen peu à peu zusammengebaut und wanderte zunächst einmal für viele weitere Jahre in ein Chemiekalienbad. Seit Mai 2000 liegt die alte Kogge endgültig frei.

Als sich damals abzeichnete, welch sensationellen Fund man gemacht hatte, wurde das Bremerhavener Schifffahrtsmuseum massiv erweitert; schon 1972 hielten die Koggenfragmente dort Einzug. Auch kann man ein fertiges **1:10-Modell der Kogge** bewundern; es sieht Seefahrzeugen des heutigen indopazifischen Raumes nicht unähnlich. Aber damit nicht genug. Der **Querschnitt durch die Geschichte der** – hiesigen – **Seefahrt** ist komplett. Ein 11.000 Jahre alter Einbaum und ein Torfkahn aus dem Bremer Teufelsmoor kontrastieren mit dem Torpedozielgerät des Schweren Kreuzers „Prinz Eugen" aus dem 2. Weltkrieg, hypermodern damals, doch eine enorme Kiste, deren Funktion heute ein paar Mikrochips in einer Zigarettenschachtel erfüllen würden. Stets aufs Neue bestaunt wird ein **Diorama** aus Bremerhavens Gründerzeit – Sehnsucht nach einer Welt ohne Beton? Und **Exponate** aus der Ära des Segels, der Zeit der Dampfmaschine, aus Momenten der Tragik (Pamir-Rettungsboot) und Perioden der Dekadenz (Luxus-Kabine der „Cap Polonio", 1922). Der Hauptkomplex des Museums befindet sich am Hans-Scharoun-Platz 1 (Tel. 48 20 70, www.dsm.museum). Der dazugehörige Boots- und Museumshafen sowie das „Freigelände" liegen unmittelbar davor an der Van-Ronzelen-Straße (unterhalb des großen Radarturms). Offen täglich (im Winter nicht Mo).

Im Hafen direkt vor dem Museum sind ein paar **Veteranen im Maßstab 1:1** vertäut – ein Bergungsschlepper, ein Walfänger und ein Schnellboot, ein Feuerschiff und ein knarrender Segler, der 1868 eine deutsche Expedition mit Ziel Nordpol (das nicht erreicht werden sollte) ins Eismeer beförderte. Diese Schiffe können vom 1.4. bis 30.9. besichtigt werden. Die schmucke Dreimastbark „Seute Deern" liegt dort ebenfalls. Für das urige **Bordrestaurant** (s.u.), das den größten Teil des Unterdecks einnimmt, kann man telefonisch einen Tisch bestellen (Tel. 41 62 64, www.dsm.museum).

Praktische Hinweise

Information

- **PLZ:** siehe PLZ-Verzeichnis.
- **Vorwahl:** 04 71.
- **Verkehrsamt:** B'haven Touristik, H.-H.-Meier-Str. 6, Tel. 80 93 61 00.
- **Tourist-Info Fischereihafen:** Am Schaufenster 6, Tel. 80 93 61 27.
- **Info-Tel:** 41 41 41.

Adressen

- **Aquarium „Atlanticum":** Am Schaufenster 6 (Fischereihafen). Info: Tel. 93 23 30.
- **Bäder:** Hallenbad Süd (Bad 2), Schillerstr. 144, ganzjährig geöffnet.
- **Fähre nach Blexen:** Ab Fähranleger an der Kennedybrücke.
- **Fahrräder:** Rad & Tour: Tel. 2 90 91 19.
- **Flüge nach Bremen, Helgoland und Wangerooge:** Ab Flugplatz Luneort. OFD, Tel. 7 71 88.
- **Hafenrundfahrten:** Mit Barkassen an den dicken Pötten vorbei: Tel. 41 58 50. Im Sommer mehrmals täglich ab Neuer Hafen (Südkaje); im Winter eingeschränkt. Fischereihafen-Touren: Tel. 41 41 41.
- **Seefahrten nach Helgoland:** Tägl. 1.5.–27.9. Info: Cassen Eils, Tel. 0 18 05-22 86 61.
- **Segelfahrten auf Traditionsschiffen:** B'haven Touristik, Tel. 41 41 41, www.bremerhaven-tourism.de.

Stadtführungen: Verkehrsamt.

Stadt- und Hafentouren im Bus: B'haven Touristik, Tel. 41 41 41, www.bremerhaven-tourism.de.

Yachtclub: City Port am südlichen und nördlichen Geestufer. Info: Tel. (Hafenbüro) 2 04 42.

Weserfahrten: Schreiber-Linie, Tel. 04 21-33 89 89.

Unterkunft

Hotel am Theaterplatz ③: Schleswiger Str. 5, Tel. 4 26 20, www.hotelamtheaterplatz.de.

Hotel an der Karlstadt ③: An der Karlstadt 35, Tel. 4 20 21, www.hotel-an-der-karlstadt-bremerhaven.de.

Hotel Columbus ③: Lange Str. 141, Tel. 9 54 40, www.columbus-hotel.de.

Hotel Elbinger Platz ②-③: Georgstr. 2, Tel. 92 44 30, www.hotelelbingerplatz.net.

Hotel Geestemünde ②: Am Klint 20, Tel. 2 88 00, www.hotel-geestemuende.de.

Havenhostel ②: Bgm.-Smidt-Str. 209, Tel. 309 66 90, www.havenhostel.de.

Hotel Lehe ②: B.-Kirschbaum-Platz 7, Tel. 98 46 00, www.hotel-lehe.de.

Primula ③: Stresemannstr. 110, Tel. 9 55 00, www.hotelprimula.de.

Außerdem günstige Gästehäuser und Zimmer in der Stadt und im Umland.

JH und Jugendgästehaus Bremerhaven ①: Gaußstr. 54–56, Tel. 98 20 80, Fax 8 74 26, info@jgh-bremerhaven.de. 176 Betten. Ganzjährig offen.

Hansekogge (Nachbau)

Restaurants

China Restaurants: Jede Menge. **Mandarin,** Hafenstr. 23; **China Restaurant,** Grazer Str. 62; **Zhou,** Max-Dietrich-Str. 28a; **Shanghai,** Hafenstr. 146; **Kaiser Palast,** Hafenstr. 27; **Asia Pacific,** Keilstr. 12; **Vietnam China,** Mecklenburger Weg 44, mehrere weitere.

Fischrestaurant am Theaterplatz: Schleswiger Str. 3. Frische Seafood.

Höpker: Bismarckstr. 34 (Am Holzhafen). Fischbratküche. So geschlossen.

Natusch: Am Fischbahnhof. Massig Seafood, klar. Und das u.a. im original erhaltenen Kapitänssalon von *Errol Flynns* Yacht!

Strom: Am Strom 1. Im Atlantic Hotel Sail City. Innovative Gerichte, feines Frisches.

Seute Deern: Dreimastbark im Museumshafen. Maritime Kost in zünftiger Umgebung. Restaurant Windjammer. Täglich offen.

Zum Fischbäcker: Gegenüber Hbf. Seafood.

Außerdem ein Dutzend weitere **Restaurants im Fischereihafenbereich.**

Discos

Kühlhouse: Am Lunedeich 79. Ganz schön heiß im Kühlhaus.

Lebenslust: Bussestr. 16b.

Nachtschicht: Bgm.-Smidt-Str. 10, beliebter Schuppen.

Pferdestall: Gartenstr. 5–7.

Kneipen

Blattlaus: Gasstr. 18. Gemütliches, stilvolles Haus.

Café de Fiets: Am Gitter 3. „Ehrlicher" Laden.

Das Rüssel: Bgm.-Smidt-Str. 145. Fünf Sterne, immerhin.

Platz 1: Th-Heuss-Platz 1. Bistro und Bar.

065nied rh

■ **georges bar:** Bgm.-Smidt-Str. 159. Jazz Club. Hier kann man *George Bush* (Inhaber) treffen!
■ **Irish Harbour Pub:** Lloydstr. 4. Nicht ganz wie in Irland, aber gut.
■ **Yesterday:** Schleusenstr. 27. Immer wieder lebhafte Events.

Museen

■ S.a. „Sehenswertes"
■ **Historisches B'haven-Museum:** Ein Querschnitt durch die Geschichte Bremerhavens und seiner Umgebung. Admiral *Brommy,* Gründer der ersten deutschen Bundesmarine, blickt hier grimmig durch den Kieker, und sogar einen alten Bananenelevator kann man bewundern – Bremerhaven war, und ist immer noch, einer der größten europäischen Umschlagplätze für die krumme Tropenfrucht. An der Geeste, Tel. 30 81 60, www.historisches-museum-bremerhaven.de. Täglich außer Mo 10–18 Uhr geöffnet.
■ **Technikmuseum U-Boot Wilhelm Bauer:** Im Museumshafen, Tel. 48 20 70. Einzig erhaltenes Exemplar (ex U2540) des berühmten U-Boot-Typs XXI, der 1943/45 als bahnbrechende Neuentwicklung zum Einsatz kam (Einführung des Schnorchels). Täglich vom 21.3. bis 1.11. geöffnet.

Feste

- **Bremerhavener Freimarkt:** 2. Augusthälfte.
- **Hafenfest:** Ende Juli.
- **Kulturnacht:** Anfang Juni.
- **Maritime Festwoche:** Juli.
- **Sail:** 12.–16.8.2015.
- Siehe auch den **Veranstaltungskalender der Stadt** im Internet.

Oldtimer im Museumshafen

066nied rh

Durchs Wurster Land

Die Orte des nördlich von Bremerhaven gelegenen Landes Wursten bilden eine sogenannte **Samtgemeinde,** zusammengesetzt aus den Mitgliedern Cappel, Dorum, Midlum, Misselwarden, Mulsum, Padingbüttel und Wremen. Für den Gesamtkomplex des Fremdenverkehrs ist die Kurverwaltung Land Wursten zuständig, der wir gleich in Dorum noch begegnen werden. Vorerst jedoch führt die Reise entlang der Störtebekerroute uns nach Wremen.

Wremen

„Größe 25,05 km² und 1572 Einwohner; Keimzelle des Fremdenverkehrs an der Wurster Seeküste", erfährt man aus den Touristenbroschüren. Sehenswert: die ehemalige **Wehrkirche** St. Willehadi, um 1200 erbaut und damit die älteste der Region.

Malerisch ist vor allem der **Fischereihafen** mit seinen Krabbenkuttern, die vom Wremer Tief ins Wurster Watt hinausfahren und mit beträchtlichen Fängen wieder heimkehren. Wremen und **Granat** sind ein bisschen synonym; es soll Besucher geben, die jedes Jahr nur wegen dieser schmackhaften Krabbeltiere dorthinfahren. Dann delektieren sie sich wahrscheinlich an dem einen oder anderen Gericht nach den unten stehenden Wremer Rezepten.

Sehenswert ist das **Leuchtfeuer „Der kleine Preuße"** an der Einfahrt zum Fischereihafen mit einem Imbiss darunter.

Achtung: Wremen erhebt **Strandgebühren,** es gibt sogar eine „Strandkasse“! Ohne Kurkarte Erw. 2,50 €, Kinder 1,50 € (mit Karte jeweils frei), Surfer 8 €, mit Karte 4,50 €.

Praktische Hinweise

Information

- **PLZ:** 27638.
- **Vorwahl:** 0 47 05.
- **Gästezentrum Wremen:** Rolf-Dirksen-Weg 55, Tel. 210, Fax 13 84, gzwremen@wursternordseekueste.de.

Adressen

- **Angeln:** Auskunft durch das Gästezentrum. Dort gibt es auch Angelkarten.
- **Fahrräder:** Stoppel, Wurster Landstr. 120.
- **Wattwanderungen:** Gästezentrum.
- **Nationalpark-Infostand:** Am Wremer Tief.
- **Yachtclub:** Wremer Sportschipper, Tel. 605.

Unterkunft

- **Krabbe** ②: Wurster Landstr. 120, Tel. 605, www.ferienhaus-krabbe.de. Apartments.
- **Marschenhof** ②: In der Hofe 16, Tel. 180, www.marschenhof-wremen.de.
- **Hof Brömmer** ②: Deichstr. 35, Tel. 530, www.urlaub-am-deich.de.

Camping

- **Campingplatz Wremer Tief (A):** Tel. 10 88. 450 Stellplätze; offen vom 1.5. bis 31.8.
- **Campingplatz Kluck (B):** Tel. 627. 50 Stellplätze; offen vom 1.4. bis 15.10.

Restaurants

- **Deutsches Haus:** Wurster Landstr. 139. Wechselnder Mittagstisch. Mittwochs geschlossen.
- **Wremer Fischerstube:** Am Wremer Tief 4. Fisch und Krabben vom eigenen Kutter. Auch Fewos.
- **Zur Börse:** Lange Str. 22. Regionales in historischen Räumlichkeiten.

Museen

- **Museum für Wattenfischerei:** Wurster Landstr. 118, Tel. 1217, www.museum-wremen.de. Einblick in den Lebensraum Wattenmeer mit Betonung auf der Tätigkeit Wremer Fischer. Täglich 11–17 Uhr, So/Mo 15–16 Uhr.
- **Kurioses Muschelmuseum:** R.-Dircksen-Weg 55, Tel. 210. Muscheln aus aller Welt. Tägl. geöffnet außer Mo. www.muschel-museum-wremen.de.

Feste

- **Sommerfest mit Basar:** Letzter Sa im Juni.
- **Wremer Markt:** 4. Wochenende im Juli.
- **Strandfest:** Anfang August.

Dorum

Im Gegensatz zu Wremen, das nur einen Sprung vom Deich entfernt ist, liegt der Ort Dorum, größter im Wurstland und nicht zu verwechseln mit Dornum im Ostfriesischen, ein ganzes Stück landein. Die Sage berichtet, dass *Doktor Faust* in der Nähe dieses Städtchens gelebt und sich dort auf Kosten des Teufels ein angenehmes Leben gemacht haben soll. Was an der **Legende vom Doktor Faust** dran ist, bleibt unerfindlich; vielleicht liegt ihr zu Grunde, wie schon der Heimatdichter *Hermann Allmers* mutmaßte, dass der Familienname *Faust* (oder *Fust*) im Wursterland nicht selten ist.

Sehenswert ist, wie überall im Friesischen, die alte **Kirche,** hier die St. Urbanus aus dem 12. Jh. Der **Fischereihafen** mit fünf Kuttern liegt in Dorum-Neufeld, weitab vom Ort, wetteifert jedoch mit dem von Wremen um den ersten Platz – welcher ist malerischer?

Lecker, lecker: Granatrezepte

Frische Krabben mit Dillsoße

4 EL frischen Dill kleinhacken und in Butter anschwitzen. Etwas Vollkornmehl darin anrösten; mit ¼ l Fleischbrühe ablöschen. 2 EL saure Sahne, Salz und Pfeffer zufügen. Die Krabben mit dieser Soße übergießen, Pellkartoffeln mit Petersilie dazu reichen.

Krabbenfrikadellen

500 g Krabbenfleisch verkneten mit: 1 gehackten Zwiebel, 3 zerdrückten (gekochten) Kartoffeln, Pfeffer, Salz und einer Prise Muskat. Frikadellen formen und in etwas heißem Öl goldgelb braten. Dazu: Salzkartoffeln mit Butter- oder Meerrettichsoße.

Krabbensalat

4 EL Essig (besser: Zitronensaft), 8 EL Olivenöl, 1 TL Eigelb (hartgekocht), 2 EL Kräuter (Dill, Petersilie, Schnittlauch u.a.) und 1 gehackte Zwiebel mischen. Krabbenfleisch in ein Glas füllen, mit der Mischung übergießen, ziehen lassen. Gut dazu: Stücke von Selleriestangen.

Greetsieler Krabbenkutter

034nied rh

1971 wurde in Dorum eine **Schwefelsolquelle** angebohrt, die, so ein heutiger Werbetext, „zur Vorbeugung gegen Erkrankungen, zur Heilung oder Besserung chronischer Leiden und zur Wiedergewinnung von Arbeitskraft und Lebensfreude nicht durch das beste Medikament ersetzt werden kann." Möge es so sein! Das Wasser enthält laut Analyse mehr heilsame Bestandteile, als es, scheint's, Krankheiten gibt. Die gesunde Sole kann man in einem **beheizten Wellenfreibad** genießen.

Praktische Hinweise

Information

- **PLZ:** 27632.
- **Vorwahl:** 0 47 41.
- **Gästezentrum Dorum:** Am Kutterhafen 3, Tel. 96 00, Fax 96 01 41, www.wursternordseekueste.de.

Adressen

- **Fahrräder:** siehe Wremen.
- **Nationalparkhaus:** Am Dorumer Tief (Strandhalle). Offen von Beginn der Oster- bis Ende der Herbstferien täglich nachmittags. In der übrigen Zeit eingeschränkte Öffnungszeiten.
- **Yachtclub:** DYC Dorum, Tel. 608.

Unterkunft

- **Deichhotel Grube** ②: Am Neuen Deich 2, Tel. 9 69 70, www.deichhotel-grube.de.
- **Villa Wenke** ③: Am Büttel 1, Tel. 25 38 85, www.villa-wenke.de. Fewos.

Camping

- **Azur-Campingplatz (C):** Dorumer Tief, Tel. 50 20. 410 Stellplätze, offen vom 1.4. bis 30.9.
- **Campingplatz Grube (C):** Dorumer Tief, Tel. 31 31; 350 Stellplätze, offen vom 1.4. bis 31.10.

Restaurants

- **Fisch + Meer:** Sieldrift 1. Wie der Name sagt.
- **Friesenhof Cornelius/Störtebeker:** Lührendrift 2 (D-Neufeld). Fisch- und Fleischgerichte.
- **Schade:** Alsumerstr. 4. Gutbürgerliches, tägl. Mittagstisch.
- **Eva Maria:** Achtern Diek 2. „Speisestübchen".
- **Inge's:** Sieltrift 4. Gaststätte.
- **Mykonos:** Sieltrift 4. Dorums Grieche.
- **Pinocchio:** Poststr. 3a. Pizzeria.
- **Strandhalle:** Am Kutterhafen 2. Gaststätte.

Museen

- **Niedersächsisches Deichmuseum:** Poststr. 16, Tel. 87 57. Geschichte des Deichbaus und der verheerenden Auswirkungen der großen Sturmfluten. Vom 1.5. bis 30.11. täglich nachmittags geöffnet.

Feste

- **Strandfest mit Wattentaufe:** Ende Juli.
- **Straßenfest:** Juli/August.

Midlum

In Midlum geht die Marsch in die Geest über, mit reizvollen Landschaftsbildern als Resultat. Das gemütliche Örtchen liegt schon weit genug von der Küste ab, um keinen Trubel aufkommen zu lassen; trotzdem sind die 8 km zum Deich ein Katzensprung. Örtlichen Prospekten kann man entnehmen, dass die **Midlumer Heide,** kaum zu glauben, ein „Gebiet mit typischem Heidebewuchs" ist. Hübsch und noch gut intakt ist die alte **Holländer-Mühle** aus dem Jahre 1857, seit 1955 unter Denkmalschutz.

› Seehund im Wattenmeer

Praktische Hinweise

Information

- **PLZ:** 27632.
- **Vorwahl:** 0 47 41.
- **Verkehrsverein:** Im Morgenland 5, Tel. 91 30 23, Fax 91 30 24. Die Zimmervermittlung wird auch von Dorum und Wremen gehandhabt.

Adressen

- **Angeln:** „Angelparadies Forellenhof", Tel. 26 14
- **Bus:** Busse auf der Strecke Bremerhaven – Cuxhaven halten in Midlum.

Zimmer

- **Zahlreiche Unterkünfte** im weiten Umkreis des Ortes.

Camping

- **Campingplatz „Kransburger See" (C):** Dorum-Midlum, Kransburger Str. 1, Tel. 0 47 42-9 29 80. 400 Stellplätze, ganzjährig offen.
- **Campingplatz Midlum (D):** c/o Kurverwaltung, Tel. 96 01 20. 45 Stellplätze, ganzjährig offen.

Restaurants

- **Deutsches Haus:** Dorfstr. 8. Fisch und Regionalküche.

Abstecher nach Cappel

In Cappel, auf halbem Weg zur Küste, kann man in der Kirche von St. Petri und Pauli eine **Arp-Schnitger-Orgel,** Baujahr 1680, bewundern. Das Äußere des bescheidenen Kirchleins trügt. Bei der Orgel handelt es sich um das am besten erhaltene und wertvollste Werk dieses Großmeisters seiner Zunft, um ein Kulturobjekt von unschätzbarem Wert. Und nicht nur prächtig anzusehen ist das Instrument – es klingt auch noch so, als sei es gerade gestern erbaut worden!

067nied rh

Wurster Watt, Knechtsand und Eversand

Rastplatz für Zugvögel

Von Bremerhaven bis Dorum-Neufeld sind die dem Deich vorgelagerten **Salzwiesen** ziemlich schmal. Doch hoch liegende, **sandige Wattflächen** reichen stellenweise dicht an die Küste heran. Sie sind beliebte Rastplätze für zahlreiche Vogelarten; während der Migrationszeit im Frühjahr und Herbst fallen hier Tausende von Zugvögeln ein. Das Gewusel lässt sich vorzüglich **vom Deich aus beobachten,** ohne die Tiere zu stören. Naturschützer sehen es nicht gern, verständlich, wenn selbst ernannte Vogel-„Freunde" sich den Piepmätzen im Watt zu nähern versuchen, womöglich um sie, alles schon vorgekommen, mit Toastbrot füttern zu wollen.

Schutzzone

Die Schutzzone des in der Überschrift genannten Wattenkomplexes ist die größte zusammenhängende im Nationalpark. Ausgedehnte, bei Niedrigwasser trockenfallende **Sandplaten** prägen überwiegend das Bild dieser Zone; zwischen den Sänden ziehen sich **Priele** und tiefe **Rinnen** dahin. Das weitläufige Areal mit seiner relativen Menschenferne bietet vielen Tierarten ideale Lebensbedingungen.

Seehunde und Vögel

Knechtsand und **Eversand,** bereits weit draußen in der offenen Nordsee gelegen, gelten als die wichtigsten **Ruhe- und Vermehrungsplätze für Seehunde** im niedersächsischen Küstenbereich. Selbst nachdem 2002 die Seehunde der Nordsee durch ein tragisches Massensterben auf eine minimale Zahl reduziert worden waren, wurden auf diesen Sänden schon ein Jahr später wieder eindrucksvolle Populationen beobachtet. Die Lebens- und Überlebenschancen sind hier, wie es scheint, besonders gut.

Auch **Vögel** fühlen sich auf den Sandbänken offenbar sehr wohl. Denn nicht

nsk13-008 rh

nur ist das Nahrungsangebot, wie die vielen Seehunde beweisen, hier mehr als adäquat, sondern die störungsfreie Umwelt trägt ebenfalls zu gesunden Beständen bei. Im Sommer tummeln sich vor allem im Bereich des Großen Knechtsandes große Schwärme von **Eiderenten** und **Brandgänsen,** um dort zu mausern. Und noch ein weiterer lustiger Vogel ist neuerdings wieder in stattlicher Zahl vertreten: der Kormoran (siehe Exkurs).

Weiter nach Norden!

Wenn man als Campingfreund schon im Wurster Land den Eindruck hatte, dass ein Zeltplatz hier den anderen ablöste, verstärkt sich dieses Empfinden bei Annäherung an Cuxhaven zusätzlich. Der offizielle niedersächsische Campingführer für die südliche Nordsee sieht angesichts der schieren **Fülle von Zelten und Wohnwagen im sogenannten Cuxland**

Kormorantürme

In der Luft sehen sie aus wie Gänse, die rückwärts fliegen. Auf dem Trockenen ähneln sie Pinguinen. Witzige Burschen sind sie auf alle Fälle. Trotzdem liebt der Mensch sie nicht von ganzem Herzen.

Das heißt – im **Fernen Osten** schon. Dort nämlich hatte man sich die unvergleichliche Geschicklichkeit des Kormorans beim Fischfang bereits zu einem frühen Zeitpunkt zunutze gemacht, indem man den eng mit den Pelikanen verwandten, klugen Vogel abrichtete, nach Beutefischen zu tauchen und den Fang brav abzuliefern. Natürlich erhielt auch der Taucher seinen wohlverdienten Anteil. Fischer und Vogel kamen dieserart Jahrhunderte lang blendend miteinander aus.

Das hätte auch an der **deutschen Nordseeküste** funktioniert. Doch Herrchen will sich ja nicht mit einem Leben auf Subsistenzbasis zufriedengeben, sondern möchte lieber einen teuren Wagen besitzen und im Urlaub in die Ferne jetten. Der fischverzehrende Kormoran galt an der Küste (wo er erst in den 1930er Jahren in Erscheinung trat) deshalb als Konkurrent und wurde erbarmungslos bejagt. Die letzte Kolonie auf dem Festland (bei Norden) verschwand 1960.

Inzwischen ist dem bis zu 90 cm großen Vogel ein erfreuliches **Comeback** geglückt. Auf den beiden über 100 Jahre alten **Leuchttürmen** Meyers Ledge Alt und Eversand-Unterfeuer genau westlich von Dorum-Neufeld sowie auf dem **Wrack** des Küstenmotorschiffs „Dunja" auf dem Großen Knechtsand gibt es schon wieder so viele von ihnen, dass es an Platz fast ein wenig kneift. Nun, das wird sich von selber regeln. Die einstmals einsturzgefährdeten Gerüste sind jedenfalls seit den 1980er Jahren teuer saniert worden, und ich persönlich freue mich, dass mir beim Schreiben dieses Buches zwei Kormorane auf dem friesischen See vor meiner Haustür lange Gesellschaft leisteten. Jetzt geht's aber wieder ans Ausrotten. Man spricht heute jedoch nicht mehr von Abschießen, sondern von „einem nachhaltigen Management der Bestände", und das sogar auf EU-Niveau. Da lacht des Weidmanns Herz!

von einem Versuch ab, die dortigen Campgründe auflisten zu wollen. Man muss sich auf der Suche nach Information an die örtlichen Kurverwaltungen wenden – oder, unkomplizierter, dieses Buch unter „Cuxhaven/Camping" konsultieren. Oder man reist einfach drauflos. Bei einem derartigen Überangebot, soviel erscheint sicher, wird sich ein Plätzchen finden.

Wer **Arensch** sagt, muss auch **Berensch** sagen. Jedenfalls liegen zwei Örtchen mit diesen kuriosen Namen im ersten Einzugsbereich Cuxhavens. Und hier stößt man nach langer Reise endlich wieder auf Anzeichen einer veränderten Topografie. Die Geest stößt mit **Dünen, Kliffs, Heiden** und **Kiefernwäldern** in Richtung auf die See vor und erreicht sie an einem eindrucksvollen Küstenstrich zwischen Sahlenburg und Duhnen vollends, wo ihr weiß gewaschener Sand die schönen **Strände** dieser beiden Badeorte bildet. Auf dem mehrere Meter hoch gelegenen Geestrand zwischen den genannten Städtchen kann man auf einem **Wanderweg** die urtümliche Landschaft genießen, während der Blick nach Westen über das freie Wattenmeer schweift.

Ausgrabungsfunde lassen darauf schließen, dass sich in vormittelalterlicher Zeit hier noch herrliche **Wälder** erstreckten. Sie fielen dem Bau- und Brennholzbedarf der Bewohner zum Opfer, und lange dehnte sich danach nur eine **wüstenartige Vegetation.** Gegen Ende des 18. Jh. begann man mit der **Anpflanzung von Kiefern.** Sie sind heute vielfach bildbestimmend und werden dem Küstenreisenden, der die Störtebekerroute in all ihrer Flachheit bis hierher bewältigt hat, wahrscheinlich ein befreites Aufatmen bescheren: Mal was anderes! Unmittelbar südlich von Sahlenburg gibt es sogar wieder einen richtigen Wald, den **Wernerwald,** und eine stolze Erhebung von fast 20 Metern, den **Wolfsberg.** Die **Duhner Heide** mit dem erwähnten Wanderpfad schließt sich an, und dann kommt auch schon allmählich die Cuxhavener Kugelbake in Sicht.

Cuxhaven

Überblick

Name

Der Name **Cuxhaven** – ohne Frage von „Koogshafen" hergeleitet – tritt erst nach Eindeicharbeiten im Jahre 1570 in Erscheinung. Bis dahin war der Ort (unter dem heute noch existierenden) Stadtteilnamen **Ritzebüttel** („Gerichts-Bauernteil") bekannt, über den *Heinrich Heine* später kalauerte, er stamme aus dem Phönizischen und bedeute „Mündung der Elbe". Er frotzelte auch über die „Hamburger Kolonie", sie sei „ein Seebad, das unter anderen Seebädern den Vorteil bietet, dass es zu gleicher Zeit ein Elbbad ist." Da hatte er recht.

See- und Elbbad

Das See- und Elbbad Cuxhaven hat sich seither ganz schön gemausert. Für meinen, des gebürtigen Cuxhaveners, Geschmack viel zu sehr. Nirgendwo an der

[>] Verschandelter Deich

Nordsee kommt mir der **touristische Kommerz** kruder vor als hier. Dass man in Duhnen – dort ist das „Seebad" – die Nordsee nach Gulagmanier abgezäunt hat, ärgert mich bei jedem Besuch aufs Neue. Zwar findet sich diese **Abschottung** auch anderswo an der Nordsee und kaum minder unangenehm berührend. Doch in Duhnen stehen die Wärter alle paar Meter mit ihrem Klingelbeutel. Zudem ist der gesamte Deich mit Warn- und Hinweisschildern verschandelt.

Andere Städte setzen sich aus Stadtteilen zusammen, Cuxhaven aus **„Kurteilen"**. Auch das ist ärgerlich. Ich möchte in keinem Kurteil geboren sein. Wäre „Kurhaven" nicht vielleicht eine passende Umbenennung?

Hafenstadtflair

Wer über diese Widrigkeiten hinwegzusehen vermag, wird in Cuxhaven indes eine Hafen- und **Nordseestadt par excellence** entdecken. Die **alte Zeit** schwingt immer noch ein wenig nach, als die großen Passagierdampfer mit Kurs auf die Neue Welt hier ablegten oder weit über ein Jahrtausend lang hier Segel um Segel an den Bollwerken der Elbe vorbeizog. Denn schon zu einem frühen Zeitpunkt waren die Ufer der Stadt zu **Kaianlagen** verfestigt worden. Nachdem der Strom im 16. Jh. wieder einmal einschneidend seine Richtung geändert und an seinem Südufer starken Landanwachs bewirkt hatte, machte

069nied rh

man vollends Ernst mit dem Ausbau. 1577 entstand der Dikshave, dann der Kuckshave, Kuxhaven, Kokeshaven.

„Alte Liebe"

Das berühmteste Bollwerk ist die „Alte Liebe", die mit Zuneigung allerdings überhaupt nichts zu tun hat. Als diese **Pier** 1703 gebaut wurde, versenkte man ein steinbefrachtetes Schiff namens „Olivia" zur Stärkung der Fundamente. Daraus wurde später die *Olle Liefde,* und bis zur Alten Liebe war es dann nur noch ein kleiner Schritt.

Wer Cuxhaven besucht, muss unbedingt mal auf der Alten Liebe gestanden und in die gurgelnd dahinströmende Elbe geblickt haben. An die 80.000 Schiffe ziehen hier alljährlich vorbei.

Kugelbake

Ein Stück weiter nordwärts, jenseits der Grimmershörn-Bucht, steht **Cuxhavens Wahrzeichen,** an dem rechts die Elbe vorbeirauscht und links der Schilderwald mit seinen Zahlungsaufforderungen beginnt. Das schlichte Gerüst entstand nach der Weihnachtsflut von 1717, die auch Cuxhaven nicht verschonte, und blieb, obwohl heute funktionslos, als Gruß für ein- und Mahnmal für auslaufende Seefahrer stehen.

068nied rh

Andrang von Hamburgern

Kein anderer Ort an der Festlandsküste der deutschen Nordsee ist mehr tourismusorientiert als Cuxhaven. Was Wunder: Ein nicht geringer Prozentsatz der anreisenden Hamburger im unfernen Hinterland besinnt sich auch weiterhin alljährlich auf die Kolonialzeit und sieht den Ort und die Küste immer noch als ureigenstes **hanseatisches Territorium** an. Deshalb sind unter der Überschrift Cuxhaven auch weitaus mehr Informationen zum Thema Unterkunft aufgelistet als anderswo; der Cux-Besucher soll schließlich auch bei starkem Andrang eine Bleibe finden.

Geschichte

Archäologische Funde

Ein bei der Kugelbake ausgebaggerter **Schädel** eines Urstieres und **Feuersteinwerkzeuge** von vorzeitlichen Rentierjä-

⌃ Die berühmte Kugelbake

Cuxhaven

Nachtleben
35 Felix
36 Janssen's Tanzpalast
Campingplatz
Strandbäder
Strandhaus Döse
Lesehalle
Meerwasserfreibad Steinmarne
Nordfeldstr.
Wattweg nach Neuwerk
DUHNEN
Minigolfplatz
Strandhausallee
Cuxhavener-Str.
FKK Strand
Meerwasser-hallenbad "ahoi"
JH Cuxhaven-Duhnen
Duhner Allee
Steinmarner-Str.
Heinrich-Grube-Weg
Kurmittel-haus
Wehrbergsweg
G.-Wolgast-Weg
Windeichenweg
DUHNEN
Stickenbütteler Weg
DÖSE
Dorfstr.
STICKENBÜTTEL
Brockeswalder Weg
Karl-Waller-Weg
Brockeswald
Sahlenburger Chaussee
Zentralfriedhof Brockeswald
Brockeswalder Chaussee
WESTERWISCH
Spanger Str.
Nordholz (Aeronauticum)
SÜDERWISCH

0 400 m
© Reise Know-How 2015
NSKNi18
Übernachtung
1 Zum Finkenmoor, Paetow
2 Haus Meereswoge
3 Gästehaus Henn
4 Gästehaus Gerken
5 Gästehaus Braband
6 Gästehaus Dembski
7 Haus zur Heimat
12 Hus Möhlenbarg
14 Landhaus Döse
15 Zabel
17 Hotel Pflug
18 Gästehaus Janßen
19 Pension Schiemann
25 Hotel Schifferbörse
28 Hotel Lerche
34 Gästehaus Lechner
Essen und Trinken
9 Strandperle
10 Aalepeter
11 Sterneck
13 Tiefenrausch
16 Alt Döse
20 Döser Börse
22 Café Schnapp
23 Seglermesse
24 Captain Ahab's
26 Die Kiste
27 Casa del Taco
29 Zur Schlemmerpfanne
30 Im Bett
31 Poseidon
32 Disco Flair
33 Bohlsen's
Minigolfplatz
Fort Kugelbake
Kugelbake
Abenteuer-Spielplatz
Kurpark
Kurparkallee
Strandstr.
Grimmershörn Bucht
Hundestrand
Promenade
Döser Seedeich
Strandbad
Neuwerk
Helgoland
Strichweg
Hundestrand
Fähr-Hafen
Seebäderbrücke
Döser Feldweg
Feldweg
Marienstr.
Jachthafen
Alte Liebe
Schiffsmodellbecken
Feuerschiff Elbe 1
Wetterwarte
Gorch-Fock-Str.
Alter Hafen
Wagnerstr.
Poststr.
Rathaus
Steubenhöft
Haydnstr.
Brahmsstr.
Fischmarkt
Ritzebütteler Schleusenpriel
Alter Fischereihafen
Baudirektor-Hahn-Str.
Mozart-Beethovenallee
K.-Adenauer-Allee
Poststr.
Forum Maritim
Neufelder Str.
Abendrothstr.
Rohdestr.
Bahnhofstr.
Neuer Fischereihafen
Bahnhof
Westerwischweg
Meyerstr.
Treffpunkt, Fischmarktführung
Altenwalder Chaussee
Südersteinstr.
Ringelnatz-Museum
Süderwisch
Wernerstr.
Schloss Ritzebüttel
34 35 36

gern sind 20.000 Jahre alt und gelten Heimatkundlern als Vorposten erster Besiedlung der Elbmündung. Aber ach, von wie weit her mögen diese Fundstücke die Elbe hinabgetrudelt sein, welche Eiszeit hat sie vielleicht von wer weiß wo an diese Stelle geschleppt? Doch die nächsten Jahrtausende geben in Gestalt weiterer Funde Aufschluss über menschliches Wirken in diesen Breiten, bis dann, zurück zum Beginn dieses Buchteils, die **Sachsen** und **Franken** auf dem Plan erscheinen.

Befestigung der Insel Neuwerk

Die günstige Lage (des heutigen) Cuxhavens kam erst richtig zur Geltung, als im 12. und 13. Jh. **Lübeck** und **Hamburg** emporblühten und ihren **Handel über die Nordseeländer,** besonders nach dem reichen Flandern, auszudehnen begannen. Kurz vor Ende des 13. Jh. nahmen die Hanseaten die Befestigung der Insel Neuwerk in der Elbmündung in Angriff, nachdem sie – durch Intervention des Bremer Erzbischofs – artig die Erlaubnis der Herzöge von Sachsen dafür eingeholt hatten. Der 1310 vervollständigte, 45 m hohe **Turm** steht noch heute.

Erste Siedlung auf dem Festland

Auf dem Festland vor Neuwerk, wo ein guter Stützpunkt immer dringlicher notwendig wurde, waren die Hamburger zu jenem Zeitpunkt allerdings noch nicht vertreten. Dort nämlich hatte sich das **Rittergeschlecht der Lappen** breitgemacht. Diese vornehmen Herrschaften seeräuberten gern ein wenig und gaben den Hanseaten öfters mal Grund zu Verärgerung. Immerhin machten sie aber anno 1342 über die erste amtliche Erwähnung einer **Steenborgh** die Siedlung an der Elbmündung aktenkundig.

Verjagung der Lappen

Durchtriebene Burschen waren sie, eher Lumpen als Lappen. Die **Hamburger** erkannten dies auch richtig und nutzten die Gunst der Stunde, nämlich den Übergang von der Natural- zur Geldwirtschaft im 14. Jh., um den arg verschuldeten Herren der Steenborgh 1372 gegen die Gewährung massiver Konzessionen mit Darlehen unter die Arme zu greifen. Doch angesichts immer neuer Schuldverträge trübte sich das **Verhältnis beider Parteien** rasch. Als die Lappen dann wieder ihre gewohnte Strandräuberei aufnahmen, jagten die Hamburger sie 1393 mit Hilfe der verbündeten Wurstfriesen zum Teufel. Ein Jahr später wehte das Hamburger Banner über dem Schloss Ritzebüttel; die „Kolonie" war entstanden.

Kampf mit der Nordsee

Viel Freude hatten die neuen Besitzer mit ihrem Erwerb zunächst nicht. Als erstes entstand hier nur ein kleiner **Nothafen.** Im 16. Jh. wurde zwar, wie erwähnt, in großem Stil mit Deichbau- und **Küstenbefestigungsarbeiten** begonnen. Doch mussten immer wieder **Rückschläge** eingesteckt werden. 1618 dehnte sich dort, wo heute die dicken Pötte im tiefsten Elbfahrwasser noch satt Platz unterm Kiel haben, ein vorgezogener Deich von Altenbruch bis zur jetzigen Kugelbake. Um den von ihm eingeschlossenen **Koog** wurde Jahrzehnte lang erbittert gerungen. Doch der Kampf gegen den Blanken Hans endete mit totaler **Niederlage.** Schon um die Mitte des 17. Jh. war die **Küstenlinie** schon fast da angekommen, wo sie heute ist.

Nordseebad

Gegen Ende des 18. Jh. geriet überall an den deutschen Küsten der **Seebäderbetrieb** in Gang. 1793 hatte der Göttinger Philosoph *Georg Christoph Lichtenberg* nach einem Besuch der englischen Bäder Margate und Deal empfohlen, in Deutschland etwas Ähnliches auf die Beine zu stellen. Man nahm die Empfehlung des bedeutenden Gelehrten ernst, zumal abzusehen war, dass sich mit dem Konzept gutes Geld verdienen ließ. In rascher Folge entstanden Doberan (an der Ostsee), dann Norderney und Dangast. 1816 wurde Cuxhaven offiziell Nordseebad.

Das damalige Fischerdörfchen **Duhnen,** wo heute der Großteil des Baderummels stattfindet, erhielt diesen Status erst 1902.

Entwicklung des Hafens

Sechs Jahre später wurde in Cuxhaven der **Nordseefischereihafen** eröffnet, der sich (nach Bremerhaven) zum zweitgrößten Deutschlands entwickeln sollte. Von 1912–14 fand der Ausbau des Hafens zum großen **Überseeterminal** statt, das erst 1992 aus Hamburger Besitz an die längst (seit 1946) niedersächsisch gewordene Stadt zurückgegeben wurde. Damit war die **„koloniale Ära“** Cuxhavens endgültig zu Ende.

2. Weltkrieg

1942 wurde ich zu Schalmeienklängen der Royal Air Force in Cuxhaven geboren. Die Stadt bekam im 2. Weltkrieg nämlich ganz schön Zunder. Zwar war die Kriegsmarine dort nur recht dünn vertreten, doch der Handels- und Fischereihafen war von großer, **bombenswerter Bedeutung.** Vieles aus alter Zeit blieb indes glücklicherweise schon deshalb erhalten, weil die einzelnen „Kurteile“ mit ihren historischen Bauten und Anlagen relativ weit verstreut sind. Deshalb bietet das **„Cuxland“,** wie die ganze Gegend touristisch genannt wird, heute eine interessante Palette von Sehenswürdigkeiten, die einen Besuch immer lohnend machen.

Sehenswertes

Insel Neuwerk

Paradoxerweise wartet das Cuxland mit etwas besonders Interessantem auf, wenn man sich weit von ihm entfernt. Nun, relativ weit. Etwa 10 km im Watt liegt das Inselchen Neuwerk, 3 km² groß und von rund drei Dutzend Seelen bewohnt. (Sogar ein Schullandheim gibt es! Info: Tel. 040-4 28 04 24 28.) Ein mit Pricken gekennzeichneter und von keinen größeren Prielen unterbrochener **Wattenweg** führt von **Sahlenburg** dorthin. Wer sich streng an diesen Weg hält und die Gezeiten genau berücksichtigt, d.h. dem ablaufenden Wasser hinterhermarschiert, kann selbst bei unsichtigem Wetter kaum etwas falsch machen. Mit **Wattführer** geht's ab Duhnen (Lesehalle) und ab Sahlenburg (Wattwagenauffahrt) hinaus ins Flache. Das ist sicherer und kostet auch nicht viel. Bequemer, aber teurer ist der **pferdegezogene Wattwagen.** Info unter den Cuxhavener Adressen. Die dort genannte Reederei Eils arrangiert auch **kombinierte Touren** (Schiff/Wagen oder Wanderung).

Auf Neuwerk kann man den alten **Leuchtturm** besteigen, europaweit der Veteran seiner Kategorie. In ihm befinden sich ein naturkundliches Info-Zentrum und ein Restaurant, eines von insgesamt dreien auf der Insel. Für Übernachtungen bieten sich drei **Pensionen** an; Vorbuchung (über Cuxhaven) ist zu empfehlen. Sehenswert auch die **Bernsteinsammlung** in der Schule.

Von Neuwerk werden im Sommer etwa alle 14 Tage Wattwanderungen zu der einsamen **Sandinsel Scharhörn** weit draußen in der Elbmündung unternommen. Auf gar keinen Fall sollte man versuchen, auf eigene Faust auf diese nicht ungefährliche Tour zu gehen!

Cuxhavener Strände

Man mag einiges gegen den Rummel in den Küstenbadeorten um Cuxhaven einzuwenden haben, doch schöne Strände darf man ihnen nicht absprechen. Auf selbigen kann man, stets auf **sauberem Sand,** hinausmarschieren bis zur Kugelbake, sollte jenseits des dortigen Leitdammes aber auf ein Bad verzichten. Nicht nur, weil es verboten ist, sondern weil die Elbe dort mit bis zu 3,5 Knoten Strömung vorbeijagt: Darin verschwindet ein Schwimmer dann schnell.

Grimmershörn-Bucht

Schön ist auch ein Spaziergang entlang der anschließenden, reizvollen Grimmershörn-Bucht. An deren Südostende erreicht man den **Fährhafen** und die **Seebäderbrücke,** und dann steht man auch schon auf der berühmten **Alten Liebe.** Ein- und auslaufende Schiffe werden hier über Lautsprecher begrüßt; ein hübscher Brauch. Bei klarer Sicht kann man das gegenüberliegende Ufer sehen, gut 15 km entfernt. Dienstag und Donnerstag setzt eine Fähre nach Brunsbüttel über (nur für Fußgänger und Radfahrer). Fahrpläne: Tel. 0 41 62-74 38.

072nied rh

Hand auf Strand

Am Elbufer entlang

Elbaufwärts schließen sich Cuxhavens weitläufige **Hafenanlagen** an; man muss sich deshalb Richtung Inland wenden. Alsbald kommt man am **Feuerschiff „Elbe I"** vorbei, erreicht nach Umgehung der Hafenbecken den Cuxhavener **Bahnhof** und ein Stückchen weiter elbwärts den **Seefischmarkt.** Dort kann man (im Sommer) an Führungen teilnehmen. Zweimal im Monat finden So um 9 Uhr vor der Halle IX große Auktionen statt; dann ist immer der Bär los (Info: Tel. 40 40). Am **Steubenhöft,** ganz am äußeren Elbufer, machen häufig dicke Kreuzfahrer und Passagierliner fest.

Schloss Ritzebüttel

Unweit vom Bahnhof liegt das historische Schloss Ritzebüttel, seit dem Ende des 14. Jh. **Amtssitz der Hamburger Verwaltung** und 1619 weiter ausgebaut. Der von einem prächtigen **Park** umgebene Komplex ist für Besucher geöffnet.

Kirchen im Hinterland

Freunde alter Kirchen kommen im Hinterland Cuxhavens auf ihre Kosten, und zwar in **Lüdingworth** mit dem um 1200 entstandenen „Bauerndom" und einer der berühmtesten Orgeln des norddeutschen Raumes (erbaut 1598), sowie in der St.-Nicolai-Kirche in **Altenbruch** (13. Jh.). Eine Besonderheit dieser Kirche sind die zwei Türme „Anna und Beate", der freistehende Glockenturm und die sog. Klappmeyer-Orgel.

Empfehlenswert: Mit dem Radl oder zu Fuß durch Cuxhavens ländliche Außenbezirke. Ein enggeknüpftes Netz von Rad- und Wanderwegen lädt dazu ein.

Praktische Hinweise

Information

- **PLZ:** siehe PLZ-Verzeichnis.
- **Vorwahl:** 0 47 21.
- **CUX-Tourismus GmbH:** Cuxhavener Str. 92, Tel. 40 42 00, Fax 40 42 99, www.cuxhaven-tourismus.de, info@tourismus-cuxhaven.de. Separate Zimmervermittlungsstellen für die einzelnen Stadtteile s.u. „Unterkunft". Zentrale Hotline: 0 18 05-70 11 00.

Adressen

- **Bäder:** Steinmarne, Neptunweg 10 (beheiztes Seewasserfreibad); Waldfreibad Sahlenburg (beh. Süßwasser); Freibad Oxstedt (unbeh. Süßwasser). Jeweils geöffnet 1.6.–31.8. Beheiztes (27°C) Meerwasserhallenbad „ahoi!" in Duhnen, Wehrbergsweg 32, Tel. 40 45 00, Mitte Nov. bis Dez. geschlossen. Städt. Hallenbad, Beethovenallee 11, Tel. 5 96 03 75. Vom 1.6. bis 31.8. geschlossen.
- **Busse:** Cuxhavens „Kurteile" sind über Buslinien miteinander verbunden.
- **Fahrräder:** Cuxhaven Lodge, Schillerstr. 43, Steinmarnerstr. 23 (Döse), Wehrbergsweg 16 (Duhnen); Gerken, Rugenbargsweg 12; Fahrradshop Sahlenburg, Nordheimstr. 23; Rad & Tour, Schillerstr. 49.
- **Hafenrundfahrten:** Von März bis Ende Oktober ab Fährhafen. Info: Herbon, Tel. 39 44 66 und 0172-39 75 879. Minikreuzfahrten: Reederei NARG, Tel. 7 25 01, www.reederei-narg.de. Fahrten mit „MS Flicka": Fahrgastschifffahrt Suhre, Tel. 0172-5 28 84 95, www.hafenrundfahrt-cuxhaven.de.

- **Heiraten:** zünftig im Leuchtturm „Dicke Berta", Tel. 0 47 22-25 32 (Altenbruch).
- **Hochseeangeln:** Reederei NARG, Tel. 7 25 01
- **Kinderbetreuung:** „Spaßkiste" in Duhnen, „Spielkiste" in Döse, „Schatzkiste" auf dem Campingplatz Wernerwald. Info: „Fun-Kontor", Tel. 4 67 66. Außerdem „Käpt'n Cux's Hafen" („maritime Spiel- und Themenlandschaft"), Abschnede 198, Tel. 5 96 50.
- **Nationalpark-Zentrum:** Hans-Claußen-Str. 19 (Sahlenburg), Tel. 2 86 81. Ausstellung zum Thema Wattenmeer, Modelle, Aquarien. Im Sommer auch Wattexkursionen. „Blaues Klassenzimmer" (Sommer), Tel. 4 67 66.
- **Parken für Inselfahrer:** Böhack, Tel. 2 36 67, Fehlau, Tel. 3 36 50.
- **Seefahrten im Bereich der Elbmündung und nach Neuwerk:** Reederei Cassen Eils, Bei der Alten Liebe 12, Tel. 3 50 82, www.cassen-eils.de.
- **Seefahrten nach Helgoland:** In der Saison tägl. ab Fährhafen mit „Wappen von Hamburg" oder Katamaran. Helgoline, Tel. 04 61-8 64 44, www.helgoline.de. Mit Reederei Eils (s.o.), auch im Winter.
- **Veranstaltungstelefon:** 40 40.
- **Wattfahrten und -wanderungen:** Komplette Auskünfte über die Info-Hotline 40 42 00.
- **Wattwagen ab Duhnen:** Tel. 2 97 26, 4 81 39, 4 77 66, 4 78 22
- **Yachtclub:** Segler-Vereinigung Cuxhaven, Am Yachthafen, Tel. 2 22 80; Altenbrucher Seesportverein, Tel. 0 47 22-449, Yachthafen Tel. 15 95

Mit dem Wattwagen unterwegs

Unterkunft

Stadtteil Grimmershörn

- **Vermittlung:** Verkehrsverein Cuxhaven, Lichtenbergplatz 2, Tel. 3 60 46, Fax 5 25 64.
- **Hotel Lerche** ②: Heidsiekstr. 19, Tel. 3 75 91, www.hotel-lerche-cuxhaven.de.
- **Hotel Schifferbörse** ②: Neue Reihe 24, Tel. 3 57 72, www.hotel-schifferboerse.de.
- **Gästehaus Lechner** ①: Papenstr. 65a, Tel. 2 47 44, www.haus-lechner.de.

Stadtteil Döse

- **Vermittlung:** CUX-Tourismus GmbH, H.-Grube-Weg 2, Tel. 4 70 81, Fax 4 70 24.
- **Gästehaus Janßen** ③: Bei der Kirche 9, Tel. 4 73 14, www.gaestehaus-janssen.de.

041wa rh

- **Pension Schiemann** ③: Strandstr. 19, Tel. 4 84 28, www.pension-schiemann.de.
- **Hotel Pflug** ②: Steinmarner Str. 43, Tel. 4 76 78, www.hotelpflug-web.de.
- **Hus Möhlenbarg** ②: Steinmarner Str. 82, Tel. 4 30 90, www.hus-moehlenbarg.de.
- **Landhaus Döse** ②: Hinter der Kirche 74, Tel. 4 71 98, www.landhaus-doese.de.
- **Zabel** ②: Hinter der Kirche 78, Tel. 4 83 35.

Stadtteil Duhnen

- **Vermittlung:** CUX-Tourismus GmbH, Cuxhavener Str. 92, Tel. 4 30 40, Fax 40 41 99, info@tgduhnen.de.
- **Gästehaus Braband** ③: Rugenbargsweg 23, Tel. 4 83 32, www.gaestehaus-braband.de.
- **Gästehaus Dembski** ③: G.-Wolgast-Weg 10, Tel. 4 88 11, www.gaestehaus-dembski.de.
- **Gästehaus Gerken** ③: Rugenbargsweg 12, Tel. 4 95 91, www.gerken-duhnen.de.
- **Haus zur Heimat** ③: Am Dorfacker 15, Tel. 4 86 49, www.haus-zur-heimat.de.
- **Gästehaus Henn** ②: Wehrbergsweg 3, Tel. 4 81 63, www.gaestehaus-henn.de.
- **Haus Meereswoge** ②: Nordheimstr. 184, Tel. 4 82 18, www.gaestehaus-meereswoge.de.

Stadtteil Sahlenburg

- **Vermittlung:** CUX-Tourismus GmbH, Nordheimstr. 35, Tel. 2 80 28, Fax 2 92 30.
- **Zum Finkenmoor** ③: Nordheimstr. 170, Tel. 2 90 26, www.zum-finkenmoor.de.
- **Paetow** ②: Heidhöhn 15, Tel. 2 92 31, www.gaestehaus-paetow.de.

Zimmervermittlung für die Umgebung

- **Altenbruch:** CUX-Tourismus GmbH, Alter Weg 18, Tel. 0 47 22-341, Fax 91 21 11.
- **Berensch-Arensch und Oxstedt:** CUX-Tourismus, Berenscher Dorfstr. 33, Tel. 0 47 23-14 41, Fax 50 51 71.
- **Holte-Spangen und Lüdingworth:** Verkehrsverein, Im Dorf 3, Tel. 0 47 21-2 90 90, Fax 2 85 91

Die „Entdeckung" Duhnens

Es schien wohl ein Wunder, dass 1893 im Herbst in diesem Dorfe, das doch schon die Gastwirtschaft von Diederichs hatte, es der Gastwirt *Amandus Mangels* unternahm, ein kleines **Hotel** zu bauen. Was war denn groß im letzten Sommer an Fremden im Dorfe gewesen? Eine Familie *Meyer,* die freilich fast jährlich kam, außerdem zwei Maler und zwei Damen, die Erholung brauchten. Kaum ein Fremder würde in dem Hotel einkehren. Es schien allein bestimmt, grüne, silberne, goldene, diamantene und eiserne Hochzeiten feiern zu helfen.

Dennoch kam es anders. Im Jahre nach dem Hotelbau stieg der **Maler** Professor *Grete* mit Frau in Duhnen ab. Und seine Schüler verteilten sich über das Dorf. Die Schüler waren die Maler *Dauer, Wiechmann, Matthaei, Schröder, Biese* und *Albers.*

Das war aber ein Aufstand in dem Dorfe! Große Knäuel von Kindern standen auf dem Wege, und in jedem Knäul den Kernpunkt bildete ein Maler mit Staffelei, Leinwand und Palette. Und auf die **Leinwand** sah man bald Strohdachhäuser gebannt, mit dem Garten, den Blumenstöcken, ja, dem lieben Federvieh. Sah den blauen Himmel darüber mit den ziehenden Wolken – und unten den Grashof. Wenn sie aber wieder heimzogen in ihre Quartiere, die Staffelei unterm Arm und ihr Bild auf der Leinwand, den Schlapphut verwegen auf dem Haupte, die Sammetweste bedeckt vom farbenbekleckseten Kittel, da schoben die Großmütter die Gardinen zur Seite und riefen den Töchtern zu: „Die Kunstmalers kommen, ein dwatsches* Volk!"

... Die Duhner bauten **neue Häuser für die Fremden.** Häuser, wie man sie in der Stadt hat, mit roten Ziegeldächern, mit flachem Zementdach und Stuckgiebel. Die Straßen wurden gepflastert.

Immer mehr Fremde kamen. Aber **die Maler blieben** plötzlich **fort.** Sie zogen nach Altenwalde, nach Wanna und Krempel. Dorthin, wo sie allein waren mit den alten Häusern und den Dörflern. So sind sie verscheucht, wie im Märchen die Heinzelmännchen, und niemals wiedergekommen.

*) dwatsch = verrückt

Aus: „Wie die Maler Duhnen entdeckten", von *J. v. Trauwitz-Hellwig,* Cuxhaven 1938

071nied rh

■ **Neuwerk:** Tourismus Duhnen (siehe dort)
■ **Stickenbüttel:** CUX-Tourismus GmbH, Windeichenweg, Tel./Fax 0 47 21-2 51 11

Jugendherberge

■ **JH Cuxhaven-Duhnen:** Schlensenweg 2, Tel. 4 85 52, Fax 4 57 94; jhcuxhaven@djh-nordmark.de. 277 Betten. Offen vom 16.1. bis 14.12. und an Silvester.

Gruppenherberge

■ **Dünenhof Berensch:** In den Dünen 4, Berensch, Tel. 0 47 23-7 12 30; 140 Betten. Nur Gruppen. Tarife ungefähr wie DJH.

Jugendheime

■ **Haus zur Sahlenburg:** Hans-Claußen-Str. 1, Cux-Sahlenburg, Tel. 2 90 56. 160 Betten. Nur Pauschalunterbringung nach Arrangement.
■ Außerdem **zwei Schullandheime auf Neuwerk:** Tel. 0 40-4 28 89 11 32, 0 40-6 40 10 47

Camping

Cuxhaven-Altenbruch

■ **Campingplatz am Altenbrucher Strand:** Tel. 0 47 22-22 01. 120 Stellplätze. Offen von April–Sept. Preise auf Anfrage.

Cuxhaven-Duhnen

■ **Campingplatz am Bäderring:** Duhner Allee 5, Tel. 4 79 57. 150 Stellplätze. Offen von Ostern bis Ende Herbstferien. Preise auf Anfrage.
■ **Campingplatz Nordsee (D):** Cuxhavener Str. 17, Tel. 4 89 51. 174 Stellplätze. Ganzjährig offen.
■ **Campingplatz Seelust (D):** Tel. 40 25 04. 150 Stellplätze. Ganzjährig offen.
■ **Campingplatz Am Grooten Steen (C):** Duhner Allee 30, Tel. 4 83 25. 130 Stellplätze. Ganzjährig geöffnet.
■ **Campingplatz Wattenlöper (C):** Cuxhavener Str. 57 a, Tel. 42 60 51. Bis 200 Stellplätze. Offen vom 15.3. bis 1.11.
■ **Campingplatz Bach (C):** Cuxhavener Str. 81, Tel. 4 83 43. 45 Stellplätze. Offen vom 1.4. bis 31.10.

Cuxhaven-Sahlenburg (Preise auf Anfrage)

■ **Campingplatz Fink:** Tel. 2 91 52. 500 Stellplätze. Offen vom 15.3. bis 31.10.
■ **Campingplatz Wernerwald(B):** Wernerwaldstraße, Tel. 2 90 12. 480 Stellplätze. Ganzjährig geöffnet.
■ **Campingplatz Machulez (B):** Wernerwaldstraße, Tel. 2 92 49. 70 Stellplätze. Offen vom 1.4. bis 15.10.
■ **Campingplatz Achtern Huus (B):** Sahlenburger Chaussee 53, Tel. 2 86 62. 160 Stellplätze. Ganzjährig offen.
■ **Campingplatz Fennekohl (B):** Hans-Claußen-Straße, Tel. 2 92 55; 57 Stellplätze. Offen vom 1.4. bis 31.10.

Bereich Nordholz (Vorwahl 0 47 41)

■ **Nordholz/Cappel-Neufeld (C):** Naturistenverein Wattenfreunde, Tel. 17 39 (Platz). 300 Stellplätze. Offen vom 1.5. bis 15.9.
■ **Nordholz/Cappel-Neufeld (C):** Koch, Deichweg 106, Tel. 23 49. 20 Stellplätze. Offen vom 1.4. bis 31.10.
■ **Nordholz/Spieka-Neufeld (C):** Feuerweg, Tel. 33 33. 38 Stellplätze. Offen vom 15.5. bis 15.9.
■ **Nordholz-Süd (C):** Wanhödener Str. 28, Tel. 76 86. 150 Stellplätze. Ganzjährig offen.

Restaurants und Kneipen

Cuxhaven Zentrum

■ **Bohlsen's:** Niedersachsenstr. 10, 1A-Seafood.
■ **Die Kiste:** K.-Alexanderstr. 60. Cocktailbar mit karibischem Flair.
■ **Döser Börse:** Strichweg 22. Klönlokal, umfangreiche Speisekarte.
■ **Im Bett:** Poststr. 5. Originelle Gastronomie mit Musikvideos.
■ **Poseidon:** Poststr. 7. Griechische Küche.

Seglermesse: Am Jachthafen 1. Fischrestaurant.
Casa del Taco: Alter Deichweg 11 (im Hotel Stadt Cuxhaven.) Seafood mit spanischem Touch.
Zum Park: Südersteinstr. 76. Hier gibt es Balkanspezialitäten.

Berensch

Berenscher Hof: Berenscher Dorfstr. 15. Rustikale Landgaststätte mit Möglichkeit zur Übernachtung.

Döse

Alt Döse: Strandhausallee 2. Täglich wechselnde Tagesgerichte.
Zur Schlemmerpfanne: Steinmarner Str. 10. Fisch und Krabben.

Duhnen

Aalepeter: Dühner Strandstr. 2. Gemütliches Bierlokal, Seafood.
Sterneck: Cuxhavener Str. 86. Mehrsterner, wird viel gelobt.
Strandperle (Hotel): Duhner Strandstr. 15. Gastronomie der Spitzenklasse.

Unterhaltung

Café Schnapp: Jugendtreff, Strichweg 9.
Disco Flair: Kämmererplatz 4. Kultiger Laden.
Felix: Humphry-Davy-Straße 10 (Zentrum). Disco, Riesenschuppen.
Captain Ahab's: Marienstr. 36a. „Culture Club".
Janssen's Tanzpalast: Jacobistr. 21. Lüdingworth. „3 Musikebenen". Sogar *Robbie Williams* trat da mal auf!
Tiefenrausch: Nordfeldstr. 16. Bar im Hotel Deichgraf.

Feste

Duhner Wattrennen: Hoch zu Ross und mit dem Sulky durchs Watt, dass die Fetzen fliegen: Jeweiliger Saisonhöhepunkt im Juli (variierende Daten). Es kann gewettet werden!
Op no Dös: Großes Straßen- und Volksfest in Döse (2. Sa im September).
Cuxhavener Hafentage: Hafenfest im alten Fischereihafen. 3. Juliwoche.
Weihnachtsmarkt: Am Schloss Ritzebüttel. 1.–24. Dez.
Deichbrand Festival: Rockfestival am Flughafen Nordholz. www.deichbrand.de.

Museen

„Elbe 1": Für Generationen von Seefahrern waren die Feuerschiffe der Außenelbe mehr als schlichte Seezeichen, die einen sicheren Kurs durch die verschlungenen Bänke und Riffe eines der schwierigsten Fahrwasser der Welt gewährleisteten. Die leuchtend roten Fahrzeuge waren auch bemannt und retteten im Lauf der Jahre manchen Janmaaten aus schwerer Seenot. (Im Oktober 1936 wurde die damalige Elbe 1 allerdings selbst ein Opfer der Nordsee. Das Schiff kenterte in einer Orkanbö und nahm seine gesamte Besatzung mit in die Tiefe, wo das Wrack in kürzester Zeit im Mahlsand verschwand.) Seit 1988 sind die deutschen Feuerschiffe durch computergesteuerte schwimmende Baken ersetzt, und die Lebensrettung ist jetzt vollends Sache der DGzRS. Elbe 1 liegt heute an der Innenseite der Alten Liebe und kann von April bis Oktober dort besichtigt werden. Im Sommer auch Ausfahrten. Tel. 4 96 15 und 40 42 00.

› Elbsegler

073nied rh

■ **Forum Maritim:** Im Gebäude des alten Fischversandbahnhofs, neben Windstärke 10. Alles über die maritime Geschichte Cuxhavens, mit Betonung auf der Fischerei. Ganzjährig offen. Neufelder Str. 12, Tel. 01 70-9 30 92 49, www.schifffahrts geschichte.de.

■ **Ringelnatz-Museum:** Das Museum ist dem großen Dichter, Maler und Kabarettisten *Joachim Ringelnatz* (1883–1934) gewidmet, der im 1. Weltkrieg in Cuxhaven stationiert war und später mit den Nazis aneinandergeriet. Ganzjährig geöffnet Di–So. Südersteinstr. 44, Tel. 39 44 11.

■ **Aeronauticum Nordholz:** Im 1. Weltkrieg war weit über die Hälfte der Luftschiffe der Marine in Nordholz im Süden von Cuxhaven stationiert. Viele seltene Schaustücke aus damaliger Zeit sind heute in einer permanenten Ausstellung zu sehen, die das Ziel hat, das Leben im damaligen Stützpunkt zu schildern und die fast selbstmörderische Opferbereitschaft der Luftschiffer zu dokumentieren, die mit ihren ungefügen Zeppelinen gegen andere Waffensysteme kaum Chancen hatten. Am nördlichen Ortsausgang Nordholz an der L 135, Tel. 0 47 41-1 81 90, www.aeronauticum.de. Täglich geöffnet, Führungen nach Vereinbarung.

■ **Wrack- und Fischereimuseum:** Auch wenn man nicht viel von Museen hält – dieses muss man gesehen haben! Die meisten der an die eintausend Exponate, die hier ausgestellt sind, haben schon einmal auf dem Boden des Meeres gelegen. Oder der Elbe. Als z.B. der Frachter „Vandalia" im Dezember 1912 Hamburg mit Destination Brasilien verließ, war die Reise schon nach einer Kollision bei der Elbinsel Kraut-sand zu Ende. 6000 Tonnen Stückgut, vom Bleistift bis zur Borsig-Lokomotive, versanken im Elbgrund. Erst bei Bergungsarbeiten im Jahre 1977 kam manches wieder ans Tageslicht, und einiges davon wanderte ins Wrackmuseum. Im Lauf der Zeit entstand dort eine kuriose Sammlung, die in Europa ihresgleichen sucht. Spektakulär ist die riesige Reserveschraube des Auswandererschiffs „Cimbria", das 1883 vor Borkum mit 437 Opfern nach einer Kollision unterging, und die Geschichte des einzigen Überlebenden des Kleinen Kreuzers „Cöln", 1914 versenkt. Der Mann wurde nach 76 Stunden aus der kalten Nordsee aufgefischt.

Das Wrackmuseum befindet sich in zwei ehemaligen Fischhallen (Ohlroggestr. 1, Tel 59 07 10) und heißt jetzt **Windstärke 10.** Es gibt jede Menge zu sehen auf 4000 m²! Ganzjährig täglich geöffnet (November bis März, Mo geschlossen).

> Im Wrackmuseum

076nied wc

Otterndorf

Das Städtchen Otterndorf ist nur einen Katzensprung von Cuxhaven entfernt: etwa 15 km ab Alter Liebe, eine gemütliche Tour, großenteils entlang des Elbdeiches. **„Rothenburg des Nordens"** nennt man dieses ausgesprochen **idyllische Städtchen** beiderseits der Ufer des Medem-Flusses. Denn Otterndorf, lange Jahre Sitz der **Grafen von Sachsen-Lauenburg,** erhielt schon anno 1400 Stadtrecht. Manches im historischen Stadtkern stammt noch aus jener Zeit, so die **Kirche von St. Severi** in ihren Ursprüngen. Die meisten der schönen alten Gebäude sind jedoch etwas jüngeren Datums, so das ansehnliche, auf das Jahr 1583 zurückgehende **Rathaus.** Einen besonders prächtigen Anblick bietet die alte **Lateinschule,** erbaut 1614.

Die Otterndorfer sind sehr stolz darauf, dass, wie man immer wieder nachlesen kann, der Schulmeister **Johann Heinrich Voß 1781 hier Homers „Odyssee" ins Deutsche übersetzte.** Zwar könnten sie sich genauso gut darüber freuen, dass sich der Medem von vorn nach achtern ebenso liest wie umgekehrt. Denn es fällt schwer, einen unmittelbaren Bezug auf Otterndorf zu erkennen, außer dass der Meister halt beruflich dort war. Aber vielleicht hatte ihn die „weltumschauende Gegend" und das „schwerwandelnde Hornvieh" irgendwie inspiriert – die tauchen nämlich in seinen homerischen Versen als solche auf.

Das Palindrom-Flüsschen **Medem,** das den Ort ruhig durchzieht, trägt zu weiterem harmonischem Gepräge bei. Die krummschiefen Speicher spiegeln sich am **Alten Specken,** dort wo in der Saison die Flussfährschiffe „Jens" und „Onkel Heinz" ablegen, im stillen Wasser. Man kann schon etwas ins Träumen geraten und sich in jene Jahre zurückversetzen, als hier Torfkähne aus dem Innern anlandeten und auf Ewern mit provinztypischen Produkten wie Getreide und Rapsöl die Segel für die Fahrt nach Hamburg gesetzt wurden.

Ach, wenn es Otterndorf jetzt auch noch gelänge, den alten Stadtkern autofrei zu machen, wär's hier richtig romantisch – wirklich wie in einem Rothenburg des Nordens …

Weiter draußen in Richtung Elbdeich spielt sich das Freizeitgeschehen ab. Zwei große **Teiche,** „Nordsee" und „Südsee" genannt, laden zu Bädern und Wassersport, und **Campingplätze** gibt es dort auch. Dazu Angaben weiter unten.

Sehenswertes

Man sollte sich aus der Otterndorfer **Altstadt** vielleicht gar keine einzelnen Rosinen herauspicken, sondern den Kuchen als Ganzes genießen, um zu einem optimalen Eindruck zu gelangen. Schön ist's, über das Kopfsteinpflaster zu schlendern und bei diesem oder jenem alten Haus haltzumachen. Auf einer Tafel steht dann ohnehin, um welches es sich handelt und wann es erbaut worden war.

Anschließend vielleicht eine **Wander- oder Radtour** ins Landesinnere? Am besten zur **Wingst** (etwa 15 km südöstlich gelegen), mit ihrem 74 m hohen Silberberg, den noch einmal ein Aussichtsturm von 25 m krönt! Von dort kann

> Otterndorfs Namensgeber

man schon mal die weitere Reiseroute durch das Kehdinger Land und auch das Endziel des Störtebekertreks, die Stadt Stade, ins Auge fassen.

Praktische Hinweise

Information

- **PLZ:** 21762.
- **Vorwahl:** 0 47 51.
- **Tourist-Information:** Rathaus, Tel. 91 91 31, Fax 91 91 41, www.otterndorf.de, touristik@otterndorf.de. Dieses Büro handhabt auch den lokal sogenannten „Zimmerwettbewerb".

Adressen

- **Angeln:** Angelscheine auf dem Campingplatz See achtern Diek (s.u.) und beim Kiebitzmarkt, Cuxhavener Str. 25.
- **Sole-Hallenbad:** Goethestr. 12, Tel. 36 68.
- **Bootsfahrten** (den Medem entlang nach Ihlienworth): Mit „MS Jens" (Tel. 91 25 13) oder „MS Onkel Heinz" (Tel. 0 47 55-230) ab Großer Specken.
- **Bootsverleih:** Tel. 57 67, 9 99 90.
- **Fahrräder:** Fahrrad-Center, Große Ortstr. 1; Fredebohm, Norderteil 2; Schoormann, Schleusenstr. 129; Nordwestrad, Bahnhof.
- **Stadtführungen:** Tourist-Info, Tel. 9 19 131.
- **Tagestouren im Bus:** Lührs, Tel. 9 22 90; Schröder, Tel. 91 53 20.
- **Wochenmarkt:** Jeden Fr am Großen Specken.
- **Yachthafen:** Medem-Vorhafen. 190 Liegeplätze. Info: Tel. 01 60-91 38 02 32.

Unterkunft

- **Elbblick** ③: Deichstr. 1, Tel. 35 30, www.zumelbblick.de
- **Kap Farvel** ③: Deichstr. 15, Tel. 23 65, www.hotel-kap-farvel.de

079nied ot

■ **Waltersruh** ③: Deichstr. 21, Tel. 23 65.
■ **Zur Post** ③: Cuxhavener Str. 32–34a, Tel. 91 10 00, www.zurpost-otterndorf.de.
■ **JH Otterndorf** ②: Schleusenstr. 147, Tel. 31 65, Fax 45 77, jhotterndorf@djh-nordmark.de, 212 Betten. Offen vom 6.1. bis 22.12.
■ Auch diverse **Zimmer, Gästehäuser** und **Pensionen.**

Camping

■ **Cap Farvel (B):** Deichstr. 15, Tel. 23 65. 45 Stellplätze. Ganzjährig offen.
■ **See achtern Diek (B):** Am Campingplatz 3, Tel. 29 33. 500 Stellplätze. Offen vom 1.4 bis 31.10.

Restaurants

■ **Dubrovnik:** Marktstr. 25. Balkan-Restaurant.
■ **Haduloha Land Hadeln:** Marktstr. 24. „Leckereien mit Pfiff." Außer Mo.

Altes Viertel in Otterndorf

■ **Leuchtfeuer:** im Hotel am Medemufer: Goethestr. 15. Feine Hotelküche.
■ **Klönstube:** Am Großen Specken 5. Fischgerichte, Kinderteller. Mi geschlossen.
■ **Medemstuben:** Marktstr. 22. Fisch- und Tagesgerichte. „Deutsche Küche.".
■ **Pankrath:** Deichstr. 1. Gutes und Bürgerliches.
■ **Ratskeller:** Große Dammstr. 7–11. Feine Küche in gepflegter Atmosphäre. Di geschlossen.
■ **Rhodos:** Schleusenstr. 48a. Otterndorfs Grieche. Mediterrane Spezialitäten.

081nied ot

■ **Schlemmerstübchen:** Stader Str. 50a. Feine Sachen für den schnellen Hunger.
■ **Toscana:** Reichenstr. 17. Italienisch-spanisches Restaurant.
■ **Zur Post:** Cuxhavener Str. 32. Durchgehend Schnellgerichte, Tagesteller.

Feste

■ **Germanischer Fünfkampf:** Alljährlich am 4. So im Juli treten am Otterndorfer Grünstrand fellbedeckte und mit Zaubertrank gestärkte Recken (auch einige Reckinnen) aus allen deutschen Gauen gegeneinander an, und zwar im: Diek'n (Karreschleppen), Findlingsstoßen, Keulenzielwerfen, Germanenweitsprung (aus dem Stand) und Bewältigen eines „Angelsachsenpfad" genannten Schwierigkeitsparcours. Anschließend sittenlose Fress- und Sauforgie im Freien bei herrlichem Klamauk. Gäste können bei allem mitmachen.
■ **Schützenfest:** Am 3. Wochenende im Juli.
■ **Altstadtfest:** Juli/August (während der Sommerferien in NRW), u.a. mit Kirschkernweitspucken-Wettbewerb.

Museen

■ **Kranichhaus:** Marktstr. 2, Tel. 91 48-0, www.kranichhaus.de. Seinen Namen hat das 1696 erbaute Haus nach einer großen Vogelskulptur auf dem Dachfirst. Museum für regionale Kulturgeschichte und Volkskunde.
■ **studio a:** Museum für gegenstandsfreie Kunst, Marktstr. 10, Tel. 97 99 99, www.studio-a.de. Sammlungen und wechselnde Ausstellungen.

Die Niederelbe entlang

Natureum Niederelbe

Unterelbe heißt sie amtlich, Niederelbe sagt man vor Ort (im Gegensatz zur Unterweser). Fast auf genauem Ostkurs führt die Störtebekerstraße von Otterndorf zunächst weiter an die Mündung der Oste in die Elbe. Dort gibt es gleich wieder etwas Museales zu sehen, und zwar das Natureum Niederelbe am äußersten Landzipfel nördlich von Neuhaus, mit einer **Dauerausstellung zu den Landschaftsformen** der Küstenregion und den darin vorkommenden **Tiere** und **Pflanzen.** Neuenhof 8, 21730 Balje, Tel. 0 47 53-84 21 10, zum Weltnaturerbe Wattenmeer gehörend. Ganzjährig täglich (außer Mo) geöffnet; Eintritt frei. Im Sommer sind **ornithologische Führungen** möglich. Gleich neben dem Natureum kann man das gewaltige **Sperrwerk** besichtigen.

[>] An der Niederelbe bei Otterndorf

Osten

Im Städtchen Osten, etwas flussaufwärts, befindet sich Deutschlands älteste in Betrieb befindliche **Schwebefähre.** Es handelt sich um ein uriges Metallgerüst aus dem Jahre 1909, konstruiert, immerhin, von einem Schüler des großen *Alexandre Eiffel.* Auch einen **Fährkrug** gibt es, in dem sich sogar übernachten lässt (Tel. 0 47 71-39 22).

Kehdinger Land

Jenseits der Oste beginnt das Kehdinger Land, in dem man im Herbst hauptsächlich osteuropäische Laute hört. Dann nämlich ist die Ernte in einem der größten **Apfelanbaugebiete** der Bundesrepublik dort in vollem Gang, und die Arbeitskräfte stammen fast ausschließlich aus Polen, Rumänien, Russland und der Ukraine. Ganz legale **Saisonarbeiter** sind sie; Deutsche wollen von der Knüppelei und Schlepperei kaum etwas wissen. Ein kleiner Geheimtipp ist dieser Landstrich entlang der Elbe vor allem während der **Apfel- und Rapsblüte** von Anfang bis Mitte Mai; auch ein wenig, versteht sich, in den Herbstmonaten, wenn man schon mal „miternten" kann, ohne dass jemand mault. Das besonders Schöne am Kehdinger Land ist nämlich, dass es relativ **dünn besiedelt** und befahren ist; auch das wiederum ein „Geheimtipp" für Radler und Wanderer.

Kehdingens Kapitale ist Freiburg, mehr ein Örtchen als ein Ort; ein paar Kilometer dahinter (ab Wischhafen) setzt die **Autofähre nach Glückstadt** im Halbstundentakt über die immer noch ansehnlich breite Elbe.

078nied ot

Insel Krautsand

Die große Insel Krautsand, die hier praktisch einen Teil des Flußufers bildet, hat übrigens nichts mit Kohl zu tun. **„Kraut"** nennt man an der Niederelbe die Garnelen, die dem Leser bislang als „Granat" bekannt sind. Auf dem Krautsand gibt es **Campingmöglichkeit** (s.u.).

Drochtersen

Drochtersen, ein alter und sehenswerter Ort, ist das „urbane Zentrum" Kehdingens, bevor die ehrwürdige „Hansestadt und Schwedenfestung Stade" – so der offizielle Titel – zehn Kilometer weiter südlich das regionale Regime übernimmt. Am dazwischenliegenden uralten **AKW Stade** sollte man tunlichst vorbeisehen und sich freuen, dass es „zurückgebaut" wird.

Sehenswertes

- **Institut für angewandte Biologie:** Freiburg. Anmeldung bitte tel. unter 0 47 79-88 51. Für Gruppen werden geführte Exkursionen und Besichtigungstouren in der Natur angeboten.
- **Kehdinger Küstenschiffahrts-Museum:** Unterm Deich 7, Wischhafen. Offen Ostern bis Mitte November. Sa/So/Fei, im Sommer täglich außer Mo.
- **„Moorkieker/Vogelkieker":** Naturtouren durch das Kehdinger Land. Auskünfte: Tourist-Info Tel. 0 41 41-1 25 61.
- **St.-Dionysius-Kirche:** Hamelwörden. Seit dem 15. Jh. ist diese prächtige Kirche Mittelpunkt des kleinen Ortes. Wer sich schon in Hamelwörden befindet, sollte die Kirche nicht missen.
- **Rauchhaus von 1691:** Drochtersen, Sietwender Str. 52. Dies ist eines der ältesten von vielen sehenswerten sogenannten Niedersachsenhäusern der Region.
- **St.-Martins-Kirche:** Assel, z.T. 14. Jh. Einer der schönsten Altäre der Region mit reichen Schnitzereien. Plastische Lindenholzfiguren zeichnen den

074nied rh

Leidensweg Jesu nach. Taufstein aus dem 14. Jh. mit alt- und neutestamentarischen Figuren.

■ **„Bleiturm":** Barnkrug, alter Bleischmelzturm. Mit 42 m Höhe eines der höchsten Bauwerke Kehdingens und deshalb kaum zu verfehlen. Es handelt sich hierbei um den einstigen Hochofen einer Bleifabrik. Also drinnen nicht zu tief atmen, bitte.

Praktische Hinweise

Information

■ **Tourist-Info Kehdingen:** Stader Str. 139, 21737 Wischhafen, Tel. 0 47 70-83 11 29, Fax 83 13 28, www.tourismus-kehdingen.de. Das Büro ist nicht nur für die Zimmervermittlung zuständig, sondern besorgt auch Angelscheine, Fahrräder, Yachtliegeplätze und arrangiert Führungen.

Unterkunft

■ **Fährhaus** ③: Fährstr. 16, Wischhafen, Tel. 0 47 70-71 72, www.fährhaus-wischhafen.de.

■ **Gasthof Kurbjuweit** ③: Stader Str. 26, Wischhafen, Tel. 0 47 70-71 02, gasthof_kurbjuweit@web.de.

■ **Gasthof-Pension Moorkate** ②: Birkenstr. 56, Wischhafen, Tel. 0 47 70-80 87 85.

■ **Hotel Kehdinger Hof** ②: Hauptstr. 59, Freiburg, Tel. 0 47 79-316, www.hotel-kehdinger-hof.de.

■ **Witt's Gasthof zur Post** ②: Dorfstr. 60, Oederquart, Tel. 0 47 79-86 86, www.zur-post-oederquart.de.

■ Außerdem mehrere **preiswerte Herbergen** in Drochtersen und Umgebung.

■ **JH Wingst** ①: Molkereistr. 11, 21789 Wingst, Tel. 0 47 78-262, Fax 75 94, wingst@jugendherberge.de. 201 Betten.

☒ Kehdingen ist Obstland

Camping

■ **Campingplatz Krautsand:** Krautsand 58, 21706 Drochtersen, Tel. 0 41 43-14 94. 140 Stellplätze. Offen vom 1.4. bis 31.10.

■ **Campingplatz am Elbdeich:** Leuchtturmweg 5a, Drochtersen, Tel. 0 41 43-55 22. 290 Stellplätze. Offen vom 1.4. bis 31.10.

Stade

Vor ein paar Jahren sprach eine Delegation aus dem fernen **Japan** im Rathaus der Stadt Stade vor und erkundigte sich höflich-gewunden, ob das **Kunsthaus am alten Hafen,** ein restauriertes Wohn- und Speichergebäude aus dem 17. Jh., nicht vielleicht käuflich zu erstehen wäre. Bejahendenfalls wollte man es Stein für Stein und Balken für Balken abtragen und auf der Insel Okinawa in einer Art Disneyland wieder aufstellen. Die Japaner hatten bereits den gesamten mittelalterlichen Ortskern der Stadt Celle für diesen Zweck aufkaufen wollen und waren nach einer Abfuhr jetzt in Stade erschienen. Doch auch da war nichts zu holen. Die ungewöhnliche Visite stellt aber immerhin den internationalen Bekanntheitsgrad Stades als **eine der geschichtsträchtigsten Ortschaften des norddeutschen Raumes** unter Beweis.

Geschichte

Erste Erwähnung war im Jahr 994. Tausend Jahre später, also vor relativ kurzem, gab es deswegen eine gewaltige Sause, deren Nachwirkungen in Gestalt weiterer Festivitäten noch lange spürbar sein werden. Damals, im 10. Jh., stand auf dem Spiegelberg, unfern der Stadt, die Burg der Grafen von Stade. Sie muss *Heinrich dem Löwen* ein Dorn im Auge gewesen sein, denn er nahm den Ort 1145 ein. Was selbigem bestimmt zum Vorteil gereichte, denn bereits 1209 wurden die **Stadtrechte,** wenig später die Münz- und Stapelrechte erteilt. 1236 fiel Stade an die **Bremer Erzbischöfe,** die ihren Sitz am Bischofshof hatten. Anno 1279 entstand mit den berühmten **„Stader Statuten"** eine lokale Verfassung; außerdem wurde der Ort Mitglied der mächtigen Hanse.

Alles hätte ersprießlich weitergehen und Stade zu immer höherer Blüte gelangen können, wenn das **Flüsschen Schwinge,** an dessen Ufern der Ort liegt, nicht zunehmend verschlickt wäre. Dadurch geriet der bis in ferne Lande ausgedehnte **Stader Handel** empfindlich ins Stocken. Den Hamburger Nachbarn kam das gerade recht, denn sie hatten den Emporkömmling, der ihnen besorgniserregend zum **Konkurrenten** erwuchs, schon lange mit Misstrauen beäugt. Sie müssen von Herzen froh gewesen sein, als Stade, im Dreißigjährigen Krieg zur schwedischen Festung ausgebaut, im Mai 1659 von einem **Großbrand** fast völlig eingeäschert wurde. Ohne dieses betrübliche Geschehnis hätten die Japaner heute noch weitaus mehr zu staunen gehabt und ihr Angebot wahrscheinlich um eine Null vor dem Komma erweitert.

Der **Wiederaufbau** Stades erfolgte auf dem enggegliederten mittelalterlichen Stadtkern; strukturell ist die **Altstadt** also erhalten geblieben. Aus der Asche erhob sich als erstes (1667) ein neues **Rathaus** im flämischen Stil, dessen Keller aus dem Jahre 1279 das Feuer überdauerte und heute ein Restaurant beheimatet. Danach entstanden in schneller Folge zahlreiche **Bürgerhäuser,** vor allem im Bereich des alten Hafens; im Jahre 1705 wurde der berühmte **Schwedenspeicher** erbaut, heute eine Art Wahrzeichen. Aus der Luft sieht die Stader Altstadt, in einer Schleife der Schwinge gelegen, jener von Bern nicht unähnlich, die als eine der sehens- und erhaltenswürdigsten der Welt gilt.

Aber Schönheit hat ihren Preis. Die **Nähe Hamburgs,** laut Statistik reichste Stadt Europas, wirkt sich auf den „Vorort" Stade aus, in dem Besucher aus der Metropole schon immer den Ton angaben. Ein entsprechender Hinweis im Einklang mit den preislichen Kriterien dieses Buches wird gleich anschließend bei den Herbergen gegeben. Wem die Übernachtungen in Stade zu teuer sind, kann immer auf das Umland der Stadt ausweichen, in dem das Preisniveau fühlbar niedriger liegt.

Sehenswertes

Was gibt es in einer tausendjährigen Stadt nicht alles zu sehen! Doch die bei Otterndorf bereits gemachte Einschränkung hat auch hier Gültigkeit: Man sollte sich **Alt-Stade als Ganzes** zu Gemüte führen und nicht nur Stückwerk herauspicken und dieses als „typisch" preisen. Die Schwedenzeit – Stade nennt sich ja ganz offiziell **„Schwedenfestung"** – hinterließ überall eindrucksvolle Spuren. Versteht sich, dass *Carl Gustaf* und *Silvia* die Stadt zur **Tausendjahrfeier** besuchten. Ein **„Schwedentrunk"** wurde ihnen allerdings nicht kredenzt, denn bei die-

Stade, Zentrum

ser im Dreißigjährigen Krieg von den skandinavischen Besatzern eingeführten Labe, die noch heute in ganz Norddeutschland unter diesem Namen bekannt ist, handelt es sich um keinen leckeren Aperitif, sondern um eine Kostprobe aus der Güllelagune, mit der man früher Gefangene zu Geständnissen bewegte …

Schöne alte **Kirchen** prägen die Silhouette der Altstadt. Doch was soll es, weiterhin das prächtige Dach aus dem 14. Jh. der St. Wilhadi zu rühmen, das längst der Feuersbrunst zum Opfer gefallen war? Drinnen indes beeindruckt die Orgel aus dem Jahre 1736 – und auch ihr Klang, denn sie ist immer noch in Betrieb.

Man kann vom Orgelrauschen auch hinüber ins **ruhige Umland** „verholen", so ein Küstenausdruck. 1500 km **Rad- und Wanderwege** durchziehen die Stader Region, wobei schöne Panoramen einander ständig abwechseln.

Praktische Hinweise

Information

- **PLZ:** siehe PLZ-Verzeichnis.
- **Vorwahl:** 0 41 41.
- **Info:** Stade Tourismus-GmbH, Hansestr. 16, Tel. 40 91 70, Fax 40 91 50, www.stade-tourismus. de, info@stade-tourismus.de.

Adressen

- **Angeln:** Stader Anglerverein, Am Alten Schwingearm, Tel. 6 69 12.
- **Bäder:** Hallenbad und beheiztes Freibad Solemio, Am Exerzierplatz 3, Tel. 4 03 30.
- **Bootsverleih:** Am Schwingedeich 50, Otterbecker Damm 15.
- **Discos:** Zahlreich im Umfeld der Stadt.
- **Fahrräder:** Brandt, Freiburger Str. 45; Radhaus, Bremervörder Str. 18.
- **Jugendfreizeitstätte:** Alter Schlachthof, Freiburger Straße 4, Tel. 54 49 11
- **Naturfahrten:** „Tidenkieker", Tel. 40 91 70
- **Schiffstouren auf Schwinge und Elbe:** Stade-Maritim, Tel. 0 41 44-23 32 80
- **Schnellfähre nach Hamburg:** Tel. 40 91 70
- **Stadtführungen:** Mi, Sa und So ab Schwedenspeicher-Museum, Info: Tel. 40 91 70

Unterkunft

Kaum ein Hotel erfüllt die Preiskriterien dieses Buchs. Zwei seien genannt:

- **Hartlef's Gasthof** ②: Moorchaussee 129, Tel. 04146-235, www.hartlefs-gasthof.de. Etwas außerhalb.
- **Kiek In Zur Einkehr** ②: Freiburger Str. 82, Tel. 2325, www.hotelzureinkehr.de.

Im weiteren Umfeld der Stadt finden sich jedoch zahlreiche preislich günstige Unterkünfte.

- **JH Stade** ②: Kehdinger Mühren 11, Tel. 4 63 68, Fax 28 17, stade@jugendherberge.de. 139 Betten. Offen vom 6.1. bis 22.12.

Restaurants

- **Al Porto:** Neubourgstr. 11. Stades Italiener mit raffinierter mediterraner Küche.
- **Altstadt Café:** Hökerstr. 29. Große Speisenauswahl, darunter Rügener Fischspezialitäten.
- **Dionysos:** Hökerstr. 21. Stades Grieche, „wo die Preise Syrtaki tanzen".

› Stade von oben

083nied st

Elbblick: Stader Elbstr. 1. Herzhaftes mit Blick auf den Schiffsverkehr. Nov.–Feb. nur Sa/So.

Inselrestaurant: Auf der Insel 1. Beliebtes Ausflugslokal. Tägl. 11–24 Uhr.

Ratskeller: Hökerstr. 10. Fisch und norddeutsche Küche im Ambiente des Jahres 1279. Mo geschlossen.

Zur Einkehr: Freiburger Str. 82. Fischspezialitäten, Büfetts.

Feste

Info: Tel. 40 91 15.

Stader Fastnacht: Jedes Jahr am 11.11. ab 11 Uhr 11.

Frühjahrsmarkt: Fr–Di nach Ostern.

Blumentag: Ende Ma.i

Altstadtfest: Anfang bis Mitte Juni.

Holk-Fest: Große Kultursause von Mitte bis Ende August.

Herbstjahrmarkt: Fr–Di in der dritten vollen Septemberwoche.

Weihnachtsmarkt: 1. Dezemberhälfte.

Schwedische Woche: Seit 2013, alle 3 Jahre im Juni.

Museen

Die **Telefone der Museen** laufen jetzt über eine Zentrale, deshalb sind die Nummern mitunter die gleichen oder ähnlich.

Baumhaus-Museum: Eine liebevoll zusammengetragene Privatsammlung zum Thema „Alt-Stade", in der selbst die Bierflasche (leer) aus dem 19. Jahrhundert nicht fehlt. Der „Baum" im Namen bezieht sich übrigens auf kein Laubgewächs, sondern auf einen Balken, mit dem früher der Hafen abgesperrt wurde. Wasser Ost 28, Tel. 4 54 34.

Freilichtmuseum auf der Insel: Attraktion ist außer einer Bockwindmühle ein Altländer Marschbauernhaus von 1733 mit Originalinventar sowie auch ein Geest-Bauernhaus von 1841 (heute mit Restaurant). Auf der Insel, Tel. 7 97 73 30. Offen vom 1.5. bis 30.9. Täglich außer Mo.

Heimatmuseum: Schwerpunkt ist eine volkskundliche Sammlung von Möbeln, Schmuck, Haushalts- und Arbeitsgegenständen usw. Inselstr. 12, Tel. 79 77 40. Ganzjährig morgens außer Mo und jedem 2. und 4. So geöffnet. (Bei Drucklegung dieses Buches wegen Sanierungsarbeiten bis auf Weiteres geschlossen.)

085nied st

› Blick auf die Altstadt

Kunsthaus: In dem sehr aufwendig restaurierten Haus aus dem 17. Jh. (das den Japanern so gefiel) finden wechselnde Ausstellungen mit Werken namhafter Künstler statt. Neben Hochkunst der klassischen Moderne wird Gegenwartskunst ausgestellt. Wasser West 7, Tel. 7 97 73 20, www.museen-stade.de/kunsthaus. Mo geschlossen.

Schwedenspeichermuseum: Im 1705 fertiggestellten Proviantaus am Alten Hafen. Zwei Säle mit z.T. international bedeutenden Exponaten zur Kulturgeschichte Stades und Umgebung von der Steinzeit bis ins 19. Jh. Im Erdgeschoss ständig wechselnde Sonderausstellungen und Veranstaltungen. Wasser West 39, Tel. 32 22. Offen ganzjährig täglich außer Mo.

Technik- und Verkehrsmuseum: Auf einem alten Fabrikgelände sind jede Menge alte Fahrzeuge, Geräte und Maschinen zusammengezogen (insgesamt ca. 5000 Exemplare), um einen Einblick in ein verflossenes Zeitalter der beginnenden Technisierung im Elbe-Weser-Dreieck von 1850 bis in die Moderne zu geben. Freiburger Str. 60, Tel. 28 88. Ganzjährig täglich geöffnet.

nsk13-001 rh

4 Praktische Reisetipps

< Der Deich ist nirgendwo fern

Reise und Preise

Unterkunftskosten

Kurzaufenthalte

Wer die Störtebeker-Route in ihrer gesamten Ausdehnung bereisen, alles sehen und auskosten möchte, sollte sich dafür Zeit lassen. Am besten einen ganzen Urlaub lang. Zu bedenken ist dabei jedoch, dass die **individuelle Reisemethode,** die man zwangsläufig wählen muss, pauschale Arrangements weitgehend ausschließt. Zusätzlich verteuernd wirkt sich der Umstand aus, dass man kaum einmal von den billigeren Angeboten unter Pensionen und Privatquartieren Gebrauch machen kann. Deren Vermieter wollen ihre Räumlichkeiten einem kurzfristig Durchreisenden nicht für eine oder zwei Nächte zur Verfügung stellen. Das geht, falls überhaupt, nur außerhalb der Hauptsaison, die in etwa von Mai bis September (beide Monate einschließlich) anzusetzen ist. Dann allerdings stößt man häufig auf recht günstige Angebote (um 20 € ÜF) und zuvorkommendere Herbergseltern.

Unterkünfte, die in Informationsquellen wie dem Internet auf **Preisangaben** verzichten oder die ihre Preise so verschachteln, dass sie nur mit großer Mühe gefunden werden können, wurden nicht in dieses Buch aufgenommen. In solchen Fällen steckt immer die böse Absicht dahinter, die Tarife mal klammheimlich zu erhöhen.

Hauptsaison

In der Saison, d.h. etwa von **Mai bis September,** muss man schon ein wenig mit spitzem Bleistift rechnen, bevor man sich auf diese Reise begibt. Ein Fünfziger am Tag – nichts Außergewöhnliches im Nordseebereich – ist schnell weg. Das macht in drei Wochen tausend Euro. Dafür kann man auch pauschal in die Karibik jetten, deren Gestade nicht verschämt als „Grünstrände" umschrieben werden müssen.

Glücklicherweise variieren die Hotelpreise in der NS und HS nur geringfügig (um etwa 10 %), falls überhaupt. Hotels bieten sich folglich ganzjährig zu fast gleichen Konditionen an. Man braucht sich auch keine Sorgen hinsichtlich einer zeitlichen „Mindestbelegung" zu machen, sondern kann abends einchecken und morgens frohgemut weiterreisen.

Angaben im Buch

Um Küstenbesuchern mit „normalen" Budgets entgegenzukommen, ist dieses Buch daher bemüht, einen Überblick über die zu erwartenden Ausgaben zu vermitteln und Vorschläge zu machen, wie man die **Kosten niedrig** hält. Die

nsk13-002 rh

Angaben geben die Auskünfte der Vermieter nach bestem Wissen wieder, sind aber ohne Gewähr. Auch beinhalten die Reihenfolgen von Beherbergungs- und Bewirtungsbetrieben keine Wertung.

Was ihren **Standard** betrifft, waren sie nach meinen persönlichen Erfahrungen alle ohne Makel. Das will aber nichts heißen. Im Internet findet man manchmal grausliche Rezension von Gästen („total verdreckt, muffiges Personal"), die zweifellos oft berechtigt sind, aber nicht in dieses Buch aufgenommen wurden. Manche Leute sind darauf aus, ein Haar in der Suppe zu finden …

Preiskategorien

Küstenkenner unterscheiden bei allen Herbergen die **„1. bis 3. Reihe".** Die 1. befindet sich auf den Inseln; dort ist es am teuersten. Die 2. zieht sich durch die Küstenorte – preisliches Mittelmaß. Die 3. und billigste liegt im Inland. Für einmalige Übernachtungen auf kurzfristiger Basis bieten sich Hotels, Jugendherbergen und Campingplätze an, bei denen ein Anruf für eine Reservierung reicht. **Um bei den täglichen Ausgaben unter 50 € zu bleiben, habe ich für die Hotels eine willkürliche Obergrenze von 50 € gesetzt und folgende Preiskategorien eingeführt:**

Unterkünfte
Die Preise beziehen sich auf das günstigste Angebot des Hauses, jeweils pro Person im Doppelzimmer, Übernachtung mit Frühstück.

① bis 25 €
② 25–35 €
③ über 35 €

Die Preise beziehen sich auf das günstigste Angebot des Hauses, jeweils **pro Person im Doppelzimmer, Übernachtung mit Frühstück.** Es sind nur jene Klausen aufgelistet, die unter diesem Limit liegen. Meistens muss man dann auf den Seeblick verzichten. Aber da man diesen auf Reisen ja bereits den ganzen Tag genießt, wird man nachts auch ohne ihn auskommen können. Ein gewisser Ausgleich wird sowieso insofern gegeben, als die preiswerteren Hotels meist außerhalb der Städte und manchmal in idyllischer Umgebung gelegen sind. Außerdem ist fast immer mit einer stilvolleren Baulichkeit zu rechnen als bei den stereotypen Ferienwohnungen mit ihrem Pseudo-Friesenlook, Hieronymus-Dekor und weiterhin klammheimlich untergebaggerten „Nebenkosten", auf die ich gleich noch zu sprechen komme. Und wenn statt der Duschkabine auch nur ein Waschbecken im Zimmer ist und das Klo auf dem Gang – weshalb sollte sich das Leben in den Ferien auch bezüglich dieser Kleinigkeiten nicht einmal ein wenig anders gestalten als im Alltag?

Jugendherbergen (JH)

Schöne Jugendherbergen gibt es im Bereich der Störtebekerstraße. Sie sind **an der Küste** so **verteilt,** dass man zumindest bei Reisen mit dem Auto oder Fahrrad jeden Tag eine andere erreichen kann.

Die früher geltenden „Kategorien" für die Jugendherbergen sind schon seit längerem abgeschafft worden. Deshalb variieren die **Preise** von einer JH zur nächsten, wenn auch nicht einschneidend. Sie beziehen sich jeweils auf ÜF und enthalten immer eine Abgabe für Bettwäsche. Wo immer Kurtaxe fällig ist, muss auch die bezahlt werden.

Zentrale Belegungs-Info und generelle Auskünfte: DJH-Landesverband Unterweser-Ems, Woltmershauser Allee 8, 28199 Bremen, Tel. 04 21-59 83 00, unterweser-ems@jugendherberge.de, www. jugendherbergen-nordwesten.de

Campingplätze

Zelt- und Campingplätze findet man mehr als genug. Je nach Ausstattung der Anlage muss man mit Preisen zwischen etwa 3 € für ein Zelt und 6–10 € für einen **Wohnwagen** rechnen, dazu in den meisten Fällen mit einer **Personengebühr,** die für Erwachsene bei 1,50–4,50 € liegt (Kinder rechnen meist ab 6 Jahren; auf manchen Plätzen will man aber sogar von Säuglingen Geld haben).

Zu diesen Gebühren gesellen sich in der Regel noch **Kosten für Strom.** Sogar für den **Hund** werden hier und da ein paar Euro abgezwackt. Er ist übrigens an der gesamten Küste nicht ausgesprochen gerne gesehen; viele Herbergen lassen ihn nicht zu.

Campingkategorien

Der schleswig-holsteinische Verband der Campingplatzhalter teilt seine Plätze in folgende Preiskategorien ein:

- **A: bis 10 €**
- **B: bis 12,50 €**
- **C: bis 15 €**
- **D: ab 15 €**

050nied rh

Das System wurde für dieses Buch übernommen. Die Preise gelten für den jeweils billigsten Stellplatz und Belegung durch 2 Erwachsene und 1 Kind in der HS. Nicht kategorisierte Plätze legen keinen Wert auf eine Veröffentlichung ihrer Preise und geben diese nur auf individuelle Anfrage her.

Kurtaxe

Außerdem wird man überall ärgerlicherweise mit einer Kurtaxe zur Kasse gebeten. Obwohl viele Küstenbesucher in dieser Einrichtung keinen Sinn erkennen und argumentieren, dass das dieser-

Sehenswerte Architektur

art eingesackte Geld vor allem dazu diene, wasserköpfige Verwaltungsapparate zu finanzieren, kommt man an der Zahlung selten vorbei. Nur in der „3. Reihe" trifft man schon mal auf Vermieter, die sich querlegen und nicht den Klingelbeutel herhalten. Die Kurtaxe kann **zwischen 0,50 und 2,60 €** betragen, Kinder: siehe „Kostenfaktor Kind".

Ferienwohnung

Der eine oder andere Küstenbesucher wird sich fraglos genügend für die Region erwärmen, um im Folgejahr vielleicht einen Aufenthalt mit fester Basis einzuplanen. Wer mit mehrköpfiger Familie auf Tour geht, kann sich die **preislichen Vorteile** einer Ferienwohnung leicht ausrechnen; wen die vielen Ausrufezeichen in den „Campingplatzordnungen" abstoßen, dürfte auch irgendwann den Wunsch nach einer freundlicheren Bleibe verspüren.

Seit 1992 darf das Beherbergungsgewerbe nicht mehr mit versteckten Karten spielen, wie es bis dahin vor allem bei den sogenannten **End- oder Nachreinigungskosten** der Fall war, die manchem Mieter beim Auszug eine böse Überraschung bescherten. Diese Kosten müssen heute im Mietpreis enthalten sein; dem Mieter muss klipp und klar gesagt werden, was die Bleibe pro Zeiteinheit kostet.

Wichtig ist auch immer, den Vermieter nach seiner persönlichen Interpretation der **Haupt- und Nebensaison** zu befragen. In der letzteren sind die Preise für Fewos normalerweise stark reduziert, doch man muss die Termine genau festlegen. Ganz winzig klein findet man auch manchmal vermerkt, dass während der Ferien der volle Preis gilt, also auch in der NS.

620nn rh

Einen Überblick über das bestehende Angebot kann man sich verschaffen, indem man die Kurverwaltung oder Zimmervermittlung des Zielortes um Übersendung einer **Gastgeberliste** ansucht. Anhand derer kann man sich die Klause aussuchen, die einem zusagt und sich mit dem Vermieter in Verbindung setzen. Mit den anschließenden Absprachen zwischen den Parteien haben die Verwaltungen jedoch nichts mehr zu tun; es sind rechtlich bindende Vereinbarungen, die der schriftlichen Form bedürfen. Vorsicht da also!

Zu bedenken ist auch in einer Vielzahl von Fällen, dass die Fewo nicht etwa einer armen friesischen Seemannswitwe gehört, sondern ein **Renditeobjekt** eines Düsseldorfer Zahnarztes oder Frankfurter Immobilienhändlers ist. Das erklärt auch die überwiegend fehlangepasste Architektur dieser Behausungen. Wenn man den wirtschaftlich schwachen Küstenbewohnern etwas Gutes tun möchte, sollte man ein wenig auf den Namen des Hausbesitzers achten.

Verpflegungskosten

Übernachtung mit Frühstück

Für die Verpflegung gilt eine vergleichbare **Abstufung in drei Reihen** wie oben beschrieben. Wer seine Mahlzeiten ohne Stehgeiger im Rücken einzunehmen bereit ist, auch mal einen Matjeshering aus der Faust statt von feinem Porzellan verspeisen kann, wird viel Geld sparen. Bei Übernachtungen mit Frühstück (ÜF) ist morgens fast durch die Bank ein uniformes Angebot zu erwarten: Kaffee oder Tee, immer vorzüglich. Weniger prächtig: Brötchen, Kaufhauswurst und -käse, billige Marmelade, vielleicht mal ein Ei. Nur auf **Bauernhöfen** gibt es mitunter etwas Ansprechenderes, schon weil die Bäuerin sich freut, wenn dem Gast die Farmprodukte schmecken. (Exzellent, wenn auch teuer, sind jedoch die Morgenbüfetts in den besseren Hotels.)

Gastronomie

Vorsicht aber vor Speisestätten, die dem einfachsten Bratkartoffelgericht ein **„Erlebnis"-Etikett** aufpappen! Da muss das Erlebnis dann nämlich mitbezahlt werden. Generell gilt auch, dass der Diminutiv (Verkleinerungsform, z.B. „Klößchen") auf der Speisekarte einen Superlativ auf der Rechnung nachzieht. Nichts gegen die kommerzielle Gastronomie – wie oft müsste man ohne sie Hunger schieben, sich trostlos aus dem Supermarkt ernähren! Doch wenn man sich vor Augen hält, dass hier und dort eine Tasse Kaffee mehr kostet als eine komplette Garnelenmahlzeit für zwei (!) aus dem Fischladen, dann wird man vielleicht doch nachdenklich und macht sich ein wenig ans Kalkulieren.

◁ Freundschaft mit dem niedersächsischen Wappentier

Dienstleistungen

Eintrittspreise

Erspart habe ich es mir, Posten wie zum Beispiel Eintrittspreise in Museen oder Gebühren für Wattwanderungen und dergleichen einzeln aufzulisten. Es handelt sich da eben um Dienstleistungen, die in einem Land wie dem unseren einen ziemlich hohen Preis haben, deren Inanspruchnahme aber glücklicherweise freiwillig ist. Für einen Museumsbesuch sind durchweg 2–3 € für Erwachsene anzusetzen, ein Wattführer will schon mal mehr sehen.

Autogebühren

Versteht sich auch, dass ein Auto satt Geld kostet. Wer mit ihm bis an die grüne Nordseewiese fährt, wird zu Recht kräftig zur Kasse gebeten. Vielleicht lässt der Fahrer, was sehr zu wünschen wäre, den Wagen dann das nächste Mal zu Hause. **Die Mehrzahl der Nordseeinseln ist bereits autofrei;** wenn auch die Festlandsküste insofern entmöffelt werden könnte, käme sie den paradiesischen Beschreibungen in den Prospekten einen Schritt näher.

Kostenfaktor Kind

„Kinder zahlen die Hälfte", heißt es meistens. **Was ist ein Kind?** An der Küste auf alle Fälle ein kräftiger Kostenfaktor. Um einen Anhaltspunkt zu haben: Die Jahre zwischen 4 und 12 zählen in Herbergen, auf Fährschiffen und bei Tourprogrammen normalerweise preislich halb, andere Kassenwarte lassen sich bis 18 hinhalten. Bei der Kurtaxe sind Kinder unter 6 Jahren generell von der Zahlung befreit. Das gilt manchmal auch für Kinder ab 6 Jahre, meistens wird für diese Altersgruppe aber ein verringerter Erwachsenensatz berechnet.

Klima und Gesundheit

Reizklima

Sooooooo gesund, wie immer wieder behauptet wird und wie es in den Prospekten steht, ist das Klima an der Nordsee nun auch wieder nicht. Schon Erzbischof *Johann von Bremen* erbat sich anno 1326 vom Papst *Dispens,* nicht in den Nebelbräu Ostfrieslands reisen zu müssen, um dort Gottes Wort zu verkünden. Er hatte zwar noch nie etwas von aktinischen, luftchemischen und thermischen **Wirkungskomplexen** und antineoplastischen Effekten gehört, mit denen der Kurgast heute traktiert wird. Doch er ahnte wohl instinktiv, dass man sich

> Besonntes Watt

dort, wo laut Friesenhymne „so luut de Nordsee bullert", ganz schön das Zipperlein holen kann. Es mutet schon ein wenig paradox an, wenn Pharmafirmen heute gleichzeitig mit einer Ode auf das gesunde Reizklima des Meeres Produkte gegen Ekzeme und Erkältungen anpreisen, wie es in einer Beilage zur **Ärztlichen Praxis** vor einiger Zeit geschah.

Immerhin wird das Nordseeklima neuerdings selbst in der Werbung nicht mehr kompromisslos als **Allheilmittel** gegen eine Vielzahl von Leiden gepriesen, wie es in der Anfangsgeschichte des Seebäderbetriebes und noch bis in die jüngste Vergangenheit hinein der Fall war. Man hat in den Badeorten erkannt, dass der Küstenbesucher kritischer geworden ist, dass er sich über zugenommene UV-Strahlung und ihre Folgen informiert hat und dass er auch nicht mehr blindlings akzeptiert, wie blütenrein und pflegeleicht an den Deichen alles ist.

Verschmutzung des Meeres

Das Wasser allein! Wenn eine bekannte, in allen Badeorten vertretene Firma ihre **Meerwasser-Trinkkur** immer mit dem Vermerk versieht, dass das verwendete Medium aus den Tiefen des Atlantischen Ozeans, mithin nicht aus der Nordsee stammt, so hat sie dafür gute Gründe. Nicht dass das Nordseewasser etwa „schmutzig" im krassesten Sinne wäre. Was darin sichtbar herumschwimmt, sind überwiegend natürliche **Schwebstoffe,** manche organisch, andere nicht. Es wäre vielleicht sogar schade, sie nur der Ästhetik wegen auszufiltern, denn sie mögen ganz gesund sein. Jedes Jahr lässt der ADAC die Küstengewässer auf ihre **Sauberkeit testen** und meldet regelmäßig: „Alles paletti." Das entspricht auch absolut den Tatsachen. Doch die Tests beschränken sich auf das Vor-

005nied rh

handensein schädlicher **Bakterien,** und insofern hat es wahrhaftig enorme Fortschritte gegeben. In der „guten, alten Zeit“ endeten nämlich die meisten Exkremente Nordwesteuropas im Nachttopf Nordsee; heute, prozentual betrachtet, nur noch so wenige, dass man zumindest insofern schon mal eine Trinkkur wagen könnte.

Es sind andere Stoffe, die einem diesen Genuss vermiesen und der bewussten Wasserfirma weiterhin ein Engagement im fernen Atlantik bescheren werden. Zu Gesicht bekommt man sie höchstens mal in Gestalt über Bord gegangenen und angeschwemmten Strandguts, das mitunter (z.B. im Fall einer Sportschuhladung, schon passiert) zu kleinen Piraterien verlockt, manchmal, wenn es sich um eklige Chemikalien handelt, aber dem Nordseetourismus schweren Schaden zufügen kann. Der letzte Zwischenfall dieser Art liegt gottlob schon einige Jahre zurück (1994).

Still und ungesehen wie das Christkind fließen jedoch Tag für Tag, Jahr für Jahr, gewaltige Mengen **anorganischer Substanzen** in die Nordsee, vornehmlich „eingetragen“, so der hübsche Fach-Euphemismus, durch Industrieunter-

nsk13-003 rh

nehmen (Direkteinleitung), Automobile (unverbrannter Treibstoff in der Atmosphäre) und ölfieselnde Quellen wie Bohrinseln und Schiffe. Besonders schlimm sind die „Einträge“ der **Chlor verarbeitenden Industrie**, denen die Natur – vom Menschen ganz zu schweigen – keine einprogrammierte Abwehr entgegenzusetzen hat. **Öl** zum Beispiel kann, ohne das klebrige Zeug verharmlosen zu wollen, nach und nach bakteriell abgebaut werden, die Retortenstoffe großenteils nicht.

Noch zu Beginn der 1990er Jahre erhielt das deutsche Nordseewasser sehr schlechte Noten. Führend in Bezug auf Sauberkeit waren Irland, Griechenland, Spanien und Portugal. Doch unser Hausmeer hat inzwischen eindrucksvoll aufgeholt. Nicht zuletzt ursächlich dafür war ein totales Ablassverbot für Ölrückstände von Frachtschiffen, das erst gegen den Druck wirtschaftlicher Interessenverbände durchgesetzt werden konnte. Wie man sieht, geht so etwas – aber oft nur mit politischer Brachialgewalt.

Saubere Luft

Wie relativ ist aber alles! Wie blitzsauber ist die Nordsee gegen den Rhein! Wie glasklar die Luft an der Küste gegen den Pesthauch von Millionen Motorfahrzeugen weiter im Inland! Als **pollen- und schadstoffarm,** günstig für den immungeschädigten Allergiker vor allem, preisen Kurverwaltungen und ihnen verpflichtete Mediziner das Klima vor ihren Türen. Die MS und den Alzheimer heilt es zwar auch nicht, aber die saubere Luft ist fraglos ein Elixier für strapazierte Lungen, macht den Kopf klar und sollte diesen dann eigentlich nachdenklich stimmen, weshalb die Luft andernorts nicht sauber ist. Vielleicht stellen sich Erkenntnisse und Ideen ein, was man dagegen unternehmen könnte.

< Belebter Deich

Wirkung der Sonne

Niemand kann mit dem Finger auf etwas zeigen und sagen: Das ist's, was hier die Gesundheit fördert. Da fließen nämlich zahlreiche Faktoren zusammen: die Ferienstimmung vor allem schon mal, die Loslösung vom Alltag, die dem Hormonhaushalt einen gehörigen Schub gibt. Schön insbesondere, wenn der Robinson an der Küste seinen Freitag findet. Und die Sonne! Immer ist sie zwar nicht da, aber sie kann ganz schön Power haben, wenn sie scheint. Zwar existiert schon der Definition nach in Nordseebreiten gar kein **„Ozonloch"**, denn dieser Begriff wird nach wissenschaftlicher Übereinkunft erst verwendet, wenn mehr als die Hälfte des Ozonschildes von Chlor zerfressen ist. Doch bereits eine geringfügige Ausdünnung der Ozonschicht ist gefährlich – und eine solche Situation gibt es schon längst.

Also nicht zu viel **Sonne „tanken"** – zum Hautkrebs ist es heutzutage nur ein kleiner Schritt! In bescheidenen Dosierungen führt sie aber nicht nur zur begehrten Bräune, sondern ebenfalls zu guter Laune und sogar zu einer eindrucksvollen Anhebung der Libido, weil durch das Licht das Depressivum Melatonin abgebaut wird.

Andere Wohltäter

Auch mal auf eine **Seereise** gehen. Da entwickelt sich dann, wenn es stürmt und schaukelt, ein gesunder „Eu-Stress" – im Gegensatz zum schädlichen „Di-Stress", wenn der Chef einen zusammenstaucht –, gut, wiederum, für die Hormone. Sich mal so richtig wie ein Ferkel im **Wattenschlamm** wälzen. Na, und? Nicht nur entspannt ein solches anarchisches Tun enorm, der Schlick ist auch gut für die Haut. (Im Watt ist das Wälzen zudem gratis, im Kurhaus nicht; auch diese Vorstellung wirkt entspannend.) Und die ganze Zeit beeinflussen am Meeresrand sogenannte **negative Ionen** den Organismus und führen paradoxerweise zu weiterem positivem Feeling. „Lebensspender Nordsee – Meer für die Gesundheit – Natur-Inhalatorium – Gesundheitsteppich Watt – alles paletti ..." – ein bisschen sehr vorlaut sind diese Werbesprüche vielleicht allesamt, aber es ist doch schon etwas dran an ihnen.

Leben und Überleben

Wenn du siehst, daß jemand ins Wasser fällt,
dann springst du sofort hinterher.
Denn man weiß nie bestimmt,
ob er sackt oder schwimmt,
und die nassen Kleider sind schwer.

Wenn du erst dich besinnst, was du selber riskierst,
dann ist das eine Hundeschweinerei!
Denn wenn du wirklich dein Leben verlierst,
was wäre dann schon Schlimmes dabei?!

Wenn aber der Jemand ertrinkt – und, wie hier
es beinahe geschah, eine Frau –,
dann verdienst du, daß ich die Leiche dir
rechts und links um die Ohrflossen hau!

Joachim Ringelnatz

Tückische Knoten

Außer im Pool kann man kaum irgendwo auf der Welt in zahmeren Gefilden ein Seebad nehmen als an der Festlandsküste der deutschen Nordsee. Die Strände, oder was immer so genannt wird, sind flach, meist be- und überwacht. Die Brandung der hohen See erreicht nur selten einmal im Schmetterformat die Küste, und wenn das der Fall ist, werden die Strandbäder eh dichtgemacht.

Trotzdem kann man als Badegast schon mal ganz schön in Seenot geraten. Denn die Gezeiten des Nordmeeres entwickeln **knotenreiche Strömungen** – packen sie einen erst mit voller Gewalt, ist Gegenanschwimmen zwecklos. Außerdem ist das Wasser kalt; unter allergünstigsten Bedingungen kann man als „Vertriebener" vielleicht einen halben Tag in ihm überleben. Die für die **Rettung menschlichen Lebens** an der Küste zuständigen Organisationen blicken mit Unmut auf Rekordschwimmer, Luftmatratzenkapitäne und Nordmeerbezwinger im Gummiboot, vor allem wenn selbige, „der Kälte wegen", vor ihrem Abenteuer noch kräftig einen gehoben haben. „Was bedeutet das eigene Leben!" besingt *Joachim Ringelnatz* den selbstlosen Retter. Besser ist's, wenn beide erhalten bleiben. Indem sich der eine gar nicht erst in unnötige Gefahr begibt und der andere sein Leben nicht aufs Spiel setzen muss, um ihn zu retten.

Übrigens: Um **Knoten** (Seemeilen pro Stunde) in Kilometer pro Stunde (km/h) **umzurechnen,** multipliziert man die Knoten mal 2 und subtrahiert 10 %; umgekehrt: km/h plus 10 % geteilt durch 2 = Knoten.

Keine Experimente im Watt!

„Niemals ohne den ‚staatlich geprüften Führer' auf Wattentour gehen!" So schrillt es immer wieder an der Küste. Weshalb eigentlich nicht, ist da Geldschneiderei im Spiel?

Der eine oder andere Nordseebesucher wird sich fraglos bemüßigt sehen, auch ohne Anleitung zumindest ein paar Schritte ins Watt zu wagen. Dagegen ist im Prinzip gar nichts einzuwenden. Bedenken sollte er allerdings, dass große Teile des Wattenmeeres zum **Nationalpark** gehören und nicht betreten werden dürfen. Natürlich kann man sich auch dagegen auflehnen; zudem ist selten einmal jemand in der Nähe, der das Verbot enforcieren könnte. Doch die Einsicht sollte von einem selbst kommen: Was schutzbedürftig ist, bedarf halt auch des Schutzes, darauf trampelt man nicht herum. Keiner wünscht sich ja mehr eine heile Welt an der Küste als der Tourist, der diese Region besucht.

Bei allem guten Willen passiert es schon mal, dass man weiter ins Watt gerät, als man vielleicht beabsichtigt hatte. Was ist das für ein seltsames angetriebenes Objekt, das unbedingt untersucht werden muss? Die Distanz trügt im Flachen; den Strandläufer zieht es hinaus. Urplötzlich braut sich dann, nicht selten an der Nordsee, **dicker Nebel** zusammen. Die Fußspuren sind längst verschwunden, weil das Wasser aufzulaufen begonnen hat – was nun?

Nicht planlos umherirren – dass man ohne Sicht im Kreis läuft, entspricht den Tatsachen! Bei „Waschküche" werden in den Badeorten **Schallsignale** (Lautsprecherdurchsagen) abgegeben, nach denen man sich richten kann. (Nicht dem Geräusch von Nebelhörnern und -glocken nachgehen; sie kommen von Schiffen auf See, führen also genau in die falsche Richtung.) Von Land hallt immer etwas hinüber, und sei es das Gemuhe von Kühen. Hat man an Hand solcher Signale erst einmal eine ungefähre Richtung zum Deich gefunden, kann man in Entfernungen bis etwa 1,5 km seewärts dem Wellenmuster des Bodens im rechten Winkel folgen. Außerdem werden, wenn bekannt ist, dass Wanderer sich im Nebel verlaufen haben, sofort **Suchaktionen** in Gang gesetzt. Mit den Hilfstrupps sollte man sich über helle Juchzer verständigen (auch wenn einem nicht danach zumute ist) – die menschliche Stimme trägt dieserart viel weiter als normal. Gerettet wird man dann wahrscheinlich von dem bewussten staatlich geprüften Wattführer – und sich spontan entschließen, in Zukunft doch nur noch mit dem auf Tour zu gehen. Zudem ist es eine gute Idee, immer ein Handy oder sogar ein Navi dabeizuhaben.

Die Störtebekerstraße im Internet

Wer sich im Internet über einzelne Anlaufstationen entlang der Route weiter informieren möchte, der google nur den Namen des betreffenden Ortes, und etwas wird dann schon hervorpurzeln. Das dort Einzusehende ersetzt jedoch nicht die individuellen **Gastgeberlisten** der Gemeinden und ist generell sehr dürftig und unübersichtlich, zudem mit oft stark daneben liegender Werbung, häufig veraltet und alles andere als realistisch. (Das Wattenmeer z.B. hat durchaus seine Reize, aber „traumhaft" ist es ganz bestimmt nicht.) Bei Unterkünften hat sich überdies immer mehr der Usus durchgesetzt, die **Preise pro Zimmer** zu quotieren, wie es auch weitgehend im Ausland gehandhabt wird. Bei Nachfragen erfährt man dann aber, dass doch **„pro Person"** gemeint wäre. Dies bedarf also stets einer **Klarstellung,** bevor man etwas bucht, sonst findet man bei DZ den doppelten Preis auf der Rechnung.

Um selbst ins Internet zu gelangen, wende man sich am besten an den Gastgeber, der in den meisten Fällen einen Anschluss hat. Internet-Cafés gibt es kaum noch, und die von den Kurverwaltungen angebotenen Dienste sind durchweg völlig überteuert und nur beschränkt funktionell, weil aus Angst vor Viren die Anhänge oft gesperrt sind.

Leser und Leserinnen, bei denen sich nach Lektüre dieses Buches der Eindruck verfestigt hat, dass es sich bei dem beschriebenen Landstrich um einen der schönsten der Republik handelt, werden vielleicht gern per Internet nachverfolgen, was aus der geplanten **„Küstenautobahn"** A22 wird. Selbige soll Drochtersen an der Elbe und Westerstede im bukolischen Ammerland via Wesertunnel verbinden und wird, falls realisiert, einige der idyllischsten Areale sowie auch mehrere Naturschutzgebiete der Region durchschneiden. Sachkenner sind sich einig, dass der reale Bedarf für die A22 gleich null ist, dass sich lediglich regionale Politiker mit dem Projekt ein Denkmal setzen wollen. Das erweist sich schon daran, dass Bund und EU an der Straße kein Interesse haben. Unter **www. a22-nie.de** kann man nachlesen, wie's weitergeht.

Fährverbindungen mit den Ostfriesischen Inseln

Wer die südliche Nordsee mit kilometerlangen weißen Sandstränden kennenlernen möchte, kann die **vorgelagerten ostfriesischen Eilande** vom niedersächsischen Festland aus **schnell und bequem** erreichen (am besten mit den Inselreiseführern dieses Autors und Verlages in der Tasche).

Eine Vorbemerkung

Dieses Buch ist natürlich bemüht, möglichst aktuelle Informationen zu liefern, das ist sein Sinn und Zweck. Es wird deshalb bei jeder neuen Auflage auf den neuesten Stand gebracht. Mit allen rapide fortschreitenden Änderungen kann es jedoch nicht Schritt halten. Dies betrifft ganz besonders **Fahrpläne und Preise,** die in diesem Info-Teil mehr relevant als anderswo sind, und die Prämisse ist daher, lieber gar keinen Fahrplan bzw. Preis anzuführen als jeweils den falschen. Die hier gelieferten Auskünfte beschränken sich auf Angaben, wo man diese Informationen erhalten kann, und zwar von knackfrischer Aktualität. Wichtig und keiner ständigen Aktualisierung bedürfend sind jedoch die **Anfahrtsrouten und Abfahrtshäfen,** auf die hier detaillierter Bezug genommen wird.

Von Emden nach Borkum

Anreise

Der **Borkumkai** liegt im äußersten Südwesten der Stadt (Ortsteil Nesserland) vor der Seeschleuse. Einige **Züge** fahren bis zum Borkumkai, in anderen Fällen muss am Bahnhof in den **Bus** umgestiegen werden (Linie 3005). Bei reichlich Gepäck ist in diesem Fall ein **Taxi** vorzuziehen. Das gleiche gilt für den **Flugplatz** im Norden Emdens (Ortsteil Harsweg): Da zwei Buslinien für die Anfahrt nötig sind, ist auch hier das Taxi empfehlenswert.

nsk13-009 rh

Abfahrbereit am Borkumkai

Parken

Nahe des Borkumkais kann man sein Auto in den **Borkumgaragen** unterstellen (AG Ems, Tel. 01 80-5 18 01 82).

Auskunft

Reiseauskunft für alle Routen und Kfz-Zentralreservierung: AG Ems, 26723 Emden-Außenhafen, Tel. 01 80-5 18 01 82, Fax 0 49 21-89 074 05, info@ag-ems.de, www.ag-ems.de.

Fähre

Die Fahrzeit mit der Autofähre nach Borkum beträgt etwa **2 Stunden,** während derer es eine Menge Küste und Wattenmeer zu sehen gibt.

Am Vareler Hafen

nsk13-004 rh

■ **Fahrplan:** November bis Dezember zweimal täglich, während des restlichen Jahres und in der Weihnachtssaison bis zu drei Fähren.

■ **Gepäck** kann bis zum Inseldomizil befördert werden. Info: Reederei.

Katamaran

Außerdem kann man auch per schnittigem Passagier-Katamaran mit 70 Sachen **in einer knappen Stunde** nach Borkum düsen. Das kostet nicht viel mehr, und man hat, weil nur Personenverkehr, keine miefenden Autos um sich herum. Außerdem kann man mit dem sog. Strandticket per Kat am gleichen Tag hin- und zurückfahren. Fahrplan: 1–2x täglich im Winter (im Jan. und Feb. jedoch stark eingeschränkt), bis zu 5x täglich in der Saison.

Von Eemshaven auf der holländischen Seite fahren ebenfalls Autofähren und Kats nach Borkum. Die Preise liegen etwa 5–10% niedriger. Info: Reederei.

Von Norddeich nach Juist und Norderney

Parken in Norddeich

Nach Juist darf man ein Kfz nicht mitnehmen. Man kann seinen Wagen der (gut ausgeschilderten) Frisia-Großgarage dicht beim Hafen anvertrauen und sich per Zubringerbus (1 €) zur Fähre bringen lassen. Info: Tel. 0 49 31-9 87 11 66, 9 39 39, 97 54 88.

Fährverbindungen mit Juist

Fähren nach Juist gehen an der westlichen (linken) Molenseite ab.

Auskunft

DB / Reederei Norden Frisia, Tel. 0 49 31-98 70, www.reederei-frisia.de; auch Auskunft zu den Verbindungen nach Norderney.

Fahrplan/-zeit

Die Route ist von den **Gezeiten** abhängig, denn sie führt durch ein enges und zudem stark gewundenes Fahrwasser. Die **Abfahrtszeiten** wechseln daher fast täglich.

Dies hat in der Praxis zur Folge, dass **Tagesfahrten** oft nicht möglich sind, weil die Fähre entweder schon nach sehr kurzem Aufenthalt im Juister Hafen oder aber erst mit der Tide des nächsten Tages zum Festland zurückkehrt, also eine Übernachtung einlegt. Tagesausflügler sind in der Regel besser bedient, Juist mit dem Flieger anzusteuern oder aber per Verbundkarte eine Strecke mit dem Schiff und die andere per Flugzeug zurückzulegen.

Bei **außergewöhnlich niedrigen Wasserständen** (wie sie durch lang anhaltenden Ostwind bewirkt werden können) läuft per Schiff gar nichts mehr. Wer unvorbereitet in diese Situation gerät, kann sich auf Abenteuerliches gefasst machen, wenn eine Schiffsladung Passagiere versorgt und verfrachtet werden muss!

Die Abfahrtszeiten der Fähre für Norddeich und Juist können für das jeweilige Kalenderjahr dem Internet sowie dem **Kursbuch der DB** unter der Nr. 10001 entnommen werden.

Die **Fahrzeit** beträgt ca. 1¼ Std.

Strandbefestigung

003nied rh

Gepäck

Wer mit der Bahn anreist, kann sein Gepäck im Heimatort für die **Haus-zu-Haus-Zustellung** aufgeben. Andernfalls wird es in Norddeich in **Container** verladen (kostenlos). Auf Juist gibt die Firma Kannegieter (Flugplatzstr., Tel. 0 49 35- 12 35) Hilfestellung bei der Gepäckbeförderung.

Fährverbindungen mit Norderney

Die Fähren legen an der östlichen (rechten) Seite der Mole an und ab. Alle Schiffe sind **Ro/Ro-Autofähren.**

Fahrplan/-zeit

Die Rinne zur Insel Norderney ist im Gegensatz zu jener nach Juist tief und **gezeitenunabhängig.** Die Fähren verkehren deshalb nach einem festen Fahrplan. In der **Hauptsaison** (Juli bis Sept.) gibt es bis zu 14 Abfahrten täglich, bei Tageslicht also fast stündlich (beginnend um 6.35 Uhr). Zu anderen Zeiten finden bis zu zehn Abfahrten statt, an **Wochenenden** und **Feiertagen** etwas weniger.

Wer die Abfahrtszeiten überprüfen möchte, findet sie im Internet oder im **Kursbuch** der DB unter Nr. 10002.

Die **Fahrtdauer** beträgt etwa 50 Min.

Gepäck

Gepäck kann per DB durchgehend aufgegeben werden. Mitgeführtes (großes) Gepäck wird in Norddeich in Container umgeladen (kostenpflichtig). Auf Norderney nimmt sich die Spedition J. Fischer (Tel. 0 49 32-601) auf Verlangen der Gepäckbeförderung an.

Von Neßmersiel nach Baltrum

Parken

Der Fähranleger hat nur einen Kai; davor befindet sich ein großer (gebührenpflichtiger) **Parkplatz** – nicht sturmflutsicher! Die Neßmersieler **Garagenbetriebe** (Tel. 0 49 33-22 23, 721, 23 63) bieten Abstellmöglichkeiten im Ort; der Betreiber befördert die Fahrzeuge von der Pier dorthin.

Auskunft

Reederei Baltrum-Linie auf der Insel (Tel. 0 49 39-9 13 00, www.baltrum-linie.de) oder DB.

Fahrplan/-zeit

Der Hafen von Neßmersiel ist **gezeitenabhängig** und der Fahrplan der Fähren stark unregelmäßig. Die **Abfahrtszeiten** (ab Neßmersiel und ab Baltrum) sind im Kursbuch der DB unter der Nr. 10004 zu finden. Den Abfahrtszeiten angepasst verkehrt ein Bus ab Norden.

Tickets werden im Automaten am Anleger und während der Fahrt an Bord verkauft.

Die **Fahrzeit** nach Baltrum beträgt ungefähr 30 Min.

Gepäck

Größeres Gepäck wird auf der Fähre wie üblich in Container verfrachtet, der Preis ist im Ticket enthalten. Bei Anreise mit der **Bahn** kann das Gepäck bis zum Zielhaus durchgehend aufgegeben werden. Auf der Insel nimmt sich dann die Spedition Bruns-Strenge (Tel. 0 49 39-272) der schnellen Gepäckbeförderung an.

Von Bensersiel nach Langeoog

Die Fähre legt am obersten Ende der östlichen (rechten) Hafenseite ab.

Parken

In Bensersiel gibt es **vier Garagenbetriebe,** allesamt gebührenpflichtig: Arians (Tel. 0 49 71-887), Graefs (Tel. 833) und Inselparkplatz (Tel. 31 00).

Ein offener **Parkplatz** befindet sich direkt neben dem Anleger. Auch er ist gebührenpflichtig, aber, weil vor dem Deich gelegen, nicht sturmflutsicher.

Auskunft

Schiffahrt Langeoog in Bensersiel (Tel. 0 49 71-9 28 90, Service-Tel. 92 89 25, www.langeoog.de, schiffahrt@langeoog.de) oder DB.

Fahrplan/-zeit

Der Fährverkehr mit Langeoog ist **nicht tidenabhängig.** Bis zu achtmal täglich verkehrt im Sommer eine Fähre zwischen Bensersiel und Langeoog, im Winter immerhin auch noch fünf- bis sechsmal. Die meisten Abfahrten haben eine zeitlich **angepasste Busverbindung** mit den Bahnhöfen Esens und Norddeich. Das gleiche gilt für die Rückkehr von Langeoog; auch dann steht am Kai ein Bus zur Weiterfahrt bereit.

Der **Fahrplan** ist im Internet und unter der Nr. 10005 auch im Kursbuch der DB verzeichnet, der des Esens-Busses unter der Nr. 393.

Die **Fahrzeit** nach Langeoog beträgt etwa eine Stunde einschließlich Inselbahn. **Fahrkarten** am Anleger.

Gepäck

Eine **Gebühr** für mitgebrachtes Gepäck wird erhoben. Am anderen Ende nimmt sich die Firma Heyken (Tel. 0 49 72-60 60/320) auf Verlangen der Gepäckbeförderung an.

Von Neuharlingersiel nach Spiekeroog

Die Fähre nach Spiekeroog legt auf der östlichen (rechten) Hafenseite ab.

Parken

Reisende, die per Auto anfahren, können ihre Mobile in den **Spiekeroog-Garagen** am östlichen Ortseingang einstellen (Cliener Straat 16, Tel. 0 49 74-386).

Auskunft

Fahrkartenausgabe Neuharlingersiel, Tel. 0 49 74-214, www.spiekeroog-online.de.

Fahrplan/-zeit

Der Fahrplan ist **tidenabhängig** mit ständig wechselnden Abfahrtzeiten und sollte von Spiekeroogfahrern genau studiert werden, weil im Gegensatz zu anderen Inseln keinerlei Alternative mit dem Flugzeug existiert. **Tagesfahrten** sind daher manchmal nicht möglich.

Der Fahrplan ist im **DB-Kursbuch** unter der Nr. 10006 verzeichnet oder kann im Internet eingesehen werden. Busse nach Esens und Norddeich.

Die **Fahrtdauer** beträgt ca. 45 Min.

Gepäck

Auf der Insel handhabt die **Spedition Bellstedt** (Tel. 0 49 76-215) das Gepäck.

Von Harlesiel nach Wangerooge

Parken

Autogaragen in Harlesiel: Wangerooge Garagen, am Harlesiel 1, Tel. 0 44 64-94 20 22.

Auskunft

Fahrkartenausgabe Harlesiel (Tel. 0 44 64-94 94 11) oder die DB, siw.wangerooge@t-online.de, www.wangerooge.de.

Fahrplan/-zeit

Der Fährverkehr ist **gezeitenabhängig**; trotzdem werden bis zu vier Abfahrten pro Tag geboten, meistens jedoch drei und mitunter auch nur zwei.

Die Fährabfahrten sind im **DB-Fahrplan** unter Nummer 10007 verzeichnet.

Die **Fahrzeit** nach Wangerooge beträgt ca. 1¼ Std. einschließlich Inselbahn vom Anleger zum Ort (4 km).

Gepäck

Auf der Insel kann man den **Gepäckdienst Hundorf** (Tel. 0 44 69-14 26) mit der Beförderung beauftragen.

Das Wappen des Landes Niedersachsen

5 Die Nordsee

< An der Nordsee ist immer Betrieb

Die Nordsee – damals und heute

Funde aus der Frühzeit

Einst, ein gutes Jahrhundert ist es her, förderten Schleppnetzfischer im Bereich der Doggerbank, mitten in der Nordsee, auf manchen Fangfahrten seltsame Objekte zu Tage. Außer dem erwünschten Fisch fanden sich weniger willkommene **Knochen und Zähne** von riesigen Tieren in den Netzen. An anderen Stellen in der westlichen Nordsee waren es mitunter sogar von Menschenhand gefertigte **Werkzeuge** wie Faustkeile und Steinäxte. Die Fischer nahmen sie mit, als „Andenken", und wunderten sich, dass Männer mit weißen Bärten und Zylinderhüten ihnen diese profanen Artefakte im Hafen fast aus den Händen rissen.

Funde dieser Art sind heute sehr selten geworden, ein Zeichen dafür, dass

Mittelalterliche Küstenlinie

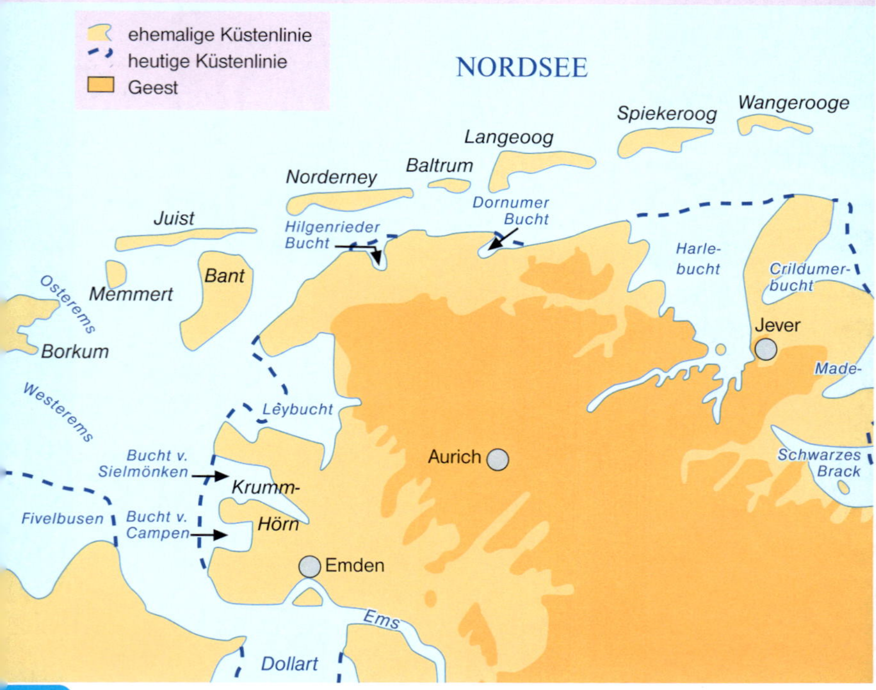

mittlerweile jeder Quadratmeter Nordseeboden durch tausende von Fischern wie mit einem feinen Rechen sorgfältig abgekämmt worden ist. Gleichzeitig weist ihre Existenz aber darauf hin, dass sich dort, wo heute das Lot 20, 30 Meter oder mehr anzeigt, vor erdgeschichtlich lachhaft kurzer Zeit noch große Säugetiere tummelten und frühe Nordseemenschen bereits ihr Leben in einer offenbar ganz akzeptablen Umwelt fristeten. Das war im **Mesolithikum,** der mittleren Steinzeit also, vor 10.000 bis 7500 Jahren.

Was für eine Welt muss das damals gewesen sein! Die mesolithischen Werkzeuge, soviel ist gewiss, stammen nicht aus einer Zeit, zu der sich die Nordsee trockenen Fußes von einem Ende zum anderen durchstreifen ließ. Schon um 13.000 v.Chr. war die Doggerbank eine einzige Wasserwüste, und wenn dort Knochenfunde gemacht wurden, so müssen diese aus einer früheren Ära stammen. Andererseits ist vieltausend Jahre altes Menschenwerk mit Sicherheit den Inseln in der Nordsee zuzuordnen, die den Anstieg des Wassers lange überdauerten und erst später verschwanden.

Höhe des Meeresspiegels

Durch diese und andere Quellen eröffnete sich der Forschung nach und nach eine Chronologie, aus der hervorgeht, dass der Spiegel der Nordsee einstmals – im Präboreal, der ältesten Periode des Holozäns – **100 Meter unter dem heutigen Niveau** lag, weil ein großer Prozentsatz des ozeanischen Wassers durch Eis gebunden war. Dann, es wurde wärmer, stieg das Meer rapide an, hielt zwischendurch wegen „kleiner Eiszeiten" immer wieder kurz ein und kletterte abermals höher, ein Vorgang, der heute noch nicht abgeschlossen ist. Selbiger stellt, wie sich anhand der Erdgeschichte der letzten paar tausend Jahre nachvollziehen lässt, überhaupt nichts Ungewöhnliches dar, wird jedoch von der heutigen Menschheit sehr argwöhnisch beobachtet. Tatsache ist: Wenn der Meeresspiegel **weiterhin** fleißig **steigt,** werden Fischer im Jahre 2500 oder so wahrscheinlich Zivilisationsmüll aus dem heutigen Küstenraum emporbaggern und Archäologen

Das wilde Meer – Goethe und die Nordsee

Eröffn' ich Räume vielen Millionen,
Nicht sicher zwar, doch tätig-frei zu wohnen;
Grün das Gefilde, fruchtbar; Mensch und Herde
Sogleich behaglich auf der neusten Erde,
Gleich angesiedelt an des Hügels Kraft,
Den aufgewälzt kühn-emsige Völkerschaft;
Im Innern hier ein paradiesisch Land –
Da rase draußen Flut auf bis zum Rand,
Und wie sie nascht, gewaltsam einzuschießen.
Gemeindrang eilt, die Lücke zu verschließen.
Ja! diesem Sinne bin ich ganz ergeben,
Das ist der Weisheit letzter Schluß:
Nur der verdient sich Freiheit wie das Leben,
Der täglich sie erobern muß.
Und so verbringt, umrungen von Gefahr,
Hier Kindheit, Mann und Greis sein tüchtig Jahr.
Solch ein Gewimmel möcht' ich sehn,
Auf freiem Grund mit freiem Volke stehn.

Goethe, „Faust"

Wenn ich diesem Kapitel ein Zitat aus *Goethes* „Faust" voranstelle, so tue ich dies nicht von ungefähr. Deutschlands größter Dichter hatte nämlich ein ganz eigenes Verhältnis zu seinem Hausmeer und dessen Küstenlandschaft, die er als Schauplatz für den letzten Akt seines wohl berühmtesten Dramas erkor.

Im Jahre 1808 hatte *Goethe* den ersten Teil des „Faust" veröffentlicht. Dass dies noch nicht „der Weisheit letzter Schluß" sein sollte, war über seinen unmittelbaren Freundeskreis hinaus bekannt. Den Anstoß für das ganz große Finale gab die gewaltige **Sturmflut von 1825,** die der nunmehr greise Poet – aus sicherer Ferne – noch erlebte. Er, der dem Studium der „Witterungslehre" stets das lebhafteste Interesse entgegengebracht hatte, war von dem Chaos der Natur, das im Februar des genannten Jahres mit einer Flutwelle von fast 7 m über Normalnull an der Küste losbrach, aufs äußerste beeindruckt. „Es ist offenbar", notierte er, „daß das, was wir Elemente nennen, seinen eigenen, wilden, wüsten Gang zu nehmen immerhin den Trieb hat. Insofern sich nun der Mensch den Besitz der Erde ergriffen hat und ihn zu erhalten verpflichtet ist, muß er sich zum Widerstand bereiten und wachsam erhalten … Die Elemente daher sind als kolossale Gegner zu betrachten, mit denen wir ewig zu kämpfen haben und sie

601nn rh

„Titanic" in der Flasche

nur durch die höchste Kraft des Geistes, durch Mut und List im einzelnen Falle bewältigen. Die Elemente sind die Willkür selbst zu nennen; die Erde möchte sich des Wassers immerfort bemächtigen, … ebenso möchte das Wasser die Erde, die es ungern verließ, wieder in seinen Abgrund reißen. Diese Betrachtungen schlagen uns nieder, indem wir solche oft bei großem, unersetzlichem Unheil anzustellen haben. Herz und Geist erhebend ist dagegen, wenn man zu schauen kommt, was der Mensch seinerseits getan hat, sich zu waffnen, zu wehren, ja seinen Feind als Sklaven zu benutzen. Das Höchste jedoch, was in solchen Fällen dem Gedanken gelingt, ist: gewahr zu werden, was die Natur in sich selbst als Gesetz und Regel trägt, jenem ungezügelten, gesetzlosen Wesen zu imponieren. Wieviel ist nicht davon zu unserer Kenntnis gekommen!"

Vom heutigen Belgien bis Jütland brachen damals die Deiche, und wenn auch „nur" – man darf dieses Wörtchen getrost in Anführungsstriche kleiden – etwa 800 Menschen umkamen, so waren die **Verwüstungen an der Küste** von ungeheurem Ausmaß. In dieses Land, das Spielball der Gezeiten ist, versetzt Goethe jetzt den neuen Faust, um ihn mit dem „kolossalen Gegner" fertig werden zu lassen. Fasziniert von der Katastrophe, nimmt der Dichter das seit langem beiseite gelegte Werk wieder auf und fertigt von seinem 76. bis 81. Lebensjahr mit genialem Federstrich **eines der weltgrößten Epen** daraus. Schluss ist mit den Fantastereien des II. Akts; jetzt gewinnen Klarheit und Übersicht, küstenspezifische Eigenarten, die Oberhand … Fern sei es mir, den ganzen „Faust" hier nun zu zitieren. Doch weiterhin gilt, dass es sich dort oben an der Nordsee um ein **„Land mit Weitblick"** handelt, wie es hübsch in manchen Werbetexten steht. Vielleicht sollte man einmal die dortige Art des „Fernsehens" in sich aufnehmen, um zu neuen faustischen Einsichten zu gelangen …

sich fasziniert fragen, um was für Überbleibsel einer primitiven Zivilisation es sich dabei handelt …

Reichhaltige Tierwelt

Auf der Weltkarte im Atlas kann man die Nordsee kaum erkennen, so klein ist sie. Selbst beim Abtasten einer großformatigen Reliefabbildung Europas wäre das sogenannte **Flach- oder Schelfmeer** mit seinen paar Metern Tiefe nur gerade eben unterm Fingernagel zu spüren. Nicht einmal eigene **Gezeiten** besitzt die Nordsee; sie pendelt im Takt der Gezeiten des Atlantiks mit. Fachleute sagen „Mitschwingtiden“ dazu. Eben wegen seiner Flachheit und weil sich in seinen ständig aufgewühlten Wassern große Mengen von Nährstoffen befinden, weist dieses kleine Randmeer aber eine viel reichhaltigere Tierwelt als die ozeanische Tiefsee auf, darunter große Mengen wertvoller Fischarten. Der **Hering** vor allem brachte Küstenstädte wie Emden, Bremerhaven und Cuxhaven zu komfortablem Wohlstand. Wenn sich der Fisch heute auch rarer macht als früher, wofür in erster Linie eine gesteigerte Fangtätigkeit als verantwortlich anzusehen ist, so werden auch weiterhin stattliche Tonnagen in den Häfen angeliefert. Auch die Erträge an **„Granat“**, den kleinen Krabbeltieren, die in diesem Buch des Öfteren Erwähnung finden, sind durchaus sehenswert. Wer an die Küste fährt, sollte keine Abneigung gegen maritime Kost haben; man bringt sich, vielleicht nur aus Vorurteilen, um manches herrliche kulinarische Abenteuer.

› „Hartstrand“

Ökologische Situation

Und die „Einträge“, von denen vorstehend die Rede gewesen war? Zu Beginn der 1980er Jahre verfestigte sich endlich die Erkenntnis, dass die Uhr für die Nordsee auf fünf vor zwölf stand. Meldungen über **ökologische Schäden,** die an maßgeblicher Stelle zuvor bagatellisiert, als politische Störmanöver abgetan oder gar lächerlich gemacht worden waren, wurden ständig mehr und müssen selbst den professionellen Etikettenschwindlern letzten Endes bedrohlich in den Ohren geklungen haben. Auch sensibilisierte die Entwicklung in zunehmendem Maß die Öffentlichkeit, die man bislang mit Beschönigungen und auch mit wissenschaftlich verbrämten Beschwichtigungen – „Die Absorptionsfähigkeit des Meeres ist unendlich!“ – für dumm verkauft hatte.

Entstehung des Nationalparks

Schließlich setzte sich eine **Kommission** von unabhängigen Fachleuten am grünen Tisch zusammen, um Bilanz zu ziehen und einen einmal aufgenommenen Gedankengang konsequent zu Ende zu führen. Das Resümee muss die Küsten-

regierungen dermaßen aufgerüttelt haben, dass auf höchster Ebene und gegen alle Widerstände spontan der Beschluss gefasst wurde, annähernd die gesamte deutsche Nordseeküste einschließlich vorgelagerter Watten- und Inselgebiete zum Nationalpark zu erklären und damit unter **permanenten Naturschutz** zu stellen. Es gab zwar wütendes Protestgeheul unter den Anrainern, doch das Konzept wurde durchgesetzt.

Das **riesige Schutzgebiet,** über eine halbe Million Hektar groß, erstreckt sich heute von Den Helder bis zur Halbinsel Skallingen bei Esbjerg, nachdem Niederländer und Dänen mit in das Projekt eingestiegen waren, und hat alle an eine erfolgreiche Entwicklung gestellten Erwartungen übertroffen. 2009 kam es dann sozusagen zum Ritterschlag. Das Wattenmeer der Nordsee wurde in das **Weltnaturerbe der UNESCO** einbezo-

gen, ein Status, nach dem überall auf Erden geradezu gelechzt wird. Auch diesem epochalen Schritt war lautes Protestgeschrei seitens der Küstenbewohner vorausgegangen, die ihre Pfründe in Gefahr sahen. Doch der neue Status bedeutet auch bares Geld. Das Gezeter hat sich deshalb gelegt.

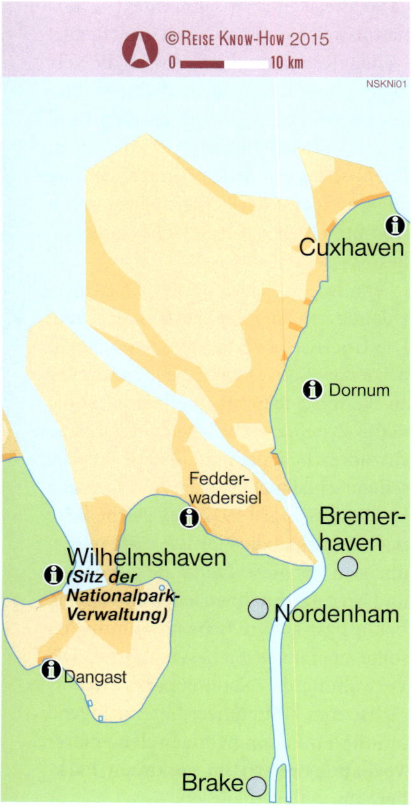

Nationalpark Niedersächsisches Wattenmeer

Der Nationalpark Niedersächsisches Wattenmeer wurde am **1. Januar 1986** als eigenständiger Teil des beschriebenen Gesamtkomplexes ins Leben gerufen; seine Gesamtfläche beträgt etwa **280.000 Hektar.** Im Bereich dieses Buches gesellen sich 11.700 Hektar Hamburgisches Wattenmeer nordwestlich von Cuxhaven zu diesem Areal.

www.nationalpark-wattenmeer.niedersachsen.de

Gliederung

Der Definition nach ist ein Nationalpark ein rechtsverbindlich festgesetztes großräumiges Gebiet, das besonders geschützt werden muss. In der **„Ruhe- oder Kernzone“** des Parks darf die Natur durch keinerlei menschliche Eingriffe gestört werden. In der angrenzenden **„Puffer- oder Zwischenzone“** soll die Nutzung durch den Menschen aufhören. Die **„Erholungszone“** schließt sich gewöhnlich an. Sie nutzt die heile Welt der Parknatur für erlaubte Regenerierungszwecke der Bevölkerung. Im niedersächsischen Bereich nehmen diese Zonen in der angeführten Reihenfolge 53,3 %, 46 % bzw. 0,7 % ein. Die Ruhezone teilt sich weiterhin in 36,2 % ausgewiesene Vogelschutz- und 24,8 % Robbenschutzgebiete auf. Die Überwachung obliegt polizeilichen Organen und sogenannten Landschaftswarten in freiwilligen Funktionen.

Man kann heute den ökologischen Entwicklungsstatus einer Nation wohl an der Zahl (oder der Flächenrelation) ihrer Nationalparks messen. Nummerisch führend ist Australien mit 339 Parks (3,6 %), prozentual Costa Rica mit 27 % Fläche. Im weltweiten Mittelfeld etwa liegt Deutschland mit elf Parks, was 2 % der Gesamtfläche entspricht.

Informations- und Bildungseinrichtungen

Nationalparkzentren

- **Cuxhaven**
Hans-Claußen-Straße 19, Tel. 0 47 21-2 86 81
- **Norden-Norddeich**
Dörper Weg, Tel. 0 49 31-8 16 35
- **Wilhelmshaven**
Südstraße 110b, Tel. 91 07 33

Nationalparkhäuser

- **Carolinensiel**
Pumphusen 3, Tel. 0 44 64-84 03
- **Dangast**
Zum Jadebusen 179, Tel. 0 44 51-70 58
- **Dornumersiel**
Oll Deep 7, Tel. 0 49 33-15 65
- **Dorum-Neufeld**
Strandhalle Dorumer Tief, Tel. 0 47 41-28 26
- **Fedderwardersiel**
Am Hafen 1, Tel. 0 47 33-85 17
- **Greetsiel**
Schatthauser Str. 6, Tel. 0 49 26-20 41
- **Horumersiel**
Zum Hafen 1, Tel. 0 44 26-77 48

Verhaltenshinweise

„In den Naturschutzgebieten des Wattenmeeres hüten wir einmalige Meeresnatur: selten gewordene Vogelarten und Pflanzen, die sich in den Salzwiesen vor dem Deich zu besonderer Schönheit und Eigenart entfalten. In den weiten, grünen Ländereien nistet der Kiebitz. Auf den Gräben blühen Wasserrosen und Schwertlilien, und an lauen Frühlingsabenden lauscht der Gast dem vielstimmigen Froschkonzert …“

So preist ein Broschürentext – ausnahmsweise mal pro Naturschutzgebiet – einen Küstenstrich an. Wissen die Verfasser dieser Hymne denn nicht, wie viele Zivilprozesse in diesem unseren Land wegen Froschkonzerten von einem Nachbarn gegen den anderen alljährlich angestrengt werden? Oder sollte dort, im froschträchtigen Norden, alles anders – besser – sein?

Von wegen. Schon immer hat es hierzulande offenbar **Neurotiker** gegeben. Die Überlieferung berichtet von einem besonders fiesen Gniefel, der anno 1749 zu Westerstede im Ammerland Personal dafür abstellte, mit Zweigen auf Teiche einzudreschen, damit quakende Frösche seinen Schlaf nicht störten (*C. Woebcken* in: Die Tide, April 1922). Vielleicht sollte man einmal an die Nordseeküste reisen, um sich an diese Laute zu gewöhnen und hernach mit ihnen leben zu können.

Ein paar andere liebe Gewohnheiten sollte man hingegen besser ablegen. Die Verwaltung des Nationalparks Niedersächsisches Wattenmeer bittet dringend um die Einhaltung einiger elementarer **Verhaltensweisen im gesamten Parkbereich,** vor allem diesen:

- **Keine Hunde!** An vielen Küstenstrichen herrscht totales Bello-Verbot, zumindest gehören sie überall an die Leine.
- **Keine Ghetto-Blaster!** Möge das „Gebuller" der Nordsee als Geräuschkulisse genügen. (Das gilt eigentlich für die gesamte Küste, regelt sich aber weitgehend von selbst.)
- **Keine Autos!** Motorfahrzeuge haben, auch wenn die Werbung sie gerne im Grünen zeigt, in einer natürlichen Umwelt nichts zu suchen.
- **Keine Drachen!** Sie machen die Vogelwelt scheu. Hand aufs Herz – kann man als erwachsener Mensch nicht auch mal einen Urlaub verbringen, ohne Drachen steigen zu lassen?
- **Keine Blumen** für die Omi! Lasst das Wiesenschaumkraut stehen, Kinder! Die Großmama freut sich viel mehr darüber, wenn es am Leben bleibt.
- **Keine kommerziellen Sportapparaturen!** Segler, Windsurfer und Motorbootfahrer werden ersucht, sich strikt an die Befahrensregeln des Watts zu halten.

Hinweise zur Befahrensregelung

Seit 1992 gilt die „Verordnung über das Befahren der Bundeswasserstraßen in Nationalparken im Bereich der Nordsee". Unter dieser gestelzten Überschrift greifen die folgenden zeitlichen und räumlichen **Beschränkungen:**

- Von 3 Stunden nach bis 3 Stunden vor mittlerem Tidehochwasser (d.h. während der Niedrigwasserzeit) dürfen die **Ruhezonen** nur auf den ausgewiesenen Fahrwassern befahren werden. Besondere Regelungen gelten für Robben- und Vogelschutzgebiete. Sie dürfen zu folgenden Zeiten überhaupt nicht befahren werden:
- **Robbenschutzgebiete** vom 15.5. bis 31.8.
- **Vogelschutzgebiete** (Brut- und Mausergebiete) vom 1.4. bis 15.9.

Die Befahrensregelung gilt für alle Wassersportler, also auch für Surfer.

Die Möwe „Emma"

002nied rh

Was ist Watt eigentlich?

Immer wieder tauchte bislang das Wort „Watt" auf. Wer mit der Küste wenig vertraut ist, wird sich kaum etwas darunter vorstellen können. Handelt es sich um eine grundlose Schlammwüste, eine unendliche Sandfläche? Grundsätzlich ist unter dem Begriff „Watt" eine **Mischzone zwischen Land und See** zu verstehen. So gesehen gibt es Watten an allen Gezeitenküsten der Erde; auch tropische Mangrovengestade zählen dazu, man spricht sogar von Felswatten. Solange Küstenstriche im Wechsel der Tiden mal überspült werden und dann wieder trockenfallen, also wie Frösche und Lurche sozusagen amphibischen Charakter besitzen, haben sie Anspruch auf diesen Titel.

Nordseewatten

Wenn man an den Küsten der südlichen Nordsee (mit Einschluss jener der Niederlande und Dänemarks) indes von Watten spricht, so bezieht man sich auf eine ganz bestimmte, **einzigartige Landschaftsform.** Nirgendwo anders auf der Welt treten Watten so in Erscheinung, wie es hier der Fall ist: als extrem großflächig trockenfallende Areale, als ausgewogenes Mit- und Nebeneinander von Inseln, Sänden, Schlickflächen, Flüssen und Prielen sowie weitläufigen Verlandungszonen mit reicher Vegetation. Es sind die großen Ströme – Rhein, Ems, Weser und Elbe –, die nicht nur industriellen Dreck in dieses einmalige Ökosystem einleiten, sondern auch wertvolle Nähr- und Aufbaustoffe. Sie sind die Grundlage für, man höre und staune, einen der am dichtesten besiedelten Lebensräume der Erde und gleichzeitig **eines der produktivsten Naturgebiete.** Man staunt, weil man, auf den ersten Blick zumindest, so gut wie nichts davon erkennt. Das Watt erscheint als ebene, leblose Fläche, in der Luft zwar voller Vögel, doch bodenwärts ohne Bewegung. Stinken tut's höchstens mal, vor allem im Schlickwatt, was einen, klar, sofort misstrauisch macht. Nach faulen Eiern möffelt es – sollte die chemische Industrie mal wieder mit einem saftigen Eintrag am Werk gewesen sein? Gott sei Dank hier einmal nicht. Der Geruch ist ganz normal und „natürlich". Er zeugt vom Abbau organischer Substanzen im Watt, von denen es, wie gesagt, ungeheuer viele gibt.

Tierwelt im Watt

Die ungewöhnlichen Anforderungen dieser Umwelt mit ihren ständigen Extremen zwischen Nass und Trocken, Warm und Kalt zwingen die meisten Organismen dazu, sich unter der Oberfläche zu verkriechen. Dort hausen sie, beginnend mit winzigen **Kieselalgen,** die in einer Handvoll Bodenprobe millionenfach vertreten sind, bis hin zu stattlichen **Wattwürmern, Schlickkrebsen** und **Klaffmuscheln.** Jedes Glied entlang dieser enorm langen Kette von marinem Kleinvieh dient wiederum größeren Lebewesen als Nahrung. Doch nicht nur stationäres Getier bewohnt das Watt. Zahlreiche Fischarten, darunter Hering, Scholle, Seezunge und Sprotte, landen als **Larven im Flachwasser** an und verbringen ihre Jugend (etwa drei

Jahre) in der nahrungsreichen Wattenwelt, bevor sie sich wieder in das tiefere Wasser zurückziehen, aus dem sie ursprünglich kamen. Diese Fischchen sind ganz besonders auf gesunde Verhältnisse angewiesen. Fällt auch nur ein Rädchen im feinverzahnten Ökosystem Wattenmeer aus, etwa durch menschenverursachte Verschmutzungen und Vergiftungen, ist es auch aus mit dem berühmten Fischreichtum der Nordsee. (Diese Zusammenhänge waren natürlich auch den Widersachern des Nationalparkkonzepts bekannt. Für die langfristigen vorteilhaften Auswirkungen glaubten sie jedoch keine Zeit zu haben.)

Die eigenwillige Topografie der Nordseeküste sorgt für eine Vielzahl von Mischformen des Watts. Dicht entlang des Festlandes trifft man, sehr zum Verdruss mancher Urlauber, vornehmlich **Schlickwatt** an, den bewussten „Gubbel". Bis über die Knie kann man schon mal in ihm einsinken, ein Verschwinden bis über beide Ohren ist jedoch glücklicherweise nicht drin. Häufig findet man aber auch **Sand mit einer dünnen Schlickauflage.** Im Bereich der Inseln überwiegt dann, vornehmlich auf der Seeseite, **reiner Sand.** Wer alle Wattformen kennenlernen und Einblicke in diesen geheimnisvollen Lebensbereich haben möchte, schließt sich am besten einer offiziellen Wattführung an. In der Saison werden sie fast in jedem Küstenort regelmäßig unternommen.

Wind und Wetter

Westwindtrift

Wie kommt es eigentlich, dass an der Nordsee, wie das Vorwort sagt, fast immer Winde aus westlichen Richtungen wehen? Wenn man sich die meteorologischen Zusammenhänge etwas vor Augen hält, wird man schnell durchschauen, warum das so ist. Außerdem ist man dann in der Lage, ein wenig Wetterfrosch zu spielen, und das ganz ohne Zeitung und ZDF, die manchmal durch eklatante Fehlprognosen glänzen.

Das Wettergeschehen ist komplex. Deshalb muss man auch diplomiert sein, um es falsch voraussagen zu dürfen, denn dann ist man anschließend nicht um Erklärungen verlegen.

Wetterküche Nordatlantik

Bestimmend für den Nordseebereich ist grundsätzlich, was sich im westlichen Nordatlantik zusammenbraut. Mitten im großen Teich steht immer, einer barometrischen Trutzburg gleich, das **Azorenhoch,** mal stärker, mal schwächer ausgebildet. Westlich davon zieht der **Golfstrom** seine Bahn nach Norden. Warme und kalte Luftmassen mischen sich dort, erzeugen Sogtrichter, Wirbel, **Tiefdrücke,** die aus dem Golfstromwasser weitere Energie beziehen, sich verstärken und, auf dem Weg des geringsten Widerstands, an der Nordflanke des dicken Hochs gen Osten trudeln.

Ebbe und Flut

Ganz früher einmal glaubte man, dass das Atmen eines Seeungeheuers oder Meeresgottes die Gezeiten bewirkte. Doch schon vor der Zeitenwende hatten kluge Köpfe erkannt, dass irgendwie ein Zusammenhang mit der **Bewegung des Mondes** bestand. Der Grieche *Strabo* stellte fest: „Der Okeanos ahmt die Bewegungen der Gestirne nach!" Vor allem *Plinius d.Ä.* machte sich wenige Jahre später um den Wissensstand zu diesem Thema verdient. Dann geriet mit dem Verfall der Antike alles wieder in Vergessenheit.

Erst *Kopernikus* sah (im 16. Jh.) die Zusammenhänge in groben Zügen wieder, und *Kepler* bahnte *Newton* den Weg zu weiteren Erkenntnissen, vornehmlich dem Gravitationsgesetz. Denn es ist die **Schwerkraft,** die für das Phänomen der Gezeiten (Küstendeutsch: **Tiden**) verantwortlich zeichnet. Die Massen des Mondes und, in weit geringerem Ausmaß, der Sonne zerren nämlich mit ihren Anziehungskräften gewaltig an der Erde. Und da ein flüssiger Stoff wie Wasser sich leicht in Bewegung versetzen lässt, entsteht dort, wo diese Kräfte sich am stärksten auswirken, jeweils ein regelrechter Wasserberg, unter dem die Erde sich quasi hinwegdreht.

Der durch diesen „Berg" verursachte **Gezeitenhub (Tidenhub)** kann beträchtlich sein. Im Nordosten der USA erreicht er über 18 m, im englischen Bristol 14 m und im französischen St. Malo 13 m. An der deutschen Nordseeküste sind diese Werte bescheidener: 2,80 m in Wangerooge, 2,40 m in Borkum und Helgoland, 1,80 m in List auf Sylt. Nur in den Flüssen kann der Hub noch höher liegen, so bei 4 m in Bremen.

Das Gefälle des Wassers bewirkt das Entstehen erheblicher **Strömungen,** die in der Nordsee auf Grund des relativ geringen Tidenhubes jedoch einigermaßen moderat sind. An engen Stellen wie in den Passagen zwischen den Inseln rauscht es aber ganz schön durch. Bei 4 Knoten

061nied rh

(7,4 km/h) wird es auch für Schwimmer und sogar für manche Boote eng. Dann erhallt, wie so oft in jedem Jahr, der Ruf nach den Rettern.

An Hand des sogenannten **Tidenkalenders** bzw. einer **Gezeitenübersicht,** die an der Küste an jedem Anleger und Badestrand einsehbar ist, kann man sich mit Ebbe und Flut, Hoch- und Niedrigwasser vertraut machen. Es ist nämlich keineswegs so, dass diese Vorgänge sich jeden Tag zur gleichen Zeit wiederholen.

Die Tiden sind pro Mondaufgang um 50 Minuten versetzt, und da es zweimal in 24 Stunden auf- und abläuft, verschiebt sich der Zeitpunkt von Hoch- bzw. Niedrigwasser um täglich jeweils 25 Minuten. Mit anderen Worten: Die **Dauer einer Tide** (oder Gezeit) beträgt 6 Stunden und 13 Minuten. Je nach Mondphase, d.h. der Stellung unseres Trabanten zur Sonne, stellen sich auch besonders hohe (Springtiden) oder niedrige (Nipptiden) Gezeiten ein, die sich ebenfalls aus den Tabellen entnehmen lassen.

Schwimmer, Surfer, Bootsfahrer, Wattwanderer – eigentlich jedermann an der Küste sollte mit den Gezeiten eng vertraut sein, sollte auch wissen, dass Wind und Seegang für große Abweichungen des berechneten Ergebnisses sorgen können. Die Gezeiten der Nordsee stellen nicht nur ein faszinierendes Phänomen dar. Sie bergen auch ein Gefahrenpotenzial, vor dem es sich in acht zu nehmen gilt.

Oldtimer

Zugbahn der Tiefs

Man kann sich unter den Druckgebilden symbolische Zahnräder vorstellen. Auf der Nordhalbkugel bewegt sich der Wind im Uhrzeigersinn um ein Hochdruckgebiet, entgegengesetzt um ein Tief, jeweils mit kleinen Abweichungen. Da das „Zahnrad" Azorenhoch quasi stationär ist, werden die Tiefdrücke an seiner Oberseite **nach Osten** geschoben. Man kann fasziniert verfolgen, wie das Islandtief Bertha sich innerhalb von zwei, drei Tagen vom kleinen Mädchen zum Teufelsweib mutiert. (Natürlich mag auch Berthold, fairerweise, zum Teufelskerl werden, dem die deutsche Sprache allerdings eine etwas andere Funktion zuordnet). Wenn ein **Sturmtief** dann so richtig satt ausgebildet ist, wird es vom Azorenmechanismus in **Richtung Nordsee** geschubst. Die meisten Zugbahnen gehen mittig hindurch oder nördlich am geografischen Zentrum vorbei.

Wir rekapitulieren: **Der Wind um ein Tief** dreht sich gegen den Uhrzeigersinn. Zieht Bertha also etwa im Bereich Irland auf die Nordsee zu, weht es an der Küste zunächst aus Südwest. Steht das Tief direkt oberhalb des Betrachters, kann er mit Westwind rechnen. Beim Weiterzug Berthas in Richtung Skandinavien gibt es dann Nordwest.

Windsprünge

Natürlich laufen diese Vorgänge in der Praxis nicht so schön rund ab, wie es hier klingt. Dass es dabei – im Wortsinn – „eckig" zugeht, ist das Werk von sogenannten **Fronten:** Mischzonen in der

Sturm und Wellen

Im Folgenden werden die Windstärken nach der **Beaufort-Skala** (1–12) mit den jeweils charakteristischen Bewegungen der See aufgelistet.

Bft	km/h	Wind	Zustand der See
0	< 1	Stille	Spiegelglatt
1	1–5	Leiser Zug	Leicht gekräuselt
2	6–11	Schwache Brise	Kleine, kurze Wellen mit glasigen Kämmen
3	12–19	Leichte Brise	Kämme beginnen zu brechen; mitunter treten kleine, weiße Schaumköpfe auf
4	20–28	Mäßige Brise	Wellen werden länger und Schaumköpfe häufiger
5	29–38	Frische Brise	Wellen mäßiger Höhe, aber schon von ausgeprägter langer Form; überall weiße Schaumköpfe; vereinzelt etwas Gischt
6	39–49	Starker Wind	Wellen bauen sich auf; Kämme brechen und hinterlassen größere weiße Schaumflächen; etwas Gischt.
7	50–61	Steifer Wind	Die See beginnt sich zu türmen; der weiße Schaum der Brecher legt sich in Streifen zur Windrichtung
8	62–74	Stürmischer Wind	Mäßig hohe Wellenberge mit langen Kämmen; Gischt beginnt abzuwehen und die Luft zu füllen; ausgeprägte Schaumstreifen in Windrichtung
9	75–88	Sturm	Hohe, „rollende" Wellenberge mit dichten Schaumstreifen in Windrichtung; beginnende Sichtbeeinträchtigung durch Gischt
10	89–102	Schwerer Stum	Sehr hohe Wellenberge mit langen, überbrechenden Kämmen; schweres, stoßartiges Rollen der See; Sichtbeeinträchtigung durch Gischt
11	103–117	Orkanartiger Sturm	Außergewöhnlich hohe Wellenberge; durch Gischt herabgesetzte Sicht
12	118–133	Orkan	Luft mit Schaum und Gischt angefüllt; See völlig weiß; jede Fernsicht hört auf

Südhälfte des Tiefs, die den Wind jäh von einer Richtung in die andere springen lassen. Eine **Warmfront** führt normalerweise den Reigen an. Sie ist durch Regen, Nebel und Diesigkeit gekennzeichnet. Eine nachfolgende **Kaltfront** bringt böiges Wetter, Schauer und manchmal Gewitter mit sich und oft einen Windsprung von Südwest auf West. Danach dreht der Wind dann meist – mitunter schlagartig – auf Nordwest. Oft, aber nicht immer, wird es klarer, kälter sowieso. „Kommt erst der Wind und dann der Regen, kannst du dich ruhig schlafen legen; kommt erst der Regen, dann der Wind, alle Segel reff' geschwind", kommentiert ein alter Seemannsspruch die mit der Frontensequenz einhergehenden Luftbewegungen.

Sturmflut

Diese „klassische" Konstellation ist an der Nordsee gefürchtet, wenn sie von Winden von Orkanstärke begleitet wird, wenn das Geschehen wegen eines langsam voranziehenden Tiefs tagelang anhält, und wenn – die Wetter-Katastrophe – gleichzeitig eine Springflut aufläuft. Die gewaltigen Sturmfluten, von denen die Geschichte berichtet, hatten allesamt diese Ausgangslage zur Prämisse, bei der zunächst große Mengen Wasser durch den Englischen Kanal gedrückt werden, um in der Deutschen Bucht einen regelrechten Berg zu bilden. **Winde aus Nordwest,** die besonders gerne im zweistelligen Bereich der Beaufort-Skala blasen, schieben diesen Berg dann gegen die Deiche und in die Mündungstrichter der Flüsse – **Land unter!** Das geschieht, Neptun sei Dank, nur alle Jubeljahre mal. Aber dem Kurgast ermöglicht der beschriebene Ablauf leicht die persönliche Wettervorhersage. Er kann, zum Staunen aller Mitreisenden aus dem Binnenland, plötzlich den Blick zum Himmel richten, den Finger in die Luft stecken und prophezeien: „Ik glööv, dat gifft nordwesten Wind!"

Nordsee – Mordsee?

Tragödie am 2. Januar 1995

Der 2. Januar 1995 begann mit dem ungestümen **Zusammenprall von Tief „Martha" und Hoch „Edgar".** Windstärke 11 und zehn Meter hohe Wellenberge in der südwestlichen Nordsee. Ein Standbein der britischen Bohrinsel „Santa Fe Britannia" knickt weg, 16 Arbeiter werden evakuiert. Der norwegische Frachter „Linito" sinkt vor Texel, Besatzung gerettet. Die „Nova-1", türkische Flagge, treibt mit Maschinenschaden vor dem Sturm, ein Spielball der See. Der Havarist ruft *Mayday* (= helfen Sie mir – internationaler Notruf im Funksprechverkehr). Der niederländische Rettungskreuzer „Gebroeder Ludens" läuft zur Hilfeleistung aus. Ein Mann der Ludens wird über Bord gerissen. Jetzt funkt der Holländer nach Hilfe. Von Borkum aus setzt sich die „Alfried Krupp" der **Deutschen Gesellschaft zur Rettung Schiffbrüchiger (DGzRS)** in Marsch, um den Verunglückten zu suchen. Vier Mann sind an Bord.

Soweit alles eher ein Routinetag an der winterlichen Nordseeküste. Doch da packt eine **gewaltige Sturzsee** den deutschen Kreuzer (27 m Länge, 3194 PS), dreht ihn einmal um die Längsachse und reißt die Aufbauten zum Teil ab. Die zwei Männer auf dem Fahrstand sterben in der kalten Nordsee, die beiden anderen werden verletzt mit dem manövrierunfähigen Schiff geborgen. Ein Hubschrauber fischt den holländischen Seemann auf.

Tätigkeit der DGzRS

Seit die DGzRS am 29. Mai 1865 gegründet wurde, haben weitaus mehr als zwei tapfere Retter ihr Leben im Einsatz für ihre Mitmenschen verloren. Doch dieser betrüblichen Tatsache steht ein Aktivposten von **mehr als 75.000** aus See- und anderen Nöten **Geretteten** gegenüber, eine unglaubliche Leistung. Im Bereich der deutschen Nordsee kamen vor der Gründung dieser Gesellschaft noch hunderte von Seeleuten alljährlich ums Leben, ohne dass ein Hahn nach ihnen krähte. Die Männer, die auf eine Änderung dieser untragbaren Verhältnisse pochten, am Gewissen der Öffentlichkeit rüttelten und ihr Vorhaben zäh in die Tat umzusetzen verstanden, waren zum Teil selber Seefahrer. Das Werk gelang, doch die Anfänge waren bescheiden. In den ersten fünfzig Jahren ihres Bestehens vermochte die Organisation lediglich **offene Ruderboote** einzusetzen; trotzdem wurden – unter enormen Strapazen – zahllose Rettungsfahrten erfolgreich zu Ende geführt. Heute ist die DGzRS (www.dgzrs.de) mit Zentrale in Bremen an allen deutschen Küsten mit **modernsten Schiffen** und Gerätschaften vertreten; **SAR-Hubschrauber** (SAR = Search and Rescue) der Bundesmarine unterstützen die Einsätze von Fall zu Fall.

Die Existenz der DGzRS stützt sich ausnahmslos auf freiwillige Beiträge, die in ein straff organisiertes Gesamtwerk fließen, das auf den stabilen Fundamenten von Motivation und Selbstlosigkeit ruht. Die Gesellschaft heißt **Spenden** (steuerlich absetzbar) für ihre gute Sache willkommen, und zwar über die Sparkasse Bremen, BLZ 29050101, Konto-Nr. 1072016. Millionen von Deutschen fahren jedes Jahr an die Küste, um die Nordsee im Zuge von Erholung und aktiver Freizeitgestaltung kennenzulernen und positive Eindrücke zu gewinnen. Doch wer weiß: Das unberechenbare Randmeer kann jeden Besucher einmal in eine Lage versetzen, in der er dringend auf die selbstlosen Retter angewiesen ist!

Prognose

Die Nordsee ist in der Gegenwart, wie die obige Tragödie zeigt, um keinen Deut friedlicher als in der Vergangenheit. Im Gegenteil: Manche Wetterforscher mutmaßen, dass die großen Tiefdrucksysteme auf Grund der Erderwärmung mehr Gewalt denn je entwickeln, die **Stürme häufiger und heftiger** werden. Auch wenn die Schiffe heute weitaus größer sind als früher, ihre Maschinen stärker und die Navigation um ein Vielfaches leichter, so fordert die **unzähmbare Natur** auch weiterhin ihre

013nied rh

Opfer. *Detlev von Liliencron,* der Küstenbarde, prägte den Begriff von der „Mordsee“ im Rückblick auf die **katastrophale Flut** des Jahres 1362, in der wahrscheinlich über 100.000 Menschen umkamen. Eine ungeheuerliche Zahl. Doch man bedenke: Mehr als die Hälfte dieser Ziffer steht allein auf der Aktivbilanz der DGzRS, welch eine unvergleichliche Leistung.

Land und Leute

Geschichte

Karges Leben zur Römerzeit

Um die Zeitenwende herum tauchten die ersten **Forschungsreisenden** aus dem mediterranen und hochzivilisierten Süden an der Nordseeküste auf. Sie wussten Erschröckliches zu berichten. Der Römer *Plinius d.Ä.* wunderte sich über die ihm unvertrauten Gezeiten und beschrieb die von ihm besuchte Region als „eine Gegend, von der es zweifelhaft ist, ob sie zum Land oder zum Meer gehört. Dort bewohnt ein **beklagenswertes Volk** hohe Erdhügel, die mit Händen nach Maßgabe der höchsten Flut errichtet sind; in den so erbauten Hütten gleichen sie Seefahrern, wenn das Wasser das umliegende Land bedeckt, Schiffbrüchigen, wenn es zurückgetreten ist; auf die zugleich mit dem Meere zurückweichenden Fische machen sie um ihre Hütten herum Jagd. Es ist ihnen nicht vergönnt, Vieh zu haben, sich von Milch zu nähren wie ihre Nachbarn, ja nicht einmal mit wilden Tieren zu kämpfen, da jegliches Buschwerk fehlt. Aus Schilfgras und Binsen flechten sie Stricke, um Netze für die Fische daraus zu fertigen, und indem sie den mit den Händen ergriffenen Schlamm mehr am Winde als an der Sonne trocknen, erwärmen sie ihre Speisen und die vom Nordwind erstarrten Glieder durch Erde. Zum Trinken dient nur Regenwasser, das im Vorhof des Hauses in Gruben gesammelt wird …“ Er fand angesichts seiner allmählich in Dekadenz verfallenden Heimat auch einige Worte des Lobes über die schlichte Lebensart – doch sie klingen eher so, als wolle er sich selber Trost zusprechen.

Gescheiterte Kolonisierung

Ein karges Land, fürwahr. Aber vielleicht gab es hier dennoch etwas zu kolonisieren? Es blieb bei den Ansätzen. Dass dieses „beklagenswerte Volk“ sich nicht so ohne weiteres unter fremde Botmäßigkeit nehmen ließ, mussten die **Römer** zu ihrem Leidwesen sehr bald erfahren. Im Jahre 9 n.Chr. holten sie sich in den Sümpfen nahe des heutigen Osnabrück eine fürchterliche **Abfuhr.** Ein **Vergeltungsfeldzug,** den sie sechs Jahre später in Gang setzten, scheiterte kläglich an den Wetterunbilden der Nordsee. Danach gaben die Abenteurer aus dem Süden auf und ließen die Friesen mit ihrem Torf und Schlick allein.

Nach der Kollision

Was können Sie für die Nordsee tun?

Aller Dreck treibt letztlich dem Meer zu. Man muss ihn, logisch, also möglichst weitgehend reduzieren. Jedermann kann einen Beitrag leisten, auch ohne sich – wovor viele Menschen Angst haben – auffällig zu engagieren und sich insofern vielleicht eine Blöße zu geben. Die Umweltstiftung WWF Deutschland empfiehlt diesen minimalen Maßnahmenkatalog

Auf PVC verzichten

PVC ist eine anorganische Chlorverbindung, die zudem Schwermetalle und Weichmacher enthält. Sowohl bei der Produktion als auch bei der Beseitigung in Verbrennungsanlagen werden giftige Schadstoffe frei, die in der Natur nicht abgebaut werden können. Verwenden Sie deshalb bei Um- oder Neubaumaßnahmen keine Materialien aus PVC – zum Beispiel bei Bodenbelägen oder Rohren. Fragen Sie beim Kauf danach. Vermeiden Sie generell Kunststoffprodukte, wo immer dies möglich ist.

Sondermüll trennen

Schütten Sie **Chemikalien, Lösungsmittel** und **Lacke** nicht in den Abfall! Werfen Sie **alte Batterien** und **Arzneimittel** nicht in die Mülltonne! Sammeln Sie diese Abfälle separat und geben Sie sie bei einer Sondermüll-Sammelstelle ab.

Kein Gift im Garten

Verzichten Sie in Ihrem Garten auf **Schädlingsbekämpfungsmittel.** Nicht nur die Nordsee wird es Ihnen danken, sondern auch zahlreiche Bodenlebewesen und eine Menge Tiere.

Fördern Sie die **biologische Landwirtschaft!** Sie unterstützen damit die Landwirte, die keine Pestizide verwenden und mit Düngemitteln sparen. Letztlich tun Sie auch Ihrer Gesundheit etwas Gutes.

Umweltfreundliche Lacke

Verwenden Sie nur Lacke und Holzschutzmittel mit dem blauen Umweltengel. Diese Produkte

043nied rh

sind relativ umweltfreundlich. Auf **Holzschutzmittel** kann man in vielen Fällen ganz verzichten. Flämmen oder die Behandlung mit Salzen sind häufig ebenso effektiv. Informieren Sie sich!

Reine Wäsche – saubere Gewässer

Phosphatfreie Waschmittel zu verwenden reicht nicht! Auch die anderen Bestandteile des Waschmittels belasten die Gewässer. Erkundigen Sie sich beim Wasserwerk über die Härte des Wassers und dosieren Sie Ihr Waschmittel sparsam. Bevorzugen Sie **Baukasten-Waschmittel.** Verzichten Sie auf **Weichspüler.** Sie sind überflüssig und belasten die Umwelt.

Sparsam heizen

Sorgen Sie dafür, dass Ihr **Brenner** immer richtig eingestellt ist. Auch eine **gute Isolation** spart Energie.

Umweltschutzpapier

Die Verwendung von Umweltschutzpapier spart Energie und Rohstoffe. Achten Sie zumindest darauf, dass das Papier nicht mit **Chlor** gebleicht wurde!

Das Auto zu Hause lassen

Ein Großteil der Stickstoffverbindungen, die zur Überdüngung der Nordsee beitragen, stammen aus den **Abgasen des Verkehrs.** Für kurze Wege ist man mit dem **Fahrrad** oft schneller. Benutzen Sie **öffentliche Verkehrsmittel!**

Zusammengefasst: Man sei bemüht, in allen Lebensbereichen mit möglichst wenig Synthetik auszukommen. In der Natur gibt's ja auch keine – weshalb kann die Krone der Schöpfung nicht ohne sie existieren?

Christianisierung

Trotz der harschen Lebensbedingungen vermehrte sich das Völkchen fröhlich. Geschichtliche Belege lassen auf eine hohe damalige Besiedlungsdichte schließen. Um 700 n.Chr. entstand das **friesische Großreich** unter König *Radbod.* In jenem Jahrhundert begann auch die Christianisierung der Region – zunächst unter großen Schwierigkeiten. Der Missionar *Bonifatius* starb 755 in Dockum den Märtyrertod. Doch das Christentum ließ sich jetzt nicht mehr aufhalten. 785 gliederte *Karl der Große* das Friesenreich in sein eigenes Riesenreich ein, und wenig später wurden überall die ersten Kirchen gebaut.

Bewahrung der Eigenständigkeit

Kaum war Friesland fränkisch geworden, als ein neuer Feind in Gestalt der **Normannen** an der Küste einfiel. Kaiser *Karl* überließ es seinen neuen Untertanen, auf eigene Faust mit den gefürchteten Seeräubern fertig zu werden. Das Element der Schläue – „Negerlist" nennt sie der Ethnograf *K. J. Clemens* im Jahre 1845 –, das den Friesen bis heute trotz aller scheinbaren Ungelenkheit eigen geblieben ist, ließ sie damals die Gunst der Stunde nutzen, um den Kaiser zu Zugeständnissen in Form eines Sonderstatus zu bewegen. Tatsächlich erhielten sie auch so etwas wie eine halbe Unabhängigkeit, auf der sie ihre **eigene freie Staatsform** aufbauten. Eine mit der Schweizer Eidgenossenschaft vergleichbare **Demokratie** entstand, die bis in die jüngste Vergangenheit gewahrt werden konnte. Doch zunächst galt es, diese Er-

Klimaextreme gestern und heute

Die Erderwärmung, der Treibhauseffekt, sie sind in aller Munde. Aber war damals alles besser?

Die katastrophalen **Sturmfluten** belegen, dass dies nicht der Fall ist. Allerdings muss einschränkend dazu gesagt werden, dass diese Gipfelpunkte natürlicher Gewalt weit über die Jahrhunderte verteilt liegen und dass zudem die damaligen Deiche, verglichen mit den heutigen, von geradezu lächerlichen Dimensionen waren. Ein Wunder ist es eigentlich, dass es an der Küste noch relativ glimpflich ausging und der Blanke Hans heute nicht vor den Toren Bielefelds steht.

Doch klimatische Extreme, von deren angeblicher Einmaligkeit jetzt so viel Aufhebens gemacht wird – die gab es schon immer. Im 17. Jh. begannen manche Geistliche, eine Art **meteorologisches Tagebuch** zu führen. Vieles, was sie damals aufzeichneten, ließe heute sogar den abgebrühten TV-Konsumenten aufhorchen. Am 2. Juli 1653 zum Beispiel gab es rechtsseitig der Weser „ein schröckliches Donnerwetter undt Hagel, eines Tauben-, ja Gänse Eyes groß … daß die Glaßfenster davon gantz und gar zerschmettert sindt". Fünf Jahre später konnte man den Strom, an sibirische Verhältnisse gemahnend, im Winter locker zu Fuß überqueren, und anno 1715 fror es derart Stein und Bein, dass man aus der Gegend des heutigen Bremerhaven die Weser mit Schlitten und Wagen bis hinauf nach Bremen befahren konnte. Auch 1709 war schon „den Winter über dergleichen Kälte gewesen, wie man kaum in Historien finden kann... Viele Leute sind hin und wieder auf denen Reisen erfroren, und ist dabei das sogenanndte Glatt-Eisen so stark und heftig gewesen, daß die meisten Bäume davon biß zur Erden niedergebogen". Klirrend kalt war es erneut im Winter 1740, wie uns der Pastor *Johannes Georgius Gleimius* zu berichten weiß: „Anno 1740 den 8. Januar ist eine so strenge Kälte eingefallen, daß in drey Tagen die Weser sich hieselbst gesetzet und man zu Fuße über dieselbige gehen können …". Auch im Januar 1785 konnte man auf dem Eis der Weser tanzen, und anno 1823 ließ sich der zugefrorene Strom sogar mit „schwersten Wagen" überqueren.

Die **sibirischen Winter** brachten viel Not mit sich, andererseits aber eine willkommene Erlösung von extremen Mäuseplagen, denen große Teile der Ernte zum Opfer fielen. Doch die Nager, offenbar evolutionär begünstigt, gewannen in warmen Sommern erneut die Oberhand und fraßen so viel Gras weg, dass das hungergeschwächte und seuchenanfällige Vieh dahinstarb wie die Fliegen. Dann wiederum reichten drei aufeinanderfolgende Dürrejahre (1857–59), um eine verheerende Hungerkatastrophe auszulösen, weil „die Kartoffeln so klein wie Nüsse und gar nicht zu genießen" waren.

Und so geht es weiter. Es ist alles déjà vu, nichts dabei, was für den Wetterkundigen überraschend wäre. Vielleicht bringt die gegenwärtige „Warmzeit", gut für die Energiebilanz, ja zumindest ein vorübergehendes Ende der bitterkalten Winter. Dafür handeln wir uns womöglich Stürme von Hurrikanformat ein – alles gehuppt wie gesprungen.

rungenschaft gegen den schlimmsten Feind von allen zu bewahren, den Blanken Hans (die Nordsee).

Der Deich

Kluger Herren kühne Knechte
gruben Gräben, dämmten ein,
schmälerten des Meeres Rechte,
Herr'n an seiner Statt zu sein!

Goethe, „Faust"

Man scherzt an der Küste, dass man zwar nicht den höchsten Berg der Welt sein eigen nennen könne, wohl aber den längsten. In der Tat ist der Nordseedeich, unscheinbar, wie er mit seinen paar Metern Höhe aussehen mag, eines der **monumentalsten Bauwerke der Menschheit.**

Anfänge des Deichbaus

Um 800 hatte die **See noch freien Zugang** ins Land der Friesen. Das älteste friesische Gesetzbuch, das um diese Zeit aufgezeichnet wurde, nennt weder Deich noch Siel (ein Siel ist ein Entwässerungskanal). Auch die große Zahl der Kirchen im alten Kulturland, besonders eindrucksvoll zu beobachten in der Krummhörn im Nordwesten Ostfrieslands, lässt sich wahrscheinlich damit erklären, dass seinerzeit die Marsch noch in **Inseln und Halbinseln** aufgeteilt war, auf denen jeweils ein Gotteshaus stand.

Aktenkundig wurden Deiche erstmals im Jahre 1104, als eine holländische Abordnung dem Bremer Erzbischof antrug, die Küstenmarschen der Weser und Elbe mittels Eindeichung urbar zu machen. Die Geschichtsforschung legt den Beginn der ersten deichbaulichen Maßnahmen im Bereich der heutigen deutschen Nordseeküste etwa mittig zwischen diesen beiden Daten fest, also um das Jahr 1000.

Wettlauf mit der See

Es war – und ist bis auf den heutigen Tag – ein Wettlauf mit der See. Damals, scheint es, senkte sich die Küste allgemach, oder das Meer kroch höher, womöglich auch beides; die Gelehrten sind sich da uneins. Immer wieder machten gewaltige **Sturmfluten** die viele Arbeit zunichte, kamen Tausende von Küstenbewohnern ums Leben. Da half auch der grausame Brauch der Friesen nicht, Menschen lebendig im Deich zu begraben. „Es muss was Lebiges in den Deich", kann man in *Theodor Storms* „Schimmelreiter" nachlesen. Zu diesem Zweck kaufte man Zigeunern schon mal ein kleines Mädchen ab oder ließ einen gefangenen Feind im Schlick verschwinden. Doch die Meeresgötter waren dieserart nicht zu beschwichtigen. In der **Weihnachtsnacht 1717** holten sie zu einem der vernichtendsten Schläge aus, von denen die Nordseeküste je betroffen wurde. Fast überall im Bereich der heutigen Störtebekerstraße brachen die Deiche. Zum Teil riss die Flut sie zur Gänze weg, sogenannte **Grundbrüche.** Die gesamte Küstenlinie veränderte sich von einem Ende zum anderen. In manchen Landesteilen, so in Butjadingen, ertrank ein Drittel der Bevölkerung, insgesamt an der Küste etwa 9000 Menschen.

Niedergang und Resignation

In diesen Tagen **entsetzlicher Not** zeigte sich, dass nicht alle Friesen von so edler Gesinnung waren, wie es in manchen Heimatbüchern steht. Klagen über unterlassene Hilfeleistungen waren des öfteren zu hören, und die Annalen verzeichnen auch zahlreiche Fälle von **Plünderung und Raub.** „Es ist fast nicht zu glauben, daß es unter Christen so Barbarisch zugehen könne, wie es allhier geschehen; und daß ein Nachbar dem andern, der so plötzlich das seinige verlohren, ihm dasjenige, das noch im salvo ist, vor seinen Augen rauben könne", klagt der ostfriesische Pastor *Hekelius.* Doch damit nicht genug. Der Flut und der **massiven Verwüstung** der Küste folgte eine Periode **schweren wirtschaftlichen Niedergangs.** Eine weitere böse Flut im Februar 1718 zerstörte erneut das wenige, das inzwischen wieder aufgebaut worden war, und eine Phase allgemeiner **Mutlosigkeit und Resignation** setzte ein. „Deus mare, Frisio litora fecit – Gott schuf das Meer, der Friese die Deiche", hatte es bis hierher stolz geheißen. Damit war es jetzt weitgehend vorbei. Viele **Küstenbewohner wanderten ab** – trotz strengen Verbots – und klopften als Asylanten an die Türen benachbarter Länder. Die Verbliebenen hatten größtenteils keinen Heller mehr in den Taschen, sie waren krank und geschwächt; selbst die Malaria machte sich im kühlen Norden breit. An Deichbau aus eigener Kraft war überhaupt nicht zu denken.

Der Staat greift ein

Schon im frühen 17. Jh. waren staatliche Eingriffe in das Deichbauwesen immer wieder erforderlich gewesen. Jetzt, als das friesische Jahrtausendwerk als Ruine darniederlag, übernahmen die Regierungen den **Wiederaufbau** – sonst sähe die heutige Küstenlinie wahrscheinlich ganz anders aus. Zwar wurden die An-

014nied rh

Windmühlen sind oft zu sehen

fänge noch von erheblichen Wirren begleitet. Finanznot, Kompetenzgerangel, Arbeiterstreiks und ähnliche Probleme erschwerten die Aufgaben gewaltig; mitunter waren tausende von Soldaten als **Hilfskräfte zum Deichbau** abkommandiert. Aber das Werk gedieh allmählich. Die Flut des Jahres 1825 übertraf jene von 1717 um einiges an Höhe, doch die Verluste waren vergleichsweise sehr niedrig. 1906, inzwischen waren die Deiche wuchtiger denn je, setzte der Blanke Hans, zumindest im Bereich des Jadebusens, noch ein paar Zentimeter drauf. Auch diesmal blieb die Küste einigermaßen intakt.

Gefahr noch heute

Doch bei der **Horrorflut des Jahres 1962** brach der Nordseedeich gleich wieder an 61 Stellen, über 300 Menschen starben. Die Gefahr ist keineswegs gebannt. Der **Meeresspiegel steigt** heute annähernd doppelt so schnell an, wie die Wissenschaft prognostiziert hatte: Statt etwa 25 cm in 100 Jahren sind es jetzt 16 cm in einem Viertel dieses Zeitraums! Dazu haben sich **dynamische Brandungsverhältnisse** gesellt. Beides ist wahrscheinlich eine Folge der Erderwärmung. Welche Konstellation auch immer zutreffen mag: Als sicher lässt sich

voraussetzen, dass in Zukunft am Deich mehr Wachsamkeit und Bereitschaft denn je angesagt ist.

Sprache und Art

Plattdeutsch

„Kiek is, sünn ji all t'rüch? Un ik har glöövt,
ji komt eers fief Dag laater."
„Dat har'k sülbens ok dacht. Man wi mööt
van-Middeweeken gau na de groode Gant hen."
„Nu töv is wat. Toeers wullt wi 'n lütten hebben."
„Man to. Ik hebb dat bannig drok, man för 'n moien
Köm un 'n beeten högen is jümmers Tied."

So spricht man dort oben an der Küste, **eine Sprache, so ganz anders als die deutsche.** Trotzdem heißt sie so: Plattdeutsch. An deutschen Elementen wird der Binnenländer allerdings nicht viel entdecken und sich eher für das Kürzel „Platt" entscheiden. Sprachkundige werden sich zudem an Niederländisches und Skandinavisches erinnert fühlen. Der obige Stegreifdialog kommt aus dem oldenburgisch-ostfriesischen Raum und übersetzt sich wie folgt:

„Sieh mal an, seid ihr schon zurück? Und ich hatte geglaubt, ihr kommt erst in fünf Tagen."

„Das hatte ich selber auch gedacht. Aber wir müssen am Mittwoch schnell zur großen (Vieh)-Auktion."

„Nun wartet mal. Erst wollen wir einen Kleinen haben (trinken)."

„Nur zu. Ich hab's mächtig eilig, aber für einen schönen Schnaps und etwas Vergnügen ist immer Zeit."

Man sieht schon an diesem Beispiel, dass „Platt" keine lokale Mundart ist, sondern eine **eigenständige Sprache** mit jeder Menge gewachsenem Vokabular. (Natürlich gibt es im Plattdeutschen wiederum zahlreiche Dialekte.)

„Moin, Moin"

Typisch für die ganze in diesem Buch behandelte Region ist der plattdeutsche Gruß „Moin, moin". Man kann **Küstenbesuchern** aus dem Binnenland vielfach ansehen, dass sie sich durch die beiden Wörtchen **verschaukelt fühlen.** Sie verziehen entweder säuerlich das Gesicht und erwidern gar nichts, oder sie grüßen betont deutlich zurück: Guten Tag, guten Abend oder was immer. Sie halten „Moin" nämlich für eine Entstellung des Wortes „Morgen" und verstehen nicht, wie man sich den ganzen Tag lang einen guten Morgen wünschen kann. Doch mooi oder moi heißt „gut, schön", und dem dieserart Begrüßten wird eben alles Gute gewünscht – könnte es einen netteren Gruß geben?

Verschlossen und wortkarg?

„In Leer **grüßt jeder auf der Straße**", beobachtete der Forschungsreisende *Knut Clement* 1845 verwundert. Im dörflichen und kleinstädtischen Raum entlang der ganzen Nordseeküste ist es immer noch eine Selbstverständlichkeit, auch zu völlig Fremden fröhlich „Moin" zu sagen. Besonders Kinder tun sich insofern hervor. Darauf sollte man nicht verdutzt – und schon gar nicht verärgert – reagieren, sondern lustig mit derselben Münze zurückzahlen, wenn man (zumindest einen Urlaub lang) dazugehören möchte. Denn gar so verschlossen

016nied rh

und wortkarg, wie sie in der Literatur immer wieder geschildert werden, sind die Küstenmenschen überhaupt nicht. Sie müssen nach dem ersten Moin nur ein wenig weiter auftauen und „kucken", mit wem sie es eigentlich zu tun haben. Das erfordert **etwas Anlaufzeit.** Gar so redselig, wie der Greetsieler Pastor *Friedrich Weber* sie in einem ansonsten lesenswerten Büchlein (s. Literaturhinweise) über Ostfrieslands schönsten Hafen beschreibt, sind sie allerdings auch wieder nicht. Da legt der gute Vikar einem knorrigen Fischermann auf die Frage, ob er seinen Beruf nicht lieber gegen eine bequemere Tätigkeit eintauschen wolle, nämlich diese Antwort in den Mund: „Und wo bleibt meine Freiheit, wo die Weite der See, der Kampf mit Sturm und Wetter, die sternenklare Nacht, die Sonne und die Wolken am großen Himmel …?" Nee – also, dat kommt mir denn doch 'n büschen unauthentisch und erdichtet vor …

Regionale Sportarten

Aus sich heraus kommt das Völkchen hinter den Deichen aber erst richtig beim Betreiben seiner regionalen Sportarten. **Boßeln** sei da vor allem genannt. Es handelt sich um so etwas wie Kegeln, und zwar **auf verlassenen Landstraßen,** die speziell für diesen Zweck gebaut scheinen. 50 % der Boßelzeit werden damit verbracht, die verflixte Gummikugel wieder aus dem Graben zu fischen, in dem sie immer landet. 25 % gehen für

⌃ Ruhige Anlegestelle

„Küstendeutsch"

Man wird zwar nicht immer mit dem annähernd unverständlichen **Plattdeutsch** konfrontiert werden. Doch es gibt eine Menge anderen Vokabulars an den Deichen, das sich zwar zum Hochdeutschen zählt, dem Binnenländer aber trotzdem fremdartig erscheinen dürfte. Hier eine kleine Auswahl:

achtern	hinten
Back	1. Vorschiff 2. Esstisch (an Bord)
Balje	„Wanne", flacher Meereseinschnitt
Blanker Hans	Nordsee (poet.)
Dalben, Duckdalben	Pfahlgruppe zum Festmachen von Schiffen
Buhne	Steindamm zur Uferbefestigung
Deern	Mädchen (nicht herabsetzend)
Düne	Hügelige Sandanhäufung. Im Bereich dieses Buches sind nur bei Cuxhaven (Duhnen – man beachte den Gleichklang) und Sahlenburg ein paar flache Dünen zu verzeichnen.
dick	1. neblig; 2. bezecht
dwars	quer(ab)
Dwarslöper	Querläufer (Schiff), scherzhaft für Krabbe
Feuer	leuchtendes Seezeichen
Gat(t)	Einbuchtung im Watt
Geest	Regional auch vielfach hohe Geest genannt. Das an die Marsch (s.u.) angrenzende gehobene Land, überwiegend aus Sandboden eiszeitlicher Herkunft bestehend und typischerweise mit Heide und Kieferngehölzen bewachsen, Wortursprung: güst = trocken, unfruchtbar.
Groden	Land vor dem Deich
Heck	1. Achterschiff; 2. Weidegatter
Heller	Salzwiese
Huk	hakenförmiges Vorland
Kieker	Fernglas
Kimm	Horizont
Kliff	Klippe (vergleiche engl. *cliff*), normalerweise felsig. Da es im Festlandsbereich der Nordsee keine Felsenklippen gibt, bezeichnet man dort steile Abbruchkanten der Geestküste mit diesem Wort. Entlang der Störtebekerstraße gibt es nur an zwei Stellen solche Formationen: bei Dangast und bei Cuxhaven-Sahlenburg.
klönen	sich gemütlich unterhalten
Klönschnack	das Hauptwort dazu
Köhm, Köm	Schnaps
Kümo	Küstenmotorschiff
Leine	Seil
Marsch	Aus Schwemmland und durch Siltation (Ablagerung von Schlickpartikeln) entstandener fester Kleiboden, binnen- oder außendeichs und nur wenig über (nicht selten unter) dem Nullpegel der See gelegen. Die Marsch gibt vor allem fettes Weideland ab und wird an der Nordseeküste fast in ihrer Gänze entsprechend genutzt.
Meer	See (m.)
Messe	Essraum an Bord
Plate	Sandbank, flache Insel
pottendick	sehr neblig
Pricke	besenartiges Seezeichen im Watt
Priel	Wasserrinne im Watt
Pütz	kleiner Eimer

Reet, Reith	Ried; trockenes Schilf zum Dachdecken
Ruder	„Steuer" eines Schiffes
Rudergänger	der Mann, der das Schiff „steuert"
Sand	Sandbank, flache Sandinsel
Schapp	Schrank, Lade
Schart	massiver Durchlass im Deich
Schlenge	Uferbefestigung aus Pfahl- und Zweigwerk
Schnack	Gerede, Unterhaltung, Sprichwort
schnacken	reden
See	Meer (n.); (große) Welle
Siel	Entwässerungskanal
Steuermann	der Mann, der das Schiff navigiert
Stövje	kleiner Teewärmer (ostfr.)
Stube	Wohnzimmer
Tonne	Boje
Watt	Siehe „Was ist Watt eigentlich?"
Wuling	Andrang, Durcheinander

„Pottendick"

Wenn man bei Nebel im Küstengebiet trotz Kieker und scharfem Blick den eigenen Piepenkopp nicht mehr sieht, dann sagt man, es ist pottendick. (Küstenschnack)

das Reinigen und Trocknen der „Boßel" vom Modder drauf, weitere 20 % fürs Kraftantrinken. Den Rest der Zeit rollt die Kugel aber engagiert dahin, und man hat jede Menge Spaß.

Ernsthafter ist das **Klootschießen,** jedenfalls zu Beginn der Aktion. Der Kloot ist eine bleibeschwerte Hartholzkugel, die möglichst weit geworfen werden muss, damit man gewinnt. Weil sie beim Landen sofort auf Nimmerwiedersehen im Dreck verschwinden würde, wird der Sport **nur im Winter** betrieben, wenn die Marsch hartgefroren ist. Das geschieht gar nicht so oft, wie man denken sollte. Seit 1937 treten Oldenburger und Ostfriesen gegeneinander an – noch nicht zweidutzendmal bislang. Allerdings ist der absolute Bär los, wenn so ein Treffen zustandekommt. Bei wumpfender Blasmusik geht's ins Feld, „Käkler" und „Mäkler" weisen den „Scheetern" lautstark die Bahn: „Hier mutt he hen!" Und natürlich gönnt man sich auch öfters mal 'nen Lütten, damit die Sache 'n büschen in Schwung gerät. Zuschauer vom Typus eines Besuchers, der Anfang der 1990er Jahre von einem querschlagenden Kloot am Bein getroffen wurde und daraufhin die Veranstalter (erfolgreich) verklagte, sollten sich von der Vergnügung lieber fernhalten; sie gehören dort nicht „hen".

Speis und Trank

Deftig und reichlich

„Deftig", so vor allem isst man an der Küste. Die Cholesterindebatte, scheint's, ging spurlos an den Ohren der Marsch- und Geestbewohner vorüber – hatte

018nied rh

man sich nicht schon immer **kraftvoll ernährt** und war gut dabei gefahren? Und wie sie einhauen können, die Küstengermanen! Sie speisen, als hätten sie den letzten Krieg erst gestern verloren und nicht vor einem halben Jahrhundert. Man sehe sich allein das **Brot** an: dunkle, klotzige, krustige Laibe mit ganzen Körnern darin. Und natürlich streicht man sich dick Butter auf die Stulle und belegt sie mit „Mett“ oder Schinken. Oder **Granat** – so heißen die höchst schmackhaften Nordseekrabben fast im gesamten Bereich der Störtebekerstraße (nur an der Niederelbe sagt man hier und da „Kraut“ zu ihnen).

Grünkohl alias „Ostfriesenpalme“

„Ostfriesenpalme“

Was indes die schiere quantitative Einfuhr angeht, so gibt es nichts Vergleichbares zu einer alljährlich in Oldenburg abgehaltenen Fete, bei deren Abschluss jemand zum König – bzw. zur Königin – gekürt wird, der klaglos die meisten Portionen einer exotischen Vegetabilie namens Grünkohl wegzuputzen versteht. **Grünkohl,** eine außerhalb des Küstenbereichs wenig bekannte oder gar geschätzte Gartenpflanze mit dem schönen Alias „Ostfriesenpalme“, ist im Norden nicht nur ein Nahrungsmittel, er ist ein richtiges **Kultgewächs.** Alles muss stimmen, wenn der Grünkohl aufgetragen wird: Er muss bereits den ersten Frösten ausgesetzt gewesen sein, er muss vor Fett glänzen, es muss eine dicke Grützwurst mit dem ominösen Namen „Pinkel“ dazugereicht werden, und natürlich muss der Senf scharf sein, und der Schnaps danach sowieso. Ein zünftiges Grünkohlessen wird man kaum als „Diner“ bezeichnen können; das Wort „Orgie“ ist weitaus naheliegender.

„Oldenburger Ananas“

Auch anderes Liebgewordenes als Grünkohl dürften Binnenländer mit einigem eingänglichen Misstrauen betrachten. Die **Steckrübe** zum Beispiel. Diese nützliche Knolle trägt an der Küste ebenfalls einen hübschen Spitznamen: „Oldenburger Ananas“. Sie verkocht man mit fettem Bauchfleisch zu einem **kalorienschwangeren Eintopfgericht,** das lange gegen Hunger und den harschen Nordseewind schützt. Außerdem schmeckt die „Ananas“ vorzüglich, wie selbst kulinarisch penible Küstenbesucher aus dem fernen Ostasien bestätigen werden.

„Beestmilch"

Oder wie wär's mit dieser Leckerei aus Ostfriesland, einem **Rezept aus Großmutters Tagen:** Man nehme 1 Liter „Beestmilch" (die erste Milch einer Jungkuh) und verrühre darin 2 EL Mehl, 2 Eier und etwas Salz. In einem wasserfesten Leinenbeutel im Dampftopf garen. Wenn die Milch „s-teif" ist, aus dem Beutel nehmen, in Scheiben schneiden und mit zerlassenem Schweinefett und Rübensirup fußwarm servieren. Nur die Holländer können mit einer gleichartigen Delikatesse aufwarten, einer Art Nationalgericht namens „Balkenbrei".

Fisch und Cholesterin

Man sollte denken, dass alle diese **Cholesterinbomben** sich sehr ungünstig auf die Gesundheit der Küstenbevölkerung auswirken. Das scheint aber keineswegs zuzutreffen. Der Grund dafür mag sein, dass an der Nordsee **gleichzeitig viel Fisch** und andere Nahrung aus dem Meer verzehrt wird, deren Inhaltsstoffe etwaigen gesundheitsschädlichen Effekten entgegenwirken. Denn Seegetier enthält jenen Typenkomplex von Fettsäuren, die dem „lieben" Cholesterinchen zugutekommen, im Gegensatz zu den Fettsäuren aus Milch, Butter etc., die angeblich das „böse" Cholesterin fördern.

Matjes und Butt

Matjes allein, der **„Kaviar der Nordsee"!** In Emden, Produktionszentrum dieser salzigen Delikatesse, werden alljährlich mehrere tausend Tonnen Heringe verarbeitet, ein Großteil zu Matjes, indem man sie bei niedrigen Temperaturen acht Wochen lang in einer milden Salzlake „heranreifen" lässt. Mit saurer Sahne, Zwiebelringen und Apfelscheiben wird die einstige **„Armeleutenahrung"** dann in den nobelsten Restaurants zu Pellkartoffeln oder Schwarzbrot serviert. Wer einen Matjes allerdings „zünftig" verzehren möchte, packt ihn einfach am Schwanz und lässt ihn „sutje in die Luke

019nied rh

Brot macht Wangen rot

runter". In manchen Fischgeschäften an der Küste kann man auch wieder, örtlich und jahreszeitlich bedingt, luftgetrocknete Butt erstehen. Früher kauten die Fischer den von ihnen **Struvbutt** genannten runzligen Plattfisch wie Teenies heute ihr Bubblegum, nur mit mehr Gewinn. Auf diesen schönen Brauch hat man sich heute erneut besonnen. Mal mitkauen – schmeckt besser, als es klingt!

Nordseegarnelen

Doch das Köstlichste, was die Küste zu bieten hat, und darin sind sich alle Liebhaber von Seafood einig, ist das kleine Krabbeltier **Granat.** Kröchen die Nordseegarnelen an Land herum, würden die meisten Menschen sie wahrscheinlich zu den Insekten zählen und sich mächtig vor ihnen ekeln. In der Tat ist die Garnele enger mit den Spinnentieren verwandt als mit irgendeinem Vertreter der Fischwelt. Dass man sie trotzdem so liebt, ist womöglich ein Hinweis auf eine vorzeitliche marine Abstammung des heutigen Landtieres Homo sapiens. Pech für den wuseligen Vielbeiner. Überall an der Nordsee, wo Kutter in den Häfen liegen, handelt es sich vorwiegend um **Granatfänger;** Greetsiel, Dornumersiel, Fedderwardersiel, Wremen und Dorum sind die Hochburgen des Gewerbes. Die jährlichen Erträge liegen weit im vierstelligen Tonnenbereich, und vieles davon wird noch **an Bord in Seewasser gekocht,** bevor er in die Geschäfte geht.

020nied rh

Alkohol und Kälte

Entweder auf das superbe Ess-Erlebnis hin oder auf den Schreck, den einem die Restaurantrechnung versetzt, wird man sich jetzt wahrscheinlich einen guten Schluck Hochprozentiges genehmigen wollen. Ein ordentlicher Schnaps hilft ja auch gegen die Kälte, nicht wahr? Deshalb haben Fischer und Seeleute immer 'ne Buddel dabei, stimmt's?

Stimmt nicht. Erstens haben Seefahrer mit dem Stoff überhaupt nichts am Hut. Wer ein paar tausend Tonnen und PS durch ein schwieriges Fahrwasser bugsieren muss oder seinen Lebensunterhalt mit der Granatkurre bestreitet, lässt die Buddel lieber „außen vor", wie man an der Küste sagt. Zudem ist Alkohol, außer

[>] 'n Koppke Tee

[<] Das Stövjen hält den Tee warm

vielleicht im Kühlwasser, **kein Kälteschutz.** Sein Genuss, soviel ist medizinisch erwiesen, erweitert die Poren der Haut und lässt dieserart sozusagen die Kälte in den Körper hinein. Bei wirklich kaltem Wetter oder nach längerem Aufenthalt in der kühlen Nordsee ist der Stoff sogar ausgesprochen gefährlich: Er fördert eine in Gang geratene **Unterkühlung** in bedrohlichem Maße. Solange es jedoch nicht gleich die ganze Buddel ist – „'n lütten" kann man sich schon mal gönnen. Damit haben auch die Fahrensleute keinen Hader.

Tee mit Zeremonie

Was aber trinken die Eingeborenen nun wirklich, um gegen die Tücken des Wetters und die Unbilden des Lebens gefeit zu sein? Tee (ausgesprochen Täi) – jede Menge! Dieses Labsal aus China, Ceylon und Assam ist im Friesenland nicht nur ein Getränk, es ist eine **wahre Besessenheit.** Bis zu sechsmal täglich legt man eine Teepause ein. Bei je einem Viertelstündchen kommen allein dafür also gut anderthalb Stunden zusammen. Aber diese Muße nimmt man sich; das ist halt die Lebensart an der Küste. Nicht die schlechteste, kann man nur sagen.

Das war dort nicht immer so. Der Tee erreichte erst im 17. Jh. die friesische Küstenregion. Es dauerte bis nach 1700, bevor er richtig in Mode geriet. Damit hatten die strengen calvinistischen Kirchenherren ihr Ziel erreicht, **alkoholische Getränke** durch ein zahmeres Medium zu **ersetzen.** Denn nachweislich wurde (vor allem in Ostfriesland) bis dahin gewaltig gezecht. Das herbe Moor- und Marschwasser wollte nicht so recht munden; Bier schmeckte besser und war das Volksnahrungsmittel Nummer eins. In der zweiten Hälfte des 18. Jh. über-

021nied rh

Ostfriesenwitze

Kennen Sie den schon: Wann kauft sich der Ostfriese einen neuen Computer? – Wenn der ganze Bildschirm mit Tipp-Ex zugekleistert ist!

Witze müssen mit der Zeit gehen, auch die ethnischen. In den siebziger Jahren hatten Ostfriesenwitze **Hochkonjunktur,** eigentlich ohne einen anderen erfindlichen Grund, als dass jetzt nach Schildbürgern, hessischen Leinewebern, Juden, Bayern und Sachsen mal eine andere Minderheit an der Reihe war. In den bodenständigen Marschmännern, der Legende nach **„eigenbrötlerisch, wortarm und ungelenk“,** fanden rivalisierende Deutschenstämme ein ideales Schürfgebiet für hämische Witzchen, eine Minorität, auf deren Kosten man sich amüsieren und auf die man eigene Unzulänglichkeiten projizieren konnte. Je nach Standort hört man auch heute noch gelegentlich derartiges, vor allem, nachdem ein Nichtfriese dort mal zu Besuch gewesen war.

Wie sind die „Eigenbrötler“ damit fertig geworden, dass man ihnen anhängte, sie machten das Licht mit dem Hammer aus und sie trügen Holzschuhe, um sich beim Weiden nicht in die Zehen zu beißen? Der dichtende Ostfriese *Johann Haddinga* fand die Antwort in einem Limerick, an dem sich schon erkennen lässt, dass die Marschmenschen keineswegs auf den Kopf gefallen sind:

Die Spottsprüche über Ostfriesland,
die mancher Ostfriese so mies fand,
haben dem Land über Nacht
Weltberühmtheit gebracht –
jetzt ist es bekannter als Island!

Ernst Moritz Arndt beschrieb sie im 19. Jahrhundert so: „Eigen ist ihnen, daß sie mit großer Eifersucht und echter Geschlossenheit ihre Sitte, Art und Weise gegen fremden Eindrang zu verteidigen suchen. Durch diese Geschlossenheit in sich und die Abgeschlossenheit und **Verschlossenheit gegen alles Fremde** widerfährt den Friesen wohl, daß die Fremden sie nicht bloß für stolz, starr und eigensinnig, sondern wohl gar für dumm und beschränkt halten.“ – Die üblichen Fehleinstufungen also, die auf der ganzen Welt zu Missverständnissen, letztlich sogar zu Kriegen führen.

nsk13-006 rh

nahm der Tee, nicht zuletzt auf Grund stark gesunkener Preise, diese Rolle. Die Pastoren konnten aufatmen.

Doch flugs kam wieder jemand, um den Eingeborenen dieses neue „Laster" auszutreiben. Als die Region unter Preußens Botmäßigkeit fiel, wollte der *Alte Fritz,* um Devisen zu sparen, den Brauch unterbinden. Fünfzehn Jahre wogte der **„Teekrieg"** hin und her, dann kapitulierte der König. Auch *Napoleons* Kontinentalsperre umgingen die friesischen Dickschädel mittels abenteuerlicher und riskanter **Schmuggeltouren.** Selbst die Machthaber des Dritten Reiches sahen ein, dass an den Deichen bei gewaltsamer Beschneidung der Teerationen wohl eine Revolution ausbrechen würde und verhielten sich insofern maßvoll. Nach dem Krieg entstand im Zeichen schwerer „Entzugserscheinungen" noch einmal ein gigantischer **Tee-Schwarzmarkt** an der Küste; erst 1953 stellten sich wieder normale Verhältnisse ein.

„Normal" ist u.a., dass man bei der Zubereitung des Tees die „richtigen" Schritte einhält. Wie beim Grünkohl muss nämlich alles „stimmen". Das beginnt mit dem **Wasser.** Nur aus der Regentonne kommt der richtige und gute Grundstoff für den Tee. (Wie gut er ist, fragt sich allerdings. Die Niederlande, gleich nebenan, sind mit 70.000 giftstrotzenden Müllkippen und 100 Millionen Jahrestonnen Gülle das am stärksten verseuchte Land Westeuropas. Davon weht schon einiges mal nach Osten rüber.) Stimmen muss auch die anschließende **Zeremonie,** die Außenseitern bereits dadurch befremdlich erscheinen mag, dass die Hausherrin sich zuerst einschenkt (damit die störenden Teeblätter in ihrer Tasse landen und nicht in derjenigen des Gastes). Zuvor hat man ein „Kluntje" (Kandisstück) in die Tasse getan und rührt den Tee nunmehr um – jetzt darf man's noch. Denn der nächste Schritt ist das Zufügen der **Teesahne,** und dann darf man's nicht mehr, sonst ist man ein ignoranter Barbar. Ein solcher Fauxpas lässt sich allenfalls wiedergutmachen, indem man nach dem Austrinken den Löffel in die leere Tasse legt und damit beweist, dass man doch ein paar Friesenbräuche kennt. „Genug, danke", besagt die Geste nämlich.

Ostfreesenleev

Nix Moijers givt för een Ostfreesen,
as bi een lecker Koppke Tee tofrä to wesen.
Un dorum holt he dat so as wollehr
un halt vöraf sin Stövke her.
För elke Koppke deiht he dann
een Läpel vull mit Tee in d' Kann,
gütt erst een bietjet kakend Water up
und sett de Treckpott dann up't Stövke up.
'n Settje wacht he gern, 't is wohr,
gütt noch wat Water na – de Tee is klor.
Bevör 'n Ostfrees sin Tee schgenkt in,
leggt he de Kluntje erst in 't Koppke rin,
wiel dat dat ornlich knistern mutt,
gütt man de Tee moi heet dorup.
Heel sachtjes kummt, so is 't up Stä,
een Wulkje Rohm dann up de Tee.
Bi d' erste Schluck is man gliek blied,
dat Stövke holt in 't Tüschentied
de Tee good heet, so as dat wesen mutt,
denn vöölst to gau is 't erste Koppke up.
Man dat spiet nüms, wiel dat man seggt,
Dree Koppkes Tee, de sün 'd Ostfreesen Recht!

Aus dem Hause *Onno Behrends,* Norden

085nn ws

6 Anhang

Auf Sand muss man nicht verzichten

Ein Nachwort

Die Störtebekerstraße, das Buch, sie gehen hier zu Ende. Über den gesamten Verlauf meines Garns hinweg bin ich sorgfältigst darauf bedacht gewesen, das abgelutschte **Wort „Erlebnis"** zu vermeiden, es allenfalls zu zitieren. Nach Durchsicht kiloträchtigen Materials konnte ich es zuletzt nämlich nicht mehr „verknusen" – wiederum ein Küstenwort (mit der Bedeutung „ertragen") –, diese acht Buchstaben noch ein einziges Mal zu sehen. Da gab es Erlebnishotels, -bäder, -restaurants, -spielplätze, -begegnungen, -treffen, -fahrten, -dörfer, -städte, -stätten, -strände, -tankstellen, -einkaufszentren, -ausstellungen, -erlebnisse. Ist unsere Gesellschaft in solche Tiefen der Passivität hinabgesunken, dass ihr schon der trivialste Ausbruch aus dem Zyklus „Arbeit, gefolgt von Fernsehen" *(Aldous Huxley)* zum Lebenshöhepunkt wird? „Erleben" wir nicht jeden Herzschlag unserer Existenz, ohne dieses Wort ständig heranziehen zu müssen? Die Wortwahl in den Prospekten und Broschüren ist schon von vornherein falsch; da hakelt es. Man kann ein Erlebnis ja gar nicht mit einer Sache verbinden und daraus ein neues Hauptwort formen. Handelt es sich nicht vielmehr um menschliche, individuelle Erfahrungen, die in diese Rubrik fallen? Deswegen ist „Nordseeküste Niedersachsen" auch kein „Erlebnis-Buch", sondern ein Leitfaden für „Erlebnis-Menschen". Denn diesen, und nur diesen, kann das bewusste Wort vorangestellt werden.

Aber ein **Nachtrag** zu einem wirklichen Erlebnis: Im Sommer lassen sich große Strecken der ostfriesischen Störtebekerstraße mit 4 PS vor einer alten Postkutsche bereisen, Info: TI Großefehn, Tel. 0 49 45-95 96 11 oder 01 71-5 64 62 98.

Weiterführende Literatur

Sachbücher

- **Cuxhaven.** Kohfahl-Münker, B. (Hg.), Cuxhaven 1938
- **Das Greenpeace-Buch der Nordsee.** McCavin, M., Franckh-Kosmos, 1991
- **Das Watt.** Maywald, A., Maier, Ravensburg 1991
- **Die Deutsche Gesellschaft zur Rettung Schiffbrüchiger.** Ostersehlte, C., Kabel, Hamburg 1990
- **Die Nordsee. Inseln, Küste, Land und Leute.** Maier, D., Reich Verlag, Luzern 1986
- **Dreckiger Sumpf.** Handlögten, G. und Venske, H., Kabel-Verlag, Hamburg 1983
- **Greetsiel.** Weber, F. und Stromann, M., Soltau-Kurier, Norden
- **HB Bildatlas.** Ostfriesland, Oldenburger Land. HB Verlag, Ostfildern 2005
- **Historischer Küstenschutz.** Kramer, J. und Rohde, H., Wittwer, Stuttgart 1992
- **Kleines Plattdeutsches Wörterbuch.** Sass, J., Wachholtz, Neumünster 1989
- **Krummhörn – Ursprüngliches Ostfriesland.** Heilscher, W., Wirtschaftsverlag NW, Bremerhaven 1980
- **Küstenfibel.** Wieland, P., Boyens, Heide 1990
- **Lebensraum Nordseeküste und Wattenmeer.** Dolder, W. und U., Martin Greil Verlag, Grünwald 1989
- **Pflanzen am Meer.** Jantzen, F., LB-Naturbücherei, 1989

Plattdüütsch – das echte Norddeutsch. Fründt, H. F. und Fründt, H., Reihe Kauderwelsch Band 120, Reise Know-How Verlag

Störtebeker & Co. Zimerling, D. Ullstein, Berlin 1983

Sturmflut 1717. Jakubowski, M. Oldenbourg, München 1992

Vögel am Meer. Pott, E., LB-Naturbücherei, 1989

Belletristik

Gesammelte Werke. Heine, H., Mohn-Verlag, Gütersloh

Nordsee-Geschichten. Fock, G., Orion-Heimreiter, 1989

Kleine Bettlektüre für wetterfeste Friesen. Reffelt, H., Scherz

Langfristige Sommerferienregelung

Bundesland	2015	2016	2017
Baden-Württemberg	30.07.–12.09.	28.07.–10.09.	27.07.–09.09.
Bayern	01.08.–14.09.	30.07.–12.09.	29.07.–11.09.
Berlin	16.07.–28.08.	21.07.–02.09.	20.07.–01.09.
Brandenburg	16.07.–28.08.	21.07.–03.09.	20.07.–01.09.
Bremen	23.07.–02.09.	23.06.–03.08.	22.06.–02.08.
Hamburg	16.07.–26.08.	21.07.–31.08.	20.07.–30.08.
Hessen	27.07.–04.09.	18.07.–26.08.	03.07.–11.08.
Meckl.-Vorpommern	20.07.–29.08.	25.07.–03.09.	24.07.–02.09.
Niedersachsen	23.07.–02.09.	23.06.–03.08.	22.06.–02.08.
Nordrhein-Westfalen	29.06.–11.08.	11.07.–23.08.	17.07.–29.08.
Rheinland-Pfalz	27.07.–04.09.	18.07.–26.08.	03.07.–11.08.
Saarland	27.07.–04.09.	18.07.–26.08.	03.07.–14.08.
Sachsen	13.07.–21.08.	27.06.–05.08.	26.06.–04.08.
Sachsen-Anhalt	13.07.–26.08.	27.06.–10.08.	26.06.–09.08.
Schleswig-Holstein	20.07.–29.08.	25.07.–03.09.	24.07.–02.09.
Thüringen	13.07.–21.08.	27.06.–10.08.	26.06.–09.08.

Das komplette Programm zum Reisen und Entdecken von

REISE KNOW-HOW

- **Reiseführer** – alle praktischen Reisetipps von kompetenten Landeskennern
- **CityTrip** – kompakte Informationen für Städtekurztrips
- **CityTrip**PLUS – umfangreiche Informationen für ausgedehnte Städtetouren
- **InselTrip** – kompakte Informationen für den Kurztrip auf beliebte Urlaubsinseln
- **Wohnmobil-Tourguides** – alle praktischen Reisetipps für Wohnmobil-Reisende
- **Wanderführer** – exakte Tourenbeschreibungen mit Karten und Anforderungsprofilen
- **KulturSchock** – Orientierungshilfe im Reisealltag
- **Kauderwelsch Sprachführer** – vermitteln schnell und einfach die Landessprache
- **Kauderwelsch plus** – Sprachführer mit umfangreichem Wörterbuch
- **world mapping project™** – aktuelle Landkarten, wasserfest und unzerreißbar
- **Edition Reise Know-How** – Geschichten, Reportagen und Abenteuerberichte

Amrum
Nordseeinsel

nordseeinsel
baltrum

Borkum
Nordseeinsel

nordseeinsel
föhr

Norderney
Nordseeinsel

Juist
Nordseeinsel

nordseeinsel
langeoog

Spiekeroog
Nordseeinsel

nordseeinsel
sylt

Register

Der Autor

Roland Hanewald, geb. 1942, stammt von der Küste und spricht fließend „Platt". In Cuxhaven geboren und im Oldenburgischen aufgewachsen, befuhr er über zwanzig Jahre lang als Offizier der Handelsmarine die Weltmeere. Nach langen Aufenthalten in Übersee (Philippinen) zog es ihn vor einigen Jahren wieder ins Friesische, wo er in einem Holzhäuschen am See einen Teil des Jahres schreibend verbringt.

Der vorliegende Reiseführer ist *Roland Hanewalds* 90. Buch, nachdem er sich zu Beginn der 1980er Jahre von der Seefahrt verabschiedete, um als freier Schriftsteller, Journalist und Fotograf in eigener Regie weiterzumachen. Zu seinen Büchern gesellen sich über 1400 Bildreportagen in bislang 48 Ländern und einigen der führenden Zeitschriften der Welt. Das jüngste Werk des Autors ist ein Buch zum Thema Weltnaturerbe Wattenmeer im Auftrag der UNESCO. Es erscheint in deutscher, englischer, dänischer und niederländischer Sprache.

080b rh